U0856470

上海市重点图书

中国地方政府行政罚没问题研究

——基于政府间财税分配体制的视角

赵海益◎著

立信会计出版社
LIXIN ACCOUNTING PUBLISHING HOUSE

图书在版编目(CIP)数据

中国地方政府行政罚没问题研究:基于政府间财税分配体制的视角/赵海益著. —上海:立信会计出版社,2016.12

ISBN 978-7-5429-5384-1

Ⅰ.①中… Ⅱ.①赵… Ⅲ.①地方政府—罚金—财政制度—研究—中国 ②地方政府—没收—财政制度—研究—中国 Ⅳ.①F812.7

中国版本图书馆 CIP 数据核字(2017)第 030606 号

策划编辑 方士华
责任编辑 方士华
封面设计 南房间

中国地方政府行政罚没问题研究
——基于政府间财税分配体制的视角

出版发行	立信会计出版社		
地 址	上海市中山西路 2230 号	邮政编码	200235
电 话	(021)64411389	传 真	(021)64411325
网 址	www.lixinaph.com	电子邮箱	lxaph@sh163.net
网上书店	www.shlx.net	电 话	(021)64411071
经 销	各地新华书店		

印 刷	江苏凤凰数码印务有限公司		
开 本	787 毫米×1092 毫米	1/16	
印 张	14	插页	1
字 数	210 千字		
版 次	2016 年 12 月第 1 版		
印 次	2016 年 12 月第 1 次		
书 号	ISBN 978-7-5429-5384-1/F		
定 价	38.00 元		

前　言

罚没一项执法行为，旨在维护社会的公平与正义。著名经济学家、诺贝尔经济学奖得主贝克尔(Becker)就曾主张："凡是能够适用罚款的地方就应该尽可能地使用罚款"，他从经济学的角度说明了"罚没"作为一项"执法手段"相对于"肢体罚"等其他处罚形式具有较好的社会福利和成本优势。因而，罚没迅速超越其他惩罚手段而被现代国家所普遍采用。但罚没并非没有缺点，过多的罚没往往与"乱罚款"和"滥罚款"等相生相伴，甚至与公民的财产权相冲突。2006 年河南出现了货车"天价"罚款事件，2009 年上海爆发了出租车"钓鱼执法"事件，2012 年又出现货车"罚款服毒"事件，之后有关中国各级地方政府"乱罚款""滥罚款"问题再一次喧嚣尘上，成为社会关注的热点问题。在此背景下，本书选择以中国各级地方政府行政罚没行为及其结果为研究对象，分析其背后的动因及可能造成的影响及后果。为区别于以往的研究文献及资料，本书选择基于中国财税体制的视角对该问题进行研究，这是一个新的视角，也是对以前研究文献的一个补充。本书以问题为导向，采用由现象到本质的逻辑思路，运用了包括问卷调查、案例分析、统计描述及计量分析等多种研究方法，经过深入、仔细的研究与分析，形成了九章内容。

第一章导论。本章作为全书的开篇，起导入作用。首先是研究背景及意义；其次是相关概念的界定；再次是研究内容及思路、研究方法及数据来源；最后是主要贡献及创新。

第二章相关文献综述。本章对前人的研究文献进行了总结，并将其作为本书研究的起点和基石。对前人文献的总结主要从两个方面进行：①最优处罚的理论研究；②行政执法实证研究。最优处罚理论认为罚没是一种"最经济"的处罚手段，并主张凡是能够适用罚没的地方就应尽量使用罚没。同时也充分认识到了行政罚没所带来的严重问题，如某些违法乱纪行为难以“定价”、个体生命价值几何等问题。行政执法实证分析发现，行政执法人员在执法过程中常常受执法利益的影响而偏离原定执法的目标和宗旨，“执法为利”成为行政执法过程中的一个普遍现象。国内众多的学者也基于以上两个视角对中国各级地方政府的行政执法行为进行了深入研究和分析，分别从经济学、法学、行政管理学、财政学等角度对该问题进行了研究和论证，并形成了大量的十分有借鉴意义的研究结论。例如，中国行政罚没问题主要源自于中国行政罚没相关法律制度不健全、不完善；中国罚没收入管理制度不科学；中国地方政府税收收入不足等。

第三章中国行政罚没问题现状总结。本章从三个方面对中国地方政府行政罚没问题的现状进行总结：①地方政府行政罚没收入现状总结；②各级地方政府行政执法方式总结；③各级地方政府行政执法效果总结。数据显示，中国各级地方政府罚没收入呈现连年快速增长的趋势，且绝大部分罚没收入来自于东部地区。罚没收入已经成为各地方政府一项非常重要的非税收入，并且还有继续增长趋势。对地方政府执法行为的研究表明，地方政府的执法行为存在重大隐患。其主要表现为：①执法行为带有非常严重的利益倾向；②执法方式简单粗暴；③执法效果非常羸弱。对“交通执法”及“食品安全”执法领域的调查表明，执法效果并不理想，反而给个人及社会带来了较重的负担。大部分接受调研的对象表示对行政执法机关及行政执法人员的执法动机存疑，某些地方政府甚至为了地区经济发展对某些违法、违规行为“睁一只眼、闭一只眼”，带来十分严重的安全隐患。

第四章中国行政罚没收入管理制度分析。本章从三个方面对中国行政罚没收入管理制度进行了研究：①中国行政罚没收入管理制度的发展脉络；②当前中国行政罚没收入管理制度的特征；③中国行政罚没收入管理制度的主要问题。从时间上看，现行中国行政罚没收入管理制度的建立与完善可以分成三个阶段：①1949—1956年：起步阶段；②1956—1992年：建立阶段；③1992年至今：完善阶段。从中国行政罚没收入管理制度特征来看，中国行政罚没收入管理制度表现出四个主要特征：①行政罚没收入主要归地方政府所有；②行政罚没收入实行财政预算管理；③行政罚没收入实行收支两条线管理；④行政罚没收入实行罚缴相分离的管理模式。最后，中国现行行政罚没收入管理制度主要存在以下几个方面的问题:①行政罚没收入被当成地方政府的一项一般财政收入;②行政罚没收入纳入财政预算管理;③行政罚没收入收支两条线管理形成了一定的分成效应。

第五章中国行政罚没问题的财政诱因分析。本章从政府间财政分配体制的角度对中国各级地方政府的行政罚没问题进行分析,发现政府间的财政分配体制问题才是中国各级地方政府行政罚没收入屡禁不止的根本原因。首先,为发展经济,中央政府强烈要求削减"非生产性"支出,各级地方政府不得不削减"非生产性"支出,但削减的"非生产性"支出却通过罚没和收费等形式转嫁给了社会。其次,中国各地方政府面对中央政府基于GDP增长率的绩效考核不得不改变其财政支出结构。地方政府将财政支出的重点放在"生产性"领域,而对"非生产性"支出则进一步削减。行政执法作为非生产领域自然也不例外,成为地方政府削减支出的重点领域。最后,1994年的财政分权改革使地方政府陷入了财政困境,地方政府常常不得不为了扩大财政收入来源而发愁。罚没成为地方政府补充财政收入来源的一个重要渠道,并且罚没收入被纳入了预算管理,成为政府一项稳定而可靠的财政收入来源。因此,在内因与外因的共同作用下,罚没成为各级地方政府及行政执法机关"创收"的一个重要来源。

第六章中国行政罚没的法律原因分析。政府的各项权力通常都是通过法律授予的,因此,中国各级行政执法机关的行政罚没问题必然能够从法律上找到根源。我国《行政处罚法》作为中国行政处罚领域内的根本大法,虽然结束了中国行政处罚无法可依的状态,但并没有对行政罚没进行实质性约束。首先,《行政处罚法》给予了法律、法规及政府规章宽泛的法律责任设立权限,且对行政罚没的设立无任何前提条件,也没有对罚没款项的制定设立任何原则。其次,《行政处罚法》为行政罚没的执行规定了相当低的执法成本。《行政处罚法》在设立一般执法程序的同时,还为行政罚没设立了简易程序。被处罚对象必须在规定时间内到指定的银行缴纳罚款,否则将面临高额的滞纳金罚款。再次,行政执法机关承担的司法风险也相当低。即使被处罚当事人对行政执法机关提起行政诉讼,法院也是一般只进行合法性审查,从而降低执法的风险。并且即使是在提起行政诉讼的状态下,也不影响行政罚没的执行。最后,本章通过对中国相关法律"行政罚没痛苦度"分析发现:①中国行政罚没是适用频率最高的行政处罚手段;②中国行政罚没几乎覆盖了所有领域;③中国不同地区行政罚没痛苦度排名不同反映了地区社会管理模式及各地行政罚没负担的不同。

第七章中国行政罚没的社会经济效应分析。本章从三个方面对中国行政罚没的社会经济效应进行分析:①中国行政罚没增加了国民负担;②中国行政罚没"扭曲"了社会公平;③中国行政罚没侵蚀了市场经济的法制基础。不管是从全国各地区行政罚没总量,还是从全国人均行政罚没负担来看,中国行政罚没都有不断加重的趋势,并且,不同地区之间表现出差异,东部地区绝对量最大,但相对负担最低。通过对中国所有上市公司的行政罚没负担研究分析发现,中国上市公司的罚没支出负担在不断地加重,被处罚上市公司的数量也在不断地增加。但上市公司被行政罚没的负担与上市公司的身份及所处行业有很大关系,更为重要的发现是上市公司的行政罚没支出负担与上市所上缴的税负具有一定的替代效应。中国行政罚没还侵蚀了市场经济的法制基础,导致市场经济竞争参与者改变了竞争的方向和手段,并在一定程度上危及中国经济的长期安全,一些行政执法部门甚至将公共权力"私有化"。

第八章规范中国行政罚没问题的政策建议。为规范中国的行政罚没执法行为,并规避中国行政罚没中出现的问题,结合本书的分析和研究,从中国的财政体制、罚没收入管理制度及中国法律制度入手提出了三大方面的改革建议。①行政罚没相关财政体制改革建议。首先,确立中国地方政府的事权范围;其次,建立与地方政府事权相匹配的财权或财力;最后,确立地方政府主体税种规范地方政府的收入来源。②行政罚没收入管理制度改革建议。首先,成立专门的罚没收入管理基金;其次,取消对行政罚没收入的预算管理;最后切断罚没收入与行政执法人员的利益挂钩。③行政罚没相关法律制度改革建议。首先,提升行政罚没的立法层次,形成无法不罚款的原则性规定。同时严格行政罚没的使用范围,并确立罚款设立的计算依据和原则。其次,规范中国行政罚没的执法行为。转变执法人员的执法观念,清除执法队中的临聘人员,加强公众对执法人员的监督。最后,增强行政罚没的司法监督与保护。加强行政罚没立法的司法审查和行政罚没执法的司法监督,提升司法机关对被处罚对象的法律救济与保护功能。

第九章研究结论与展望。本章对全书进行总结,也是对中国行政罚没问题的一个总结。中国行政罚没的目标已经发生了悄然变化,行政罚没成为某些地方政府及执法人员“创收”的工具和手段。中国行政罚没问题的主要原因在于地方政府职能定位“错位”和“越位”,中国地方政府将经济增长作为政府的主要任务,甚至是唯一任务,导致了政府财政投入的偏向,并鼓励或变相鼓励执法部门或执法人员执法创收。要解决中国行政罚没领域内的问题也只有从政府自身入手,对各地方政府的职责重新定位,并理顺中国各级地方政府的财政分配体制,规范中国行政罚没收入管理制度,改革中国行政罚没相关法律制度。在总结全书的同时,也对本研究的未来进行了展望。例如,罚没收入的宏观稳定水平、地方政府事权的确立、财权与事权的匹配及地方政府主体税种的确立问题。

综观全书,本书的主要贡献及可能的创新主要体现在两个方面。其一,研究视角的变换。本书避开一般将中国行政罚没问题归咎于中国各项法律制度不完善、不健全的视角,而是从政府间财政分配体制的视角进行分析,实现了研究视角的转变。其二,研究内容的填补。行政罚没虽是问题,但真正对其进行深入研究的文献相对较少,尤其是从政府间财税分配体制的视角对该问题进行研究的文献则更少。因此,本书的研究应该是该领域研究的一个有益补充。

著　者

2016 年 12 月

目　录

第一章 导 论

第一节 研究背景及意义

一、研究背景

罚没本是一项行政执法行为，旨在维护社会的公平与正义，并且由于其具有较低的执法成本优势，被现代国家普遍采用。著名经济学家、诺贝尔奖获得者贝克尔(Becker)就主张："凡是能够使用罚款的地方就应该尽量使用罚款"。但罚款，尤其是行政罚款，也并非没有缺点。近年来，随着中国社会中有关"行政罚没事件"不断被曝光，且影响越来越恶劣，行政罚没问题再一次被推到了社会关注的热点问题上。其实，从20世纪90年代起，中国政府就开始关注"乱罚款、乱收费、乱摊派"的"三乱"问题。经过几十年的改革与惩治，效果并不明显，问题反而愈发严重。2006年发生在河南郑州的天价"滞纳金"事件、2009年发生在上海的出租车"钓鱼执法"事件、2012年发生在沈阳的商家"罚款罢市"事件以及2013年发生在河南的"罚款服毒"事件等都再次说明了行政罚没并非小事，而是可能关系到国计民生的大事。这些事件不断地冲击着社会的道德底线，执法由维护社会公共秩序的手段，变成了激发社会矛盾，并导致社会不安定的因素。在众多的恶性罚款事件面前，人们不禁要问，中国行政罚没到底出了什么问题？2012年10月，财政部公布前三季度各地方政府财政收入数据显示全国各地区税收收入增长乏力，但各地区非税收入、特别是罚没收入却增长强劲。这激发了社会公众对中国行政罚没执法动机的质疑。某些地方政府甚至公然在政府门户网站宣称要将行政罚没作为财政增收挖潜的重要渠道之一。结合中国当前涌现的恶性罚没事件及中国各地方政府的罚没收入数据，社会公众普遍对中国行政罚没的正当性、合法性表示了怀疑和质疑。

第一，中国行政罚没的执法动机是什么。执法动机直接决定着执法的效果，是执法的根本出发点。当前，中国行政罚没的动机不明，是执法为“利”，还是执法为“公”，引起了公众的质疑。在大部分人看来，行政罚没并不仅仅是为了维护社会公共秩序，促进社会和谐、健康、稳定发展，而是为了完成任务在执法，甚至是为了“收入”而执罚。“执法”变成“执罚”，“公权”沦为“私权”。

第二，中国行政罚没的法律依据是否充分。行政罚没需要有法律依据，没有法律依据的罚没就是“乱罚款”，与掠夺无异。当前，在中国法律制度不健全、不完善的情况下，中国行政罚没法制化建设也出现了滞后的现象。法律、法规及政府规章都有可能成为执法部门行政罚没的依据，且法律、法规及政府规章对行政罚没的理由设定模糊，执法人员对法律的精神理解也不充分、不准确。在这种情况下，行政罚没处罚依据的合法性、合理性受到了严重挑战。

第三，中国行政罚没的执法方式是否合法。执法必须有正当程序和方法，否则，执法与掠夺就没有本质上的区别。执法是法律生命力的延伸，不当的执法方式是在扼杀法律生命。即使再良好的法律，在不当的执法方式下，也会变成恶法。然而，在现实中，执法人员、执法机关不合法、不合理的执法现象比比皆是。

第四，中国行政罚没的处罚决定是否合理。通常情况下，法律的设定不得不留下一定的自由裁量空间，这些自由裁量空间是由现场的执法人员根据当时执法现场具体情况进行判断后设定的。但中国的法律留下了太大的自由裁量权，而且事后救济的措施成本太高，导致执法人员的自由裁量权过大。这些就引发了公众对执法人员处罚决定是否合理的猜想，特别是当出现“同案不同罚”的情况时，更让公众对执法的合理性、法律的严肃性产生怀疑。

第五，中国行政罚没收入流向何方。从 1998 年起，中国国家统计局开始公布每年各地方政府的罚没收入决算数，数据显示各地方政府罚没收入每年都在增长，而且年增长率较高，某些年份甚至超过了当年的 GDP 增长率。中国如此众多的行政罚没收入最终将流向何方、用于何处？这些问题值得研究。

在如此背景下，对中国行政罚没问题进行深入研究就显得十分的必要、紧迫和有现实意义。

二、研究意义

研究中国行政罚没问题所具有的理论意义和现实意义，可以分别从两个方面进行阐述。

(一) 理论意义

从理论上看，一直以来，如何对违法分子的犯罪行为进行处罚是法学界思考的一个重要问题。自从 Becker 的经典论文《犯罪与处罚：经济分析方法》问世以来，犯罪和惩罚就成了一个经济学思考的问题。最优执法经济学认为罚款是最经济的惩罚手段，其主张凡是能够适用罚款的地方应尽量使用罚款，这样可以节约社会成本，从而实现社会福利最大化。从经济学的角度来讲，最优执法经济学的分析很有道理，罚款确实节省了大量的社会司法成本。但以罚款作为惩罚犯罪的主要手段也存在着自身的问题。首先，罚款数额的确定是一个重要的问题。并不是所有的犯罪行为都可以用罚款多少来衡量，有些犯罪行为在目前并不能准确衡量出其应罚款的数额。其次，不同的人对特定罚款数额的承受能力是不一样的。显然，富人的承受能力较强，而穷人的承受能力较弱，那么，是否意味着富人可以多违法，而穷人则不能违法。最后，罚款可以给执法机关带来"收益"。那么，能否让执法机关"私营化"。用执法产生的罚款收益去激励执法者，使得执法像企业一样"经营"。对中国行政罚没问题的思考，有助于推动上述问题在经济学理论领域的研究。

(二) 现实意义

从现实角度看，中国的罚没问题并非一个新问题，而是一个老问题。早在 20 世纪 90 年代，中国政府、社会就开始关注执法机关"乱罚款""滥罚款"现象。但是经过了 20 多年的改革与实践，此问题并没有得到解决，反而愈发严重。

综观中国行政罚没领域出现的问题，不难发现一种悖论。一方面，中国各级政府行政执法部门投入了大量人力、财力、物力进行执法。交通、卫生、环保、工商、消防、质检等，到处可见执法人员的踪影，连公共交通道路上也布满了执法机关设置的摄像头。为了加强执法、阻止违法行为的发生,政府投入可谓非常之大。但另一方面,在众多执法力量面前,违法者的数量和违法事件并没有实质性减少,执法机关的罚没收入却在连年不断地增长。这种"双边"增长的现象,让人无法不质疑执法机关的执法效果和执法动机。违法仿佛成了一种经济活动,罚没好似政府在征税。罚没已经严重影响了中国国民的正常生活。执法从维护社会安定,保证正常社会秩序,变成了诱发社会不安定的一个重要因素。面对如此的悖论,可以想象,中国的行政罚没制度一定在某个方面出了问题。因此,研究中国行政罚没问题具有重要的现实意义。

第二节　相关概念的界定

在中国法律体系中,有关经济处罚的手段非常的多。名称也各不相同,主要有罚金、没收财产、罚款、没收违法所得、没收非法财物及滞纳金等。这六类经济处罚方式,可以分成两大类:①刑事处罚;②行政处罚。罚金及没收财产属于刑事处罚,罚款、没收违法所得、没收非法财物及滞纳金则属于行政处罚。

一、刑事处罚相关概念

刑事处罚是司法机关依法对一切违反刑事法律规范,危害社会、情节严重的犯罪行为人所给予的刑事法律制裁。刑事处罚有主刑和附加刑之分,主刑一般是人身罚,如管制、拘役、有期徒刑和无期徒刑;附加刑一般是财产罚,如罚金、剥夺政治权利、没收财产。可见,罚金和没收财产都属于刑事处罚的一种。但两者稍有不同,罚金是指强制犯罪人向国家缴纳一定数额金钱的刑罚方式,而没收财产则是将犯罪分子个人所有财产的一部或全部强制无偿地收归国有的刑罚方式。可见,没收财产比单纯地处以罚金要严重得多。没收财产一般适用于罪行严重的犯罪分子。但不管是罚金还是没收财产,两者都属于刑事处罚,需要按照中国刑事处罚的相关规定来执行。

首先,刑事处罚的法律依据只能是中华人民共和国刑事法律规范,如《中华人民共和国刑法》《中华人民共和国逮捕拘留条例》等。也就是说,能够作出罚金及没收财产法律责任的只有中国刑事法律规范。这严格限定了能够设立罚金及没收财产处罚的法律层次和范围,体现了罚金及没收财产刑罚的谨慎性和严肃性,为防止罚金及没收财产刑的滥用奠定了良好的基础。其次,刑事处罚的实施主体只能是司法机关。中国的司法机关,即人民法院才是作出罚金及没收财产决定的唯一合法机关,其他任何机关都不具备这样的权力。最后,刑事处罚程序必须由人民法院按照刑事诉讼程序进行。刑事诉讼程序是刑事处罚的唯一程序,没有其他程序可以替代。从这三点可以看出,刑事处罚的程序非常严格,人民法院在作出刑事处罚决定时一般都会有严格的上诉程序和法律救济措施。它充分体现了法律的严肃性及审判的谨慎性,也较好地体现了法律对公民基本权利的保护。

二、行政处罚相关概念

行政处罚是指行政机关或其他行政主体依法定职权和程序对违反行政法规尚未构成犯罪的相对人给予行政制裁的具体行政行为。《中华人民共和国行政处罚法》(以下简称《行政处罚法》)共规定了 7 种行政处罚方式,其中就包括了罚款、没收违法所得及非法财物。虽然没有明确规定滞纳金也属于 7 种行政处罚方式之一,但《行政处罚法》规定,对逾期不缴纳的罚款按照每日 3%加收滞纳金。法律一般将滞纳金称为执行罚,因此,应当属于行政处罚的一种。

从表 1.1 中可以看出,相对于刑事处罚,行政处罚相对比较简单。行政处罚主要是针对尚未构成违法的行为,且行政处罚可以针对公民个人,也可以针对法人及其他组织进行。行政处罚依据的法律非常广泛,而且几乎所有的行政机关及被行政机关授权的组织都可以作出行政处罚的决定。行政处罚几乎没有十分严格的程序,大部分被行政处罚的对象并没有真正的违法行为,且法律救济形式也主要是行政复议与行政诉讼。从行政处罚与刑事处罚的比较来看,行政处罚相对较为简单易行,不管是立法、执法,还是司法程度都相对简单。这也给中国行政执法滥用行政处罚留下了隐患。

表 1.1

刑事处罚与行政处罚与的区别

项目	行政处罚	刑事处罚
法律依据	行政法律规范 如《中华人民共和国行政处罚法》《中华人民共和国食品卫生法》	刑事法律规范 如《中华人民共和国刑法》《中华人民共和国逮捕拘留条例》
法律性质	行政法律制裁手段	刑事法律制裁手段
实施主体	国家行政机关及法定授权组织作出	国家司法机关即人民法院作出
适用客体	尚未构成犯罪的行政违法行为	一切危害国家、社会，情节严重的违法犯罪行为
适用对象	公民、法人和其他组织	仅限于公民，不适用于法人或其他组织
适用程序	行政机关和法定授权组织依照行政程序进行	司法机关即人民法院按刑事诉讼程序进行
处罚形式	形式多样，因不同行政领域而不同	主刑（管制、拘役、有期徒刑和无期徒刑）、附加刑（罚金、剥夺政治权利、没收财产）
法律救济	行政复议和行政诉讼	提起上诉和依审判监督程序提起申诉

由于刑事处罚的严谨性，罚金和没收财产的处罚形式被执法机关滥用的可能性相对较小。而行政处罚则不然，处罚的简单易行造就了中国行政罚没乱象。本书重点研究中国行政处罚领域的罚没乱象，并分析这种乱象出现的主要原因。

第三节 研究内容及思路

本书主要针对中国行政罚没领域内的问题进行分析和研究,研究的主要内容及思路可以概括为以下几个方面。

一、研究内容

本书的主要内容可以归结为以下六个方面。

(一) 中国行政罚没乱象典型案例调研分析

本书对中国行政罚没乱象进行宏观和微观上的认识。在微观层面,从三个方面对中国行政罚没问题进行认识:①中国常见行政罚没执法行为调研;②对个人进行交通违规罚没负担问卷调查;③对食品类企业进行行业问卷调查。在宏观层面,描述和勾画中国行政罚没乱象的一般特征,归纳和总结中国行政罚没的主要问题,力争做到从不同角度、不同群体对中国行政罚没的问题与影响进行研究和分析。

(二) 中国行政罚没收入管理制度分析

对中国行政罚没收入管理制度从三方面进行研究:①中国行政罚没收入管理制度的发展脉络;②当前中国行政罚没收入管理制度的特征;③中国行政罚没收入管理制度的主要问题。

(三) 中国行政罚没乱象的财政诱因分析

从政府财政体制及政府理财的角度对中国行政罚没乱象诱因进行分析。对中国行政罚没乱象的研究一般主要集中在法律及行政管理领域,而从财政体制及政府理财的角度进行分析的文献几乎没有。弗格森说:“所有的历史事件背后都有一个金钱关系”。根据这一逻辑,本书将探索中国行政罚没乱象背后的金钱关系,并据此分析中国财政分配体制及地方政府如何理财对中国行政罚没乱象的影响。

(四) 中国行政罚没乱象的法律原因分析

法律是政府一切权力的来源渠道,行政罚没权限也不例外。本书分别从三个角度对1950—2013年中国现行有效的法律制度中有关行政罚没的相关规定进行归纳和总结：①中国《行政处罚法》作为行政处罚的母法是如何对行政罚没进行原则性规定的；②中国各项法律中有关行政罚没处罚手段设立的法律依据如何；③中国各项法律中有关行政罚没设立形式如何。

（五）中国行政罚没的社会经济效应分析

中国行政罚没的问题必将给中国社会与经济发展带来各种问题，而且这些问题也必将随着社会与经济的发展表现出来。当然，本研究的重点集中于社会与经济领域，对此，可分三个方面进行分析：①中国行政罚没增加了国民超额负担；②中国行政罚没扭曲了社会公平；③中国行政罚没侵蚀了社会主义市场经济的法制基础。

（六）规范中国行政罚没乱象的政策建议

根据造成中国行政罚没乱象的三类主要原因，对规范中国行政罚没乱象提供政策建议：①中国宏观财政分配体制改革建议；②中国行政罚没收入管理制度改革建议；③中国法律有关行政罚没立法、执法及司法的改革建议。

二、研究思路

行政罚没问题在中国由来已久，是一个老问题，然而却没有得到有效的解决。本研究的主要思路可以归结如下。

（一）由现象推断问题

中国行政罚没乱象是中国行政罚没领域严重问题的一个表现，本研究试图透过这个问题的表象深入分析现象背后的问题。

（二）由问题分析原因

问题的产生背后一定有原因作为支撑。那么，支撑中国行政罚没问题背后的原因到底是什么，是执法机关的“经济人”行为，还是地方政府的“经济人”行为。

（三）由原因寻找方法

在由现象到问题、由问题到诱因的过程思考结束之后，如何解决问题成为需要思考的焦点。

本书的研究内部及思路逻辑图如图 1.1 所示。

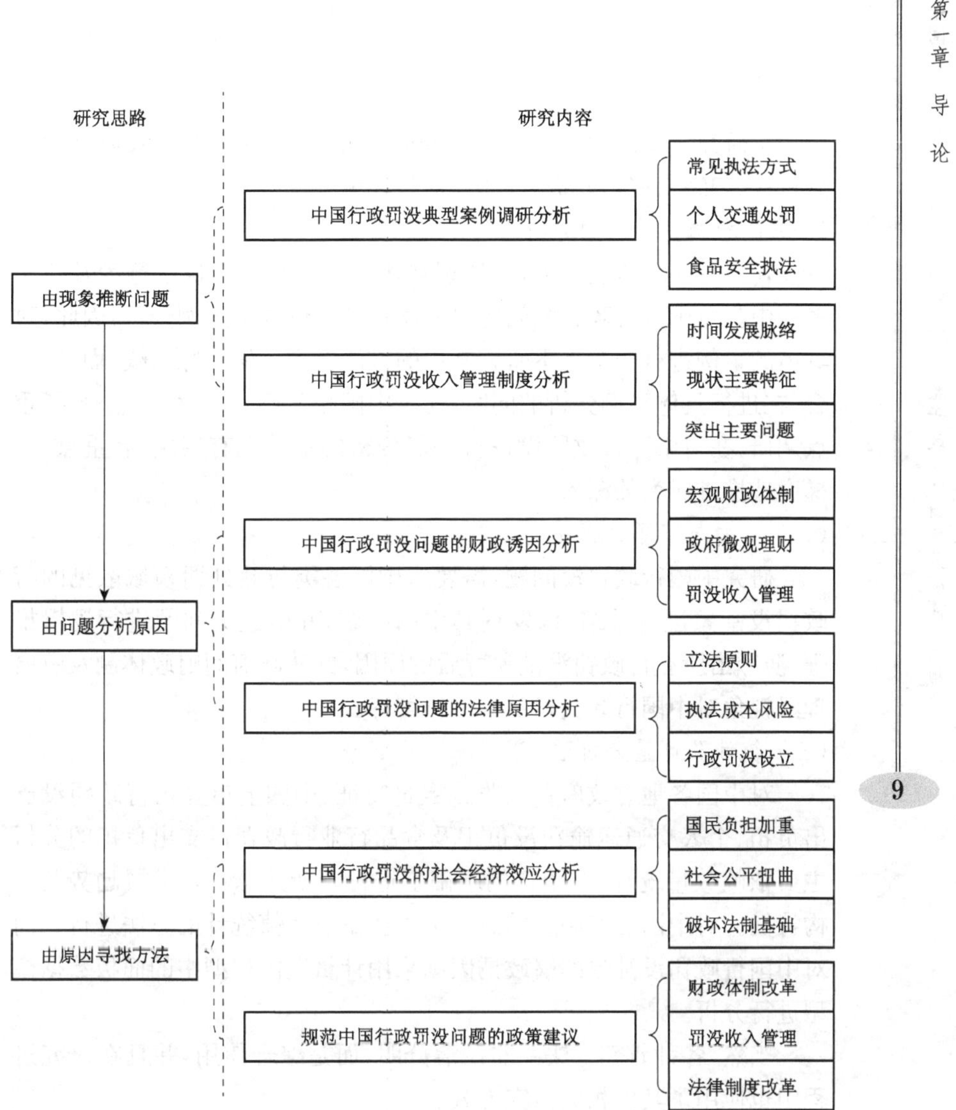

图 1.1 研究内容及思路逻辑图

第四节 研究方法及数据来源

凡研究必定采取一定的方法，同时也必须依赖于现实的数据。

一、研究方法

本研究主要适用的方法可以分成三大类:①问卷调查及典型案例分析;②归纳与演绎分析法;③统计与计量分析法。

(一) 问卷调查及案例分析法

罚没是一种执法行为,其体现在执法机关具体的执法行为及执法案例中。对中国行政罚没问题研究离不开具体执法案例分析,因此,对具体的案例进行分析是本研究常用的方法。为了做到"点、线、面"的结合,在进行具体案例分析的同时,还对中国相关行政罚没领域进行了重点调研,在对中国行政罚没进行一般分析的基础上有层次、有重点、有梯度地推进研究的深入。

(二) 归纳与演绎分析法

研究中国行政罚没问题,需要对中国各类行政处罚领域散见的行政罚没乱象进行总结,以发现其中的问题,并由这类问题进行逻辑推理,演绎出所有行政罚没乱象背后的原因,并从政府间财政体制及政府理财视角对中国行政罚没乱象进行解释。

(三) 统计及计量分析法

对中国各地方政府罚没收入数量特征、中国上市公司行政罚没支出负担、个人交通运输罚没负担及食品行业行政罚没支出负担的分析主要依赖数量统计,在统计的基础上进行判断并总结其发展趋势及结构特征。对中国法律制度的总结也主要是靠数值统计的方法进行。而对中国行政罚没乱象的财政诱因则采用计量经济模型中的面板数据模型进行分析。

当然,各种研究方法并非泾渭分明,而是综合使用,并且在研究过程中也使用了其他相关研究方式。

二、数据来源

本研究中的数据来源广泛,同时形成了互补的效应。主要有三类渠道:①问卷调查;②上市公司财务报告;③国家统计年鉴。

(一) 问卷调查

对中国交通罚款问题进行了问卷调查。问卷调查主要是通过各种通信工具将问卷链接地址发出去,通过老师、同学、同事、朋友及朋友的朋友相互传递。本次调查最终共获得了107份有效调查问卷，十分感谢这些受访者，感谢他们从百忙的工作中抽出宝贵的时间填写了问卷。这些有效问卷对本研究的完成非常重要。从问卷调查的结果来看，接受问卷调查的对象大都是私家车主，因此，本次问卷调查可以看成是对交通罚款个人负担支出的一次调查。

对中国食品安全执法领域的研究同样是通过问卷调查进行的。但本次调查是通过专业网络调查公司来进行的，主要是针对中国食品行业企业的调查。本次调查共收到216份有效问卷。本次调查主要是针对食品类企业进行的，可以和交通罚款调查问卷形成互补，形成个人、行业的点、线结合，增强问卷调查的有效性、代表性和覆盖面。

（二）上市公司财务报告

对上市公司行政罚没支出负担的分析数据主要来自上市公司的财务报表。国泰安数据库提供了中国所有上市公司2003—2012年财务报表数据资料，包括所有上市公司的资产负债表、利润表，为本研究提供了可靠的数据资料。国泰安数据库还提供了非常详细上市公司报表附注，为本研究筛选各上市公司的行政罚没支出负担提供了可行性。

（三）国家统计年鉴

中国国家统计年鉴从1998年开始提供中国31个省、市、自治区的罚没收入数据，并且从2007年开始提供中国中央政府罚没收入数据。至今已经有近15年的数据资料，保证了本研究的顺利进行。当然，本书中使用的有关地方政府财政收入、支出及其相关结构性数据也是来自于中国国家统计局公布的统计年鉴。

第五节　主要贡献及创新

从财政学角度对中国行政罚没问题进行研究，本身就是一种尝试和探索。本书的主要贡献及可能的创新归纳如下。

一、主要贡献

本书的主要贡献可以简单地概括为以下几个方面。

（一）案例调研

本书对中国行政罚没典型案例进行了调研分析。本书从三个方面对中国行政罚没问题进行调查分析:①从行政执法机关的角度,主要调查行政执法机关的执法方式和动机;②从自然人角度进行调研;③从法人角度进行调研。自然人和法人是社会经济活动的主要参与者,但两者身份、规模、作用都完全不一样,所以有必要分开进行调研。本书尝试了从各个角度,对各个群体进行典型案例调研分析。

(二) 诱因分析

本书从新的视角对中国行政罚没问题进行了新的研究和阐述,挖掘了中国行政罚没问题频出的根本原因,为有效解决中国行政罚没问题提供了新的借鉴。同时,本书还梳理了中国各地方政府的财政支出特征,并对中国行政罚没收入管理制度进行了总结,形成了对中国行政罚没问题新的解释和认识。

(三) 法律整理

对中国现行法律有关行政罚没相关规定进行了归纳和总结。1950—2013 年,中国有关行政罚没的现行有效法律共 242 件,可分成 7 大类。本书对这 242 件中有关行政罚没的相关设定分别从行政罚没的设定依据、行政罚没的设定方式、行政罚没设定的时间倾向及对象偏好三方面进行了分析。

二、主要创新

本书的主要创新可以简单地归结为两个方面。

(一) 视角创新

已有的对中国行政罚没问题的研究多从中国法制建设的角度出发,认为中国行政罚没问题的出现主要是由于中国法制建设的缓慢与不完善,要解决中国行政罚没的问题首先需要健全中国的各项法律制度。本书摒弃了这一传统研究的视角,而从政府财政管理体制的视角进行分析。本书认为,虽然,中国各项法律制度的不完善确实是造成中国行政罚没问题的一个直接原因,但并非是根本原因,其根本原因在于中国各级政府的财政分配体制。从中国各级政府的财政分配体制来研究中国各级地方政府行政罚没行为才是抓住了问题的根本,也是该问题研究的创新之处。

(二) 内容补充

中国行政罚没问题由来已久,并且有进一步严重化的趋势,但目前对该问题的研究并不充分，主要集中在法学领域。从表面上看，行政罚没问题是一个法治问题，中国各项法律制度的不完善，导致了中国行政罚没领域问题频出。但究其深层次原因，法治问题只是一个浅层次问题，更深层次问题在于中国的财政制度问题。从国家财政收入的角度来分析，罚没收入属于国家财政收入中的非税收入，且比重不是很大。学者对其的研究往往包含在对中国政府的非税收入的研究中，并没有突出其重要性。然而，罚没与政府各项收费等其他非税收入不同，罚没是政府的一项行政执法行为，其目的旨在维护社会的公平与正义，但却被某些行政执法部门赋予了敛财的功能。这是与行政罚没的执法初衷背道而驰的，这不得不引起广大专家和学者的重视。但是，这个问题在财政学领域一直没有得到应有的重视和研究，本研究的开展则填补了这一个缺陷。

第二章 相关文献综述

罚没问题由来已久,并不是什么新鲜事,古今中外的很多学者都对其进行了深入的分析和研究。纵观古今中外的研究成果,对罚没问题的研究可以从两个方面进行整理和综述:其一,有关最优处罚理论的研究;其二,有关行政执法问题的研究。最优处罚理论重点关注法律制度本身的制定,从社会福利经济学的角度对处罚的设定方式进行研究,寻找最优惩罚手段和措施,从而降低违法犯罪的社会成本,达到社会福利最大化。行政执法问题则主要关注在特定处罚制度下,执法机关在执法过程中出现的问题,如执法动机、执法手段及公民财产保护等。

第一节 最优处罚理论研究

现代社会对违法行为的惩处手段大致可以归集为三大类:生命罚、自由罚及财产罚。对何种类型的违法行为采取何种惩罚手段是一个非常值得研究的话题,最优处罚经济学就致力于这方面的研究。纵观人类处罚的发展过程,可以发现,人类的处罚经历了报复时代、威慑与等价时代、矫正与折中时代,但总的发展趋势表现为由野蛮残酷到文明温和,由强调惩罚报复逐渐发展到矫正和预防。处罚的“轻缓化”已经成为20世纪以来惩罚手段立法与司法的原则与宗旨,矫正和预防的功利观也逐渐代替报复而成为处罚的根本目的。对最优处罚理论的研究大都是站在经济学的角度进行,寻求最优惩罚手段使社会福利最大化。

一、国外文献

在古代商品经济并不发达的时代,对违法犯罪者的惩罚手段主要是生命罚和自由罚,财产罚几乎没有。有关财产罚的最早文字记载见诸著名的《汉谟拉比法典》，但之后并没有受到太多的重视。

（一）不同处罚手段之间的比较

有关财产罚相对于生命罚及自由罚，尤其是生命罚的优势，威廉·配第（1662）在其《赋税论》中进行了论述。虽然在其著作中，威廉·配第并没有直接使用财产罚、生命罚及自由罚的专业术语，而是对罚没及截肢等惩罚手段直接进行论述，这里的罚没应该可以理解为广义上的财产罚，截肢可以理解为生命罚或自由罚等处罚形式。威廉·配第指出，罚没作为一种经济惩罚手段要比肢体等惩罚手段更能够有效地节约社会资源，肢体罚在某种程度上是在惩罚国家自己。因为一旦公民被截肢或被处以任何其他形式的肢体罚都将会给国家造成伤害，这些被截肢的人要么失去工作能力或再工作的机会，要么从此不得不依赖社会或国家的施舍而生存。不管怎样都将是国家或社会的负担。而罚没之后并没有伤害违法者为社会再创造财富的能力，甚至还会激励被处罚者继续以更大的努力去再创造社会财富。从这个角度上分析，财产罚要比生命罚及自由罚具有更大的经济优势。但威廉·配第的论述还是初步的，并没有从理论及实证分析的角度进行相对完整的研究和分析，与现代经济学研究还相差很远。

Becker（1968）则在其著名的论文《犯罪与惩罚》中从经济学的角度对犯罪和惩罚进行了相对较为全面的论述和研究，并建立数理模型进行详细研究。Becker 认为违法者从事违法行为与正常经济主体从事合法经济活动在本质上没有区别，都是在不确定性环境下进行的经济决策行为，因此，可以从成本和收益的角度对违法者的犯罪行为进行分析。因此，如果违法行为给违法者带来的预期收益高于实施违法行为所承担的成本，并且从事违法行为所能带来的收益高于从事其他合法行为所能够带来的预期收益，那么违法者就将从事该项违法行为。为此，Becker 还建立了成本与收益方程，对犯罪与惩罚从经济学角度进行分析。除了研究犯罪与惩罚关系之外，Becker 还研究了不同惩罚手段之间的成本对比，特别比较了自由罚与财产罚之间的成本优劣比较。经过比较分析之后，Becker 认为罚款（没）是最经济的惩罚手段，并主张凡是能够使用罚款的地方就应该尽量使用罚款，这样可以有效降低社会成本，从而能够使得社会福利最大化。Becker 第一次从理论上论证了财产罚存在的经济优势，被认为是最优处罚经济学领域的开山之作。但 Becker 并没有就罚款(没)数量如何设定等问题进行进一步研究和分析,而是将此问题留给了后人。

在 Becker 的基础之上,Stigler(1970)也对执法问题进行了研究,但是角度不一样,Stigler 从政府执法的成本角度进行研究。Stigler 指出,政府执法是有成本的,并且在通常情况下,政府的执法经费支出总是处于不足的状态,如果没有罚没收入来作为支撑,政府的执法经费将难以得到保证。并且,在某些情况下,公民并不希望政府执法太过于严格,从而也就不太愿意政府在行政执法领域增加过多的公共开支。可见,不管是从政府执法经费支出,还是从公民的意愿角度分析,政府对执法经费的投入都存在很大的困难,而执法所产生的罚没收入则是可以缓解这一困难的有效途径。Stigler 从另外一个侧面论证了财产罚存在的必要性,但 Stigler 同样也没有对如何设定罚没数额进行研究和论证。

经过 Becker 及 Stigler 两人的论证之后,从经济学角度分析,对违法者采取财产罚已经是一件十分必要且可行的事情了。但如何对违法者进行罚没又成为新的问题,即如何设定何种行为是违法行为,对该种违法行为应该惩处多少数额的罚款,执法机关的执法频率应该维持在什么样的水平等,这些都成为留待解决的问题。对此类问题的研究可以分两种角度进行,这两种角度的主要区别在于政府目标的设立:①政府以社会福利最大化为目标;②政府以获得寻租收入最大化为目标。

(二) 社会福利最大化政府目标下罚款数额的设定

在以社会福利最大化为目标的前提下,Polinsky 和 Shavell(1979,1984)则在 Becker 的基础之上进一步从社会成本的角度对该如何设定罚没进行研究。他们指出处罚的威慑力取决于两方面:一是执法的力度(P),二是惩罚的力度(f),两者的乘积就是执法的总体威慑力(Pf)。执法需要成本,而且执法成本有时相当昂贵,随着社会执法力度(P)的加强,社会付出的成本将更多,并且社会维持过多的执法资源也将是一种浪费。但提高惩罚力度(f)则不会增加多少成本,尤其当采用罚款(没)来惩罚时,处理一定数量的罚款与没收其全部财产的成本几乎相当。因此,在保持社会执法总体威慑力(Pf)不变的前提下,应该不断提高惩罚的力度(f),并同比例不断降低执法的力度(P),这样可以极大地降低社会执法的成本,并且不伤害执法的总体效应。根据 Polinsky 和 Shavell 的研究，法律在制定处罚措施时，罚款设定应该最大化，执法力度应尽可能的小。这样的设定是最经济的惩罚措施。

Garoupa(1997)则对 Becker、Polinsky 和 Shavell 等人的研究提出了挑战，其认为 Becker、Polinsky 和 Shavell 等人认为应该将惩罚力度(f)最大化，并同时等比例降低执法力度(P)的做法不符合现实。现实中，并不是所有的罚没额度都设定在违法者财产最大值的水平上，罚没数额的设定值通常要比违法者拥有的财产要低得多。因此，Garoupa 认为从现实的角度看，将罚没数额设定在违法者财产最大值处一定不是最优的。根据现实的经验，当罚没数额设定过高时，会严重影响法官的判决，法官通常会认为处罚过重而不忍判罚。

(三) 寻租收入最大化政府目标下罚款数额的设定

此前的研究都是在假定政府的目标函数是以社会福利最大化为目标，Friedman(1999)对政府目标函数提出质疑，认为政府的社会目标函数并不一定都是社会福利最大化。如果总是以社会福利最大化作为政府的目标函数，容易忽略政府内制定政策者及执法者的个人利益。在公共选择学者看来，负责制定政府公共政策的决策者及执法人员肯定存在个人利益的考虑(Gradstein, 1993)。

Garoupa 和 Klerman(2002)吸收 Friedman 的思想，将政府的目标函数由社会福利最大化修改为政府寻租收入最大化。政府由一个社会福利最大化政府变成了寻租型政府，这样前人的研究成果也将发生重大的变化。Garoupa 和 Klerman 的研究得出结论：在寻租型政府下的目标函数，①当违法者拥有足够多的财产时，寻租型政府将会比福利最大型政府更加激进，将较小的错误设定成违法行为并严格执法，但却对严重的违法行为执法较宽松；②竞争性的私人执法并不比政府垄断的执法更糟糕；③究竟是采用私人执法还是采用政府公共部门执法取决于执法成本及违法的严重程度。

在 Garoupa 和 Klerman 的研究基础之上，Dittmann(2005)再一次对寻租型政府目标函数下政府的执法行为进行了研究，但角度不一样。他是对寻租型政府目标函数下政府对违法行为是采取监禁还是罚款惩罚措施进行了研究。Dittmann 得出结论，寻租型政府对严重的违法行为应该采取监禁惩罚措施，但如果考虑监禁的成本，则应该在监禁的同时对违法者处以一定数额的罚款以补偿监禁成本。对不严重的违法行为则应采取罚款，而不应采取监禁惩罚。他还论证了在福利最大化政府目标假设下应尽量使用罚款的结论在寻租型政府目标下不能成立。危害及最优执法概率关系如图 2.1 所示。

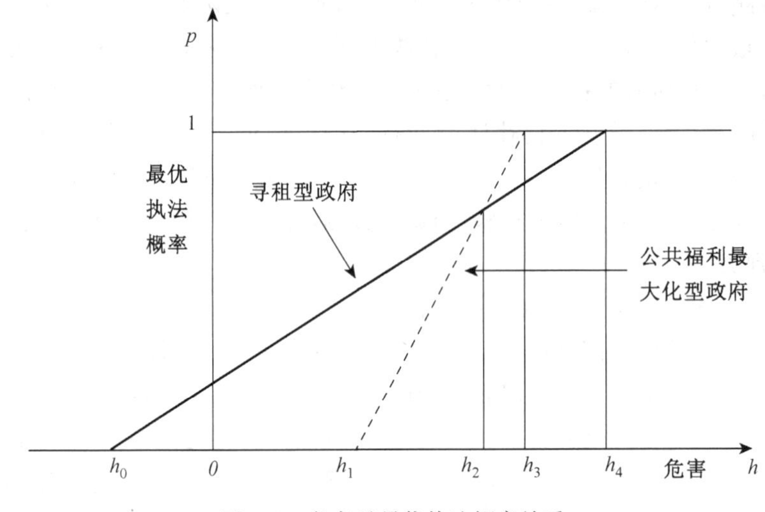

图 2.1　危害及最优执法概率关系

在最优处罚领域，并没有区分行政处罚还是刑事处罚，而是将两者放在一起进行研究。研究者们首先建立社会成本函数，通过社会成本函数来比较各种惩罚手段给社会带来的成本大小，通过比较得出结论，即罚没是最经济的惩罚手段。当经济处罚被认为是成本最低的惩罚手段之后，学者们开始研究应该如何设立罚没数额才能使社会成本最低。不同的学者得出了不同的结论，部分学者认为罚款数额应该设立在违法者财产最大处，并同比例降低执法的概率，这样在既定的威慑条件下，社会承担的执法成本最低。但部分学者提出了不同意见，如果罚没数额设立过高会影响法官的判决。同时部分学者对执法目标函数进行修改，得出了不同的结论。

二、国内文献

国内文献主要集中在对中国行政罚没问题的研究，如罚没数额的确立、罚没设立的法律依据等。一方面，中国的行政罚没设立呈现普遍化趋势；另一方面，中国行政罚没的收效甚微。这给中国众多的法学工作者提出了更多的问题。

(一) 行政罚没设立标准

张仁泽(1999)对中国环境保护行政罚款基础问题进行了探讨。中国有关环境保护行政罚款的设立一般只有上下限的限定,执法机关自由裁量权非常之大,且缺少分级分档的明细规定,损害了行政执法的公平性。他提出了四种针对中国保护环境行政罚款基数的设定方式:排污费、违法所得、危害后果、投资额或应投资额。

许传玺(2005)对中国行政罚没数额的设定标准提出了质疑,他认为中国的行政罚没数额的设立没有客观依据。各项法律在罚没款数额的设定上模糊不定,并且空间弹性过大。其主张在设定中国各项法律行政罚没法律数额时,可以借鉴美国法院罚款判决的著名汉德公式(The Hand Formula),这样法律在设定各种行政罚没数额时就有客观依据。

李明朝(2010)从法经济学的视角对中国的行政罚没设定标准进行了研究,他认为中国的行政罚款在具体实施过程中存在滥罚、不公罚及重罚轻管的现象,严重背离了遏止违法、违规行为及其危害的初衷。在执法资源有限的前提下,执法者应以略大于执法者和相对人之间的非合作博弈存在混合战略纳什均衡解的查处概率的基础上进行执法,而略大于均衡解上的查处概率对应的罚款数额也就是能遏制违法行为的合理标准。

黄勇、刘燕南(2013)对中国《反垄断法》及相关配套法规中有关违法行为的罚款数额进行研究。中国反垄断罚款主要依靠行政执法机关自由裁量,而欧盟和美国,对于垄断违法行为的罚款(罚金)都有一套完整的评估和计算方法,其借鉴欧美经验,提出了针对中国的反垄断行政罚款的计算原则。

(二) 行政罚没设立方式

李先龙(2005)对中国行政罚款的设立方式进行了研究。他认为中国立法上对罚款限额的设定长期、普遍采用绝对数额的方式,这种方式严重不利于罚款目的的正确实现。应当考虑采用动态的、相对数的罚款限额设定方式,由处罚主体在处罚实施时结合国家公布的有关指标,计算出罚款限额,并在此基础上行使自由裁量权。

徐向华、郭清梅(2006)以上海市地方性法规为例研究了行政处罚中的罚款数额设定方式，对各种罚款设定方式的优劣进行了比较分析，提出罚款设定要注重调整不同领域罚款数额设定方式的恰当选择，相对节制单一方式的使用，彻底堵截概括式设定方法，并追求“社会正义、罚以当过、足以制裁”的规制目的和“便捷可行、灵活运用、适度裁量”的执行需求之间的平衡。

程雨燕(2008)对中国环境罚款数额的确定方式进行了研究。他指出对于环境罚款数额设定的立法应以罚款的一般立法价值的衍生变量及其量比规则作为理论基点，立足于环境违法行为的复杂特质，依据环境罚款数额设定立法的科学规律，就环境罚款数额的设定方式、倍率与数值、距差弹性、组合运用以及处罚机制等方面予以完善与创新。

李海婷(2010)对罚款数额的确定方式进行了研究。文章总结并归纳了目前罚款数额确定的几种方式，提出积极探索完善罚款数额的确定及调整机制，从罚款数额的设定、自由裁量行为和物价水平等因素出发建立相应的罚款数额的调整机制。

(三) 行政罚没使用情况

阎锐(2005)对中国法律制度中行政罚没设立普遍化进行了统计性研究。她采用抽样调查的方法，以上海市 2001 年以前颁布的 131 件地方性法规为研究对象，进行统计性研究。研究得出结论，在地方性法规中只要法律出现“不得”“禁止”等条款时，通常都设立了相应的法律责任，并且地方性法规尤其青睐行政罚款这一处罚方式，行政罚款在中国地方性法规设立的法律责任中所占比重已经达到了 68.6%。

韩冰(2006)研究了中国行政处罚法与俄罗斯行政处罚法的异同之处，将中国 1996 年颁行的《行政处罚法》与前苏联 1984 年《苏俄行政违法法典》、2001 年《俄联邦行政违法法典》进行了比较分析。对行政处罚含义界定、行政处罚种类设定、行政处罚设定和实施主体的分权与集权、行政处罚的原则及行政处罚的权利和效率等问题进行比较、分析和研究。

陈新(2008)就中国行政罚款制度设计优化问题从比较法的角度进行了思考。文章借鉴了美国、德国、法国、意大利、俄罗斯、日本、韩国、奥地利、越南等国以及中国台湾地区的相关罚款处罚设定，建议在中国通过采取提高行为当事人的违法成本等方法来提高行政罚款的数额设定。

韩志红、刘妍(2009)从罚款的功能、罚款数额的设定、追究违法者法律责任的程序以及政府如何管理行政罚款收入等方面对中美罚款制度进行了比较分析,得出政府执法理念、政府执法信息的透明度以及政府与法院之间的关系不同导致了中美罚款制度之间巨大的差距。

吴礼宁(2010)从宪法学的角度研究了中国政府的非税收入。文章逐一分析了中国包括规费、罚没收入、政府基金、彩票公益金及国有资产收益等在内的非税收入的性质,研究了在公有制制度下中国各项非税收入的宪法基础,并指出非税收入应以国有资本上缴的利润为主体。

综观国内对罚没问题的研究,并未停留在何种处罚方式的社会成本最低这一西方学者已经解决的问题上。国内学者对中国罚没问题的研究主要集中在中国相关法律对罚没数额的设定,这也是国外学者在论证完罚没是最经济的执法方式之后最需要解决的问题。国内众多学者指出了中国法律在设立罚没时存在多、滥、重等问题,并且法律、法规及规章在设立罚没数额时缺乏科学依据,随意性较大。这严重损害了法律的权威性和严肃性,不仅使罚没在执法过程中的效果大打折扣,而且为执法机关执法创收打开了方便之门。

第二节　行政执法实证研究

行政罚没不仅仅是一个立法问题,同时也是一个执法问题。在立法领域,主要涉及的问题是罚没与其他执法方式的成本与收益比较,从而选择最优的执法方式使社会福利最大化。而在执法领域,则是由于罚没所能够带来的罚没收入对行政执法人员的行为会产生影响。那么,则需要研究不同的罚没收入管理制度,会对行政执法机关的执法行为产生怎样的影响。

一、国外文献

由于罚没能够给执法部门及执法人员带来“罚没收入”,所以由此产生了新的问题:罚没收入是否会引起行政执法人员执法目标的改变,即行政执法人员的执法目标会不会变成为“利益”而执法。对于这个问题的研究,国外主要从两个角度来进行:①经济学;②法学。

(一) 经济学

经济学的角度主要着重于分析在存在罚没收入的前提下,执法机关或执法人员的执法行为将会发生怎样的变化。同时还可以分析在不同的罚没收入管理制度下,行政执法人员的执法行为将会发生怎样的变化。

1. 行政罚没收入对执法机关收入的影响

罚没收入是行政执法的“副产品”,但这种“副产品”确实能够给行政执法机关或行政执法人员带来利益。这些罚没收入成为行政执法机关突破财政预算硬约束的有效工具。

Osborne 和 Gaebler(1992)认为,任何公共部门都会面临财政预算约束的问题,并且公共执法都有扩大经费的冲动。因此,当罚没收入被允许用于补充行政执法机关的执法经费时,行政执法机关产生了罚没的冲动。行政罚没成为各执法机关冲破执法机关财政拨款硬约束的一个有效工具(Zhao、Scheider、Thurman,2002;Evans、Owens,2007)。

Miller 和 Selva(1994)认为,执法部门执法动机大多数都是为了使行政罚没最大化,对行政罚没收入的追求已经影响了警察对案件的选择,警察在选择案件的时候更多地考虑的是获得行政罚没收入,而不是将犯罪分子绳之以法。警察在执法的时候非常清楚地知道执法过程中的罚没能够带来可观的罚没收入,并且在执法的过程中也总是想方设法创造罚没的机会。执法人员一般都会在毒品交易完成并正在进行现金交易之时才会冲到现场将交易资金没收并逮捕嫌疑犯,以使行政罚没收入最大化。并且,美国法律还允许被告人采用缴纳赎金的方式来免除犯罪之人的牢狱之灾。

Benson 等(1995)通过对毒品缉查执法部门的执法行为进行研究发现,凡是热衷于毒品缉查的执法机构大多数都对缉毒所带来的行政罚没收入具有不同程度的强烈需求。执法部门可以用缉毒过程中产生的罚没收入补充执法经费的不足,罚没收入使执法机关产生了强烈的执法冲动(Baicker 和 Jacobson,2007)。

Benson 和 Rasmussen(1996)对美国联邦政府的行政罚没制度提出了严厉的批评,指出行政罚没主要是针对那些尚未构成犯罪,但却经常发生的违规、乱纪行为而进行的财产性处罚,并且在大多时候,违规者都没有受到真正的指控。行政罚没形成了一种“掠夺性”公共财政,成为与民争利的工具(Bowles、Faure 和 Garoupa，2005)。

Blumenson 和 Nilsen(1998)撰写了一份专门的报告，详细描述了美国行政执法部门的行政罚没行为，该报告成为证实行政执法机关行政罚没"唯利是图"最有力的证据。Blumenson 和 Nilsen 认为整个行政执法机构已经形成了一个利益集团，该集团正在利用美国联邦政府的行政罚没相关法律制度及罚没收入管理制度获取额外的收益——罚没收入。该集团最引人瞩目的事件是成功阻止了将联邦行政罚没收入分配制度修改成按行政罚没收入来源地州相关法律制度进行分配的立法动议。同样，由于该集团的压力，美国行政罚没改革法案(2000，CAFRA)中的部分限制行政执法机关行政罚没权力的重要条款也被删除了，相反，还增加了在某些特定情况下可以加强行政执法机关行政罚没权力的条款(Worrall，2004；Edgeworth，2008)。由此可见，行政罚没权力对行政执法机关充满了诱惑，行政执法机关是不愿意放弃行政罚没的，哪怕受到一点点限制都是不能接受的。

Eric Blumenson 和 Eva S. Nilsen(1998)研究了美国的行政罚没收入管理政策，对美国的行政罚没收入管理制度提出了批评。他们指出，美国的行政罚没收入管理制度扭曲了行政执法部门的执法动机，使行政执法部门为"利益"而执法。执法人员首先想到的是获得更多的行政罚没收入，而不是为了控制犯罪而执法(Morganthau 和 Katel，1990；Pratt 和 Peterson，1991；Wisotsky，1991)。

Worrall(2001)则采用调查问卷的方式对大约 1 400 个市、县一级的执法机构进行了调查和采访，受访对象中有大约 40%的人承认执法机构依赖行政罚没收入作为执法经费的重要补充。事实也从侧面验证了这一论断，1985 年美国的行政罚没收入 2 700 万美元，而到 1992 年，美国行政罚没收入为 87 500 万美元。这种增长在美国联邦行政罚没收入分配政策制定后不久就开始了，尽管 1992 年后行政罚没收入有所下降，但 2003 年一年仍然有 46 000 万美元的行政罚没收入(Maguire 和 Pastore，2004；Nelson，1992)。这些巨额的行政罚没收入中有相当可观的一部分通过行政罚没收入分配计划返还到美国的各级执法机构中去了，仅 1991 年的 64 400 万美元的行政罚没收入中就有28 000万美元返还给了地方执法机构，约占总数的 43%(Nelson，1992)。

Vecchi 和 Sigler(2001)发现，美国联邦政府从行政罚没收入基金中分配给联邦、州、地方执法机构的行政罚没收入已经成为联邦、州及地方执法机构的一项重要收入资金流。对于州及地方执法机构，尤其是财政约束比较紧张的州及地方执法机构来说，这种收入具有非常强烈的诱惑性（Vecchi 和 Sigler，2001；Benson 等，1995；Burnett，2008c）。事实上，不管执法机关说什么，联邦、州及地方政府的事实都告诉我们，他们都将行政罚没作为获得财政收入的一个重要渠道。

Benson、Rasmussen 和 Sollars（2005）研究行政罚没已经成为行政执法机关获得额外经费来源的重要渠道。因为，自从美国联邦政府1984 年通过综合犯罪法（Comprehensive Crime Act of 1984）之后，美国行政罚没数量就迅速增长，这是一个很好的证明。并且，由于行政执法机关的罚没收入的迅速增长，有些地方政府都开始考虑给行政执法部门削减财政预算支出（Baicker、Jacobson，2007）。

Burnett（2008a，2008b，2008c，2008d）经调查声称，虽然行政罚没在各地方不尽相同，但绝大部分的行政执法机构都将行政罚没看成是一项能够获得持久财政收入的工具。在美国 Texas 州，州检察院至少有 1/3 的经费预算来自行政罚没收入（Burnett，2008b；Worrall，2001；Benson 等，1995）。

从这些研究文献中可以看出，自从行政罚没被允许之后，行政执法所产生的罚没收入就已经成为政府，特别是行政执法部门财政收入来源的一项重要补充。这些在执法过程中产生的“副产品”成为执法部门追逐的“利润”。

2. 行政罚没收入分配制度对执法行为的影响

既然罚没收入能够被当成地方政府财政收入或执法机关执法经费的来源，那么，在这种对“利润”的冲动和追求之下，行政执法部门的执法动机及执法行为必将发生一定的扭曲。学者们开始研究在不同的罚没收入管理制度下，执法机关或执法人员的执法行为将会有怎样的变化。

Dunn 针对美国 Missouri 州的罚没收入管理制度进行研究发现，因为 Missouri 州要求必须将执法部门产生的所有行政罚没收入都作为州教育基金，而不是作为执法部门的执法经费反哺执法部门，从而形成行政执法部门的预算软约束，导致当地行政执法机关通常将该州的行政罚没案件更多地按照联邦行政罚没制度来执行而不按照该州的法律来执行，其主要目的就是绕开该州的行政罚没收入管理制度，因为联邦法律规定行政罚没收入中地方执法机构可以获得80%的比例(Von Kaenel,1994)。由于罚没收入管理制度的不同，行政执法机关选择能够获得更多罚没收入分成的联邦法律来执法，而不是收入较少的州法律。

Worral和Kovandzic(2008)通过数量研究发现，凡是州法律规定当地行政罚没收入不能全部用于执法机构经费的州执法机构更多地会选择按联邦法律来处置行政罚没相关案件，而州法律规定当地行政罚没收入可以全部用于执法机构经费的州执法机构则较少通过联邦法律来进行行政罚没。此结论暗示了在行政罚没收入管理严格的州，执法机构倾向于选择使用相对宽松的联邦法律来绕过州法律，以获得更多的行政罚没收入分配比例。这和Burnett(2008a,2008b,2008c,2008d)的调查报告及Vecchi和Sigler(2001)、Blemenson和Nilsen(1998)学术研究相一致，执法机关倾向于通过联邦法律使得财政收入最大化。

Skolnick(2008)认为执法机构会根据当地州法律执行行政罚没的难易程度及其分得行政罚没收入的多少决定是否使用州法律来执行行政罚没，联邦行政罚没收入分配法律和州行政罚没相关法律共同决定了执行行政罚没的难易程度及地方执法机构可以分得行政罚没收入的多少。如果执法机关绕过当地州法律而使用联邦法律以求获得更多的行政罚没收入分配比例，那么这将成为警察执法“唯利是图”的最有力证据(Worrall,2004;Duffy,2001;Hadaway,2000)。

Jefferson E. Holcomb, Tomislav V. Kovandzic, Marian R. Williams(2011)通过数量研究发现，当当地州有关行政罚没的法律比较繁杂，并且执法机关获得的行政罚没收入分配比例较少时，执法机关将会按联邦法律来执行行政罚没。绕过州法律以获得更多的行政罚没收入，说明了警察执法为“利益”而执法。

从这些研究的结论中，可以明显发现，由于罚没收入的存在，行政执法机关的执法动机及执法方式发生了明显的变化。执法机关或执法人员通常会选择那些能够获得更多罚没收入的法律制度来执法，而绕开那些需要投入更多，而获得的罚没收入反而会减少的法律制度。罚没收入的多寡成为影响行政执法人员执法行为重要因素。

（二）法学

在罚没收入成为影响行政执法人员执法行为重要因素的情况下，执法就带有某种功利性，部分法学学者开始关注如此大规模的行政罚没与公民财产权是否相冲突。部分法学研究者认为，行政执法机关在进行罚没的过程中对公民应当依法享有的司法程序造成了严重的侵害。因为，行政处罚与刑事处罚有很大的不同，刑事处罚往往主要针对违法者进行，而行政处罚主要是针对违规者进行。绝大多数被行政处罚的公民都没有实质性犯罪，而且在行政处罚的过程中，绝大多数行政处罚最终都没有被起诉和定罪，甚至不了了之。

1. 行政罚没是否适当标准的确立

Blumenson 和 Nilsen(1998)对美国最高法院判决的两个经典的行政处罚案件(Tumey v. Ohio，1927；Marshall v. Jerrico，1980)进行了分析，比较了这两个案件的判决及法庭的推理逻辑。在 Tumey v. Ohio(1927)案件中，最高法院推翻了 Ohio 州地方法院对被告 Tumey 的指控及 100 美元罚款判决。其主要判决依据就是：作出罚款判决的地方法院法官同时兼任了该镇镇长一职，而镇长又是该地方政府财政收入的管理者，因此，镇长兼任法院法官的双重身份与被告者形成了利益冲突。一方面，镇长可能从罚款中得到利益补偿；另一方面，镇长可能通过罚款来扩充政府财政经费。美国最高法院曾经作出判决，任何案件的判决不能由对当事人具有偏见或对案件判决结果有利益诉求的人作出。当这种情况发生时，公民享有的宪法规定的公正司法程序的权利就将受到侵犯。因此，最高法院根据此种原则推翻了 Ohio 州地方法院的判决。而在 Marshal v. Jerrico(1980)案件中，最高法院则支持了《公平就业法案》中有关允许美国劳工部等相关执法机关使用因违反童工使用规定而被处以的罚款的条款。在该案件的判决中，通过该案件的判决美国最高法院提出了三条判断有关罚没收入使用条款会不会导致执法部门过度罚款及损害公民正当权益的标准：①收入依赖；②个人利益；③财政拨款方式。在该案件中，最高法院认为，由于行政罚没收入占该执法机构总预算的 1%都不到，并且该执法机构的所有行政罚没都上缴至财政部，由财政部同意按预算拨款使用，这足以证明该机构并没有依赖行政罚没创造收入更没有个人利益冲突。另外，有关行政罚没收入的分配与使用并没有按照执法机关行政罚没收入的多少来分配，而是按照每个执法机关的实际执法经费来分配和使用的。这就防止了执法机关通过设置高额罚款和频繁使用行政罚没来扩大执法预算经费来源。因此，最高法院认为该条款不会使得执法机构滥罚款，相反，它在一定程度抑制了执法机关从行政罚没的收益中获利。通过对这两个经典案例的分析，形成了判断行政执法部门的行政罚没行为是否正当的基本标准，同时也形成了对行政罚没收入应该如何使用的基本判断标准。

2. 现行行政罚没与上述基本标准的对比

通过将现行行政执法机关的执法行为与上述案例中最高法院推出的几个基本准则相对照，Blumenson 和 Nilsen 认为，现行行政执法部门的执法行为绝大部分都是违宪的。现行执法部门对行政罚没相关法律的执行已经违反了最高法院在 Jerrico 案件中判定的正当司法程序标准。执法部门能够直接从行政罚没收入中获利，形成了执法机关对行政罚没收入的追求，从而忽视了公民应享受正当司法程序的宪法权利。现在的行政罚没相关法律尤其是联邦政府建立的行政罚没收入分配制度进一步激励了行政执法机构对行政罚没收入的追求。换句话讲，执法部门的行政罚没收入越多，其财政收入就会越高。Blumenson 和 Nilsen(1998)在文章中写道："除了现行的行政罚没相关法律制度，你已经不可能再设计出更好的制度能够使执法人员改变执法的初衷了。"现行的行政执法人员与被执法者之间形成了利益冲突，这严重违反了美国的宪法原则。但尽管事实如此，最高法院在消除现行行政罚没法律的负面影响方面还是行动迟缓。越来越多的行政执法机关依赖行政罚没收入作为部门预算来源，使这些执法部门的部门利益与行政罚没收入紧密相连(Worrall,2001)。

(三) 其他方面

当行政罚没被允许之后，罚没收入成为激励执法人员"努力"工作的动力。同时，罚没毕竟是被处罚对象的一种经济支出，罚没产生了价格效应。

1. 行政罚没对被处罚者心理的影响

Gneezy 和 Rustichini(2000)对以色列一所幼儿园家长放学领孩子迟到罚款的案例进行分析，认为罚款就是一个价格。在没有设立对迟到家长罚款之前，迟到的家长都心存愧意，而当幼儿园设立了对迟到家长进行罚款之后，迟到的家长在付完罚款之后毫无愧意。罚款变成了家长的代价，只要能够负担得起，家长认为迟到是理所当然的。罚款对家长行为的影响正朝着幼儿园期望的相反方向发展，罚款成为家长负担得起的价格，迟到也就成为家长们可购买的一种行为。

2. 行政罚没对市场主体行为的影响

Jason Aproskie 和 Shaista Goga(2010)以南非作为研究对象，主要研究了南非的行政罚款对南非企业的震慑作用及对消费者的影响，经研究，他们得出三个方面的结论：①虽然政府对有违法行为的企业处以较重的罚款，但企业并非是罚款的最终承担者，企业可以通过价格的方式将罚款转嫁给消费者承担，企业转嫁罚款负担的能力取决于企业在市场中的地位；②政府制定了较重的罚款制度反而会使企业选择"用脚投票"转移到其他地方去，使当地的企业数量减少，更使当地商品的竞争力度下降，反而会使消费者承担罚款所带来的负效应，用来保护消费者的罚款政策反而使消费者成为间接的受害者；③作者讨论了能否采用限制违法企业产品最高价格的方法来代替罚款，将罚款直接让渡给消费者的做法。

国外学者对执法机关行政罚没行为的研究，展现了一个共同的特点，那就是国外学者基本上都认为这是行政执法机关在特定的行政罚没制度下的理性选择行为。执法创收只不过是行政执法机关或行政执法人员的个人行为，执法人员或执法机关利用政府有关行政罚没收入管理和使用制度实现自身利益的最大化。从国家和政府的角度来讲，政府并没有从主观上鼓励行政执法部门执法创收，而政府有关行政罚没收入使用和管理制度客观上成为行政执法机关或执法人员的创收的工具。

二、国内文献

国内对行政罚没执法的研究主要始于 20 世纪 90 年代之后，以 1996 年中国颁布《行政处罚法》为契机，掀起了对中国行政罚没问题的研究。目前，对中国行政罚没问题研究得较多的主要是从法学的角度进行，当然也有学者对中国罚没收入相关管理制度及中国财政体制进行了研究。

（一）法学

法学领域的研究文献相对较多。在一部分人看来，行政罚没首先是一个法律问题。在他们看来，中国行政罚没问题频出，主要就是因为中国法律制度不健全。法律上存在众多的漏洞和问题，从而导致在执法领域存在无法可依、法律空白的问题。虽然，1996年中国颁布了《行政处罚法》，从宏观上结束了中国行政处罚无法可依的状态，但在微观领域却依然存在众多的问题。

应松年、刘莘（1994）讨论了中国行政处罚立法的相关问题。他们指出中国是目前世界上的行政处罚大国，行政处罚几乎涉及行政管理各个领域，且绝大部分行政机关都取得了实施行政处罚的权力，法律、法规、规章规定的行政处罚种类达数百种。但“滥与软”是中国行政处罚的现状，行政处罚需要通过立法来确立其“依法处罚”及“过罚相当”的原则。他们倡导中国应该建立行政刑罚制度。这在中国还没有《行政处罚法》颁布的时候应该是一种进步，为中国《行政处罚法》的颁行奠定了基础。

程雁雷（1995）对中国现行行政罚款制度的缺陷进行了研究。他认为造成中国当前行政罚款混乱的主要原因在于中国行政罚款设立的主体过多且层次过低，缺乏对实施罚款主体资格的规范，并且一些罚款规范之间不配套、不协调甚至相互抵触，同时存在着行政罚款处罚程序不规范、不透明等严重问题。他批评中国行政处罚滥、多，且缺乏相关依据。

杨惠基（1995）对中国政府规章设立行政处罚的权限进行了研究。他认为应该给予中国政府规章设立行政处罚法律责任的权限，因为政府设立规章是宪法、地方组织法赋予国务院各部委及有关层级的地方人民政府的职权，规章可以通过职权立法及授权立法两种途径获得立法权。但同时应该对政府规章的立法权进行适当限制。

胡玉鸿（1997）对中国《行政处罚法》的立法缺陷进行了分析，指出中国《行政处罚法》存在一定的缺陷，在立法观念上存在较大瑕疵。《行政处罚法》将其立法宗旨设立为“保障和监督行政机关有效实施行政管理”，虽然与中国《行政诉讼法》的相关规定一脉相承，但这却与法律的基本内涵相违背。法律的主要功能是保障社会上的弱势群体，而对国家的行政权力不存在保障的问题。这样的立法宗旨，实际上是在维护国家行政执法部门的权力。行政处罚一经作出，就可以推定其代表国家意志，具有确定力、拘束力、执行力，行政相对人不能因怀疑而拒绝该决定的执行。这是在中国《行政处罚法》颁布并结束了中国行政处罚无法可依状态后，对中国《行政处罚法》的立法缺陷进行的研究。

罗杰(2002)对中国在行政执法过程中违法执法的问题进行了研究，指出经济全球化必然要求中国行政执法必须依法行政。随着中国经济进一步融入世界经济体系，必将推动中国各项法律制度的完善，政府行政将建立在法律的基础之上，行政必将有法必依，执法必严。在现行情况下，存在行政执法机关不依法执法，甚至违法执法的现实问题。

李先龙、黄新(2005)对中国行政处罚中罚款设定的立法问题进行了探讨。首先，《行政处罚法》对罚款设定原则的规定有所欠缺；其次，罚款的权力主体太过宽泛；最后，没有对罚款限额的设定方式作出应有的规定，不利于建立科学、完善的行政处罚法律制度，一定程度上造成了行政处罚不公平。因此，有必要在立法上进一步明确罚款处罚的设定原则，限定罚款处罚的权力主体范围，确立罚款限额设定的科学方式。

闫建功、杨世峰(2005)指出，中国的行政处罚几乎涉及行政管理的各个领域，并且在各类行政处罚中，行政罚款更是担当了极其重要的角色。其分析了在加入 WTO 的背景下中国行政罚款的适用条件、原则、程序和数额的确定方式，提出罚没应适应时代的要求。

刘建平、李幸祥(2010)对中国行政处罚中的执行罚问题进行了研究。他们指出《行政处罚法》中设定的行政处罚加处罚款制度，旨在通过让不履行行政处罚决定的当事人承担更加不利的后果，从而督促当事人自觉履行行政处罚的决定。但近年来，现实中常常出现加处罚款的数额远远超过行政罚款的本金数额的情况，其合理性也因此受到质疑。他们认为应当给加处罚款设立封顶规定，以解决现实中出现的问题。

法学研究把中国行政罚没领域出现的问题归结为中国有关行政处罚领域相关法律的不健全、不完善。1996 年以前中国对行政处罚没有统一的法律规定，但即使在 1996 年中国颁布了《行政处罚法》之后，中国的行政处罚问题依然没有发生根本性转变。《行政处罚法》对行政罚没并没有严格规定，罚款数额的设立方式、设立原则都没有明确规定，导致名义上存在《行政处罚法》,但更多的微观领域还存在很多的空白与漏洞。

（二）经济学

从经济学的角度来分析行政执法部门的执法行为,已经成为一个流行的做法。面对中国行政执法部门违法、违规执法行为,从经济学的角度进行解释也是十分具有说服力的。

戴治勇、杨晓维(2006)分析了中国选择性执法的间接成本与间接损害,认为其在一定程度上具有积极意义。社会形势不断变化,法律的变化很难跟上形势,选择性执法为解决这种问题提供了便利,但是选择性执法的这种剩余执法权的行使取决于行使选择性执法权的人,有效行使选择性执法权能够降低执法成本,但滥用选择性执法权是适得其反。

程延(2007)分析了中国的“罚治”经济现象,指出中国社会管理过程中出现的所谓“以罚代管”的现象主要是受执法部门利益驱动的影响所致。在更多的情况下,执法机关进行处罚之后,并没有相应的后续管理措施。被处罚对象违法的行为还在继续,罚款变成了一种正常的成本支出或购买违法行为的价格。

王海文(2007)从成本与收益角度分析了中国“执法经济”现象,指出执法经济现象已经对中国社会造成了很大的伤害,扰乱了正常的市场竞争行为,破坏了社会的秩序和社会和谐,降低了政府的公信力,但造成此类问题的主要原因在于隐藏在“执法经济”背后的利益关系链。其探寻了“执法经济”监督体系乏力的原因,提出通过破除利益链和强化有效利益制衡来健全“执法经济”监督体系以遏制甚至是杜绝“执法经济”现象。

李俊峰(2008)研究了法律实施中的私人监督问题,对美国《民事欺诈给付请求法》中的“罚款分享”制度进行了分析和研究。其指出“罚款分享”制度是激励私人监督的典型设计,私人与执法机关之间既有角色混同,又存在“竞争司法”关系,由此带来两个启示:一是执法权的私人化问题;二是如何引以为鉴,运用私人监督来改善中国的法律实施状况。

赵忠良(2008)研究了政府罚没的理论基础,认为政府对行政罚没收入的征收是纠正社会“负外部性”的一种重要方式,政府向违法者进行罚没就是向违法者征收了一种"疕古税"。他还论证了政府罚没收入存在的合理性和必要性,并阐述了中国行政罚没收入不断增长的趋势。

高永飞(2011)对"钓鱼执法"进行了法经济学的分析,探讨了"钓鱼执法"背后的执法经济问题和"钓鱼执法"外部性的法经济学问题,由此论证在社会转型时期如何以最小的成本实现最优化的法律对社会的控制。

经济学视角主要是从执法主体的成本与收益视角对中国行政罚没问题进行解释,提出造成中国行政罚没问题的主要动因在于其背后的利益链条。

(三) 行政管理学

行政管理学研究中国行政罚没问题是另一个重要的视角。其实,中国行政罚没领域出现的问题不仅仅存在于行政处罚立法领域,还存在于中国行政管理领域。近几年见诸各大新闻的"以罚代管""罚款创收""钓鱼执法""养鱼执法""临时工执法""选择性执法"等都反映了中国执法单位执法行为的不规范,暴露出了中国行政管理领域出现的严重问题。

郭松明(2007)对中国行政罚没"乱罚款"问题进行了研究,指出中国行政罚没"乱罚款"问题的出现可以归咎于三个方面:①执法人员的个人收入和罚款挂钩;②执法部门的收入和罚款挂钩;③地方政府的财政收入和罚款挂钩。这三个挂钩导致的直接后果就是"执法"的目的完全被异化,由维护正常的社会经济秩序,变成了获取罚款收入。这突出了中国行政罚没领域的行政管理存在严重问题。

王周户、安子明(2007)对中国罚没收入的使用制度进行了分析,归纳出中国有关行政罚没收入管理的四种模式:①行政罚没收入一律上缴国库,对如何使用不作规定;②一律上缴财政,但一律不得作为经费来源;③行政罚没收入由中央财政和地方地方进行分成,但对如何使用不作规定;④上缴财政后,作为罚没机关的经费来源。四种对行政执法机关罚没收入如何使用的管理方式都没有明确提出行政罚没收入应该如何使用,这主要是因为对行政罚没收入的性质认识不足。其提出了对行政罚没收入重新认识,并根据行政罚没收入的性质重新制定行政罚没收入的使用制度。

陈太清(2011)分析了罚没收入的不同使用用途对执法行为的影响,重点分析了将罚没收入与执法单位的执法经费挂钩带来的种种弊端。他主张将罚没收入与举报者奖励挂钩应当值得肯定，可以鼓励公众参与执法，提高执法效率，同时应切断罚没收入与执法机关执法经费甚至执法人员福利挂钩。

王志圣等(2013)对中国行政机关的“临时工”现象进行了分析，指出中国行政机构中存在的大量“临时工”导致行政机关不得不依赖其他收入来源来养活他们。而对于执法机关来说，只能依赖罚没来创收。因此，在行政执法队伍中存在“临时工”必然导致行政执法机关不断进行执法创收。要解决行政执法机关的创收压力，就应该首先消除执法队伍中的“临时工”，让行政执法队伍不再为创收而忧虑。

叶愈(2013)对中国政府大量雇用“临时工”的弊端进行分析，指出“临时工”没有固定财政拨款，主要靠收费、罚款分成和参与市场活动创收来维持人头经费和办公费用，扰民、坑民行为难保不在这一群体中发生。“临时工”的存在时常会导致侵犯群众人身和财产权利的事件发生，引发矛盾冲突，也损害了大众对政府的信任。

从行政管理角度进行分析的学者指出，中国行政罚没问题频出的主要原因在于中国政府行政管理方面存在严重的问题。行政罚没领域的问题只不过是中国行政管理问题在行政罚没领域内的表现而已。

(四) 财政学

行政罚没收入是违法当事人的违法成本，同时也给政府带来财政收入。政府如何管理行政罚没收入，政府的行政罚没收入管理制度与政府相关执法部门的执法行为之间是否存在某种关系，尤其是是否存在“激励”关系，这些都值得学者关注和研究。目前，中国有关政府行政罚没收入管理制度方面的研究并不多见，特别是有关政府的行政罚没收入管理制度与政府相关执法部门的执法行为之间的关系研究更是稀缺，但相关的新闻报道却是经常见于报纸、网络等新闻媒体。

周天勇(2005,2006)批评中国的财政“改革”把一些部门变成了公权“抢劫者”。他指出，在现行财政分权体制下，中央与省政府主要依赖税收，市地级政府依赖税收、土地出让金和收费，而县乡开支的30%、甚至50%靠收费和罚款来维持。他认为，财政分权是造成中国地方政府罚没收入总量不断膨胀的主要原因。

李炜光(2008)研究得出同样的结论，认为中国的分税制改革使地方政府的财权与事权严重背离，并且无法起到平衡地区差异的作用，更导致了地方财源缩减，促使其从预算外寻找收入来源，形成了城市财政靠“土地”，而县乡财政靠“罚款、收费”的新“二元财政”格局。

贾康、白景明(2002)、周飞舟(2006)、贾俊雪、郭庆旺等(2011)将罚没收入包含在地方政府非税收入中进行研究，大多认为财政改革造成了地方政府财政困境，地方政府不得不依赖包括罚没收入在内的非税收入来补充财政不足。

从国内研究文献看，中国学者显然已经开始注意到了行政罚没这一问题，并展开了一定程度的研究，分别从法学、行政管理学、经济学及财政体制的角度对该问题进行深入的分析，并且取得了较为丰富的成果。学者们将中国行政罚没领域内的问题归咎于中国法律制度的不健全、行政管理的不到位或错位、行政执法人员的理性选择及中国财政体制造成的地方行政执法部门经费不足等原因。这些固然是十分重要的原因，但也只是其中一个方面。但相对而言，从政府间财政体制进行解释的文献还不多见，并且还比较分散，尤其是从政府理财的角度进行分析的文献基本没有，这为本书的研究留下了空间。

第三节 本章小结

本章对有关行政罚没问题相关文献进行了综述。纵观整个行政罚没问题的研究文献，可以分成两大类：①最优处罚问题；②行政执法问题。

首先，最优处罚问题的研究文献。对最优处罚问题的文献综述可以从国外及国内两个角度进行综述。①在国外，研究者对最优处罚问题的研究主要是从社会福利经济学的角度进行的。在最优处罚经济学研究视角下，研究者们首先建立了社会成本函数。社会成本函数主要由违法者的收益、政府的执法成本及社会的司法成本三部分构成。违法者的违法行为被看成与违法者其他正常行为没有本质区别的一项经济活动，违法者违不违法主要取决于违法的成本和收益。当违法者违法之后，社会需要对其进行惩罚，同时也将会有一定的执法成本和司法成本支出。通过比较不同处罚方式的不同成本之间的关系，最优处罚经济学得出结论，罚没是最经济的惩罚手段，并且最优处罚经济学主张凡是能够使用罚没的地方就应该尽量使用罚没。经过 Becker、Polinsky 和 Shavel 等人的研究，最优处罚经济学认为在设定罚款数额时应该尽可能高，并且同比例降低执法力度，这样能够在保持罚没法律威慑力的同时降低行政执法的成本。但 Garoupa、Klerman 和 Dittmann 等人对此结论提出了挑战，他们分别修改了政府目标函数，将政府目标函数由社会福利最大化转变为政府寻租收入最大化，从而得出了不同结论。②在国内，对此问题的研究没有如此的深入，而是国外研究的基础上，对中国行政处罚相关法律制度进行了研究。集中在对行政处罚罚没数额的研究上，指出中国行政处罚罚没数额设定不合理，不符合经济规律。

其次，行政执法文献综述。它可以分成国外及国内两个方面进行。①在国外，从前人的研究中可以发现，即便在美国这个法制最健全的国家，由于联邦政府允许执法机关在执法时可以进行罚没，包括对公民的现金和财产，这使各州及地方政府陆续允许各地方执法机关在执法时可以进行财产和现金的罚没。并且，由于各州及联邦政府对执法部门罚没收入的处置与分配方式不尽相同，因而对执法机关的执法行为产生了重要影响。首先，从经济学角度看。行政罚没被允许之后，行政罚没产生的罚没收入被直接或变相地用作执法的相关经费，这在一定程度上扭曲了执法部门或执法人员的执法动机。执法机关对那些不能带来罚没收入的案件则显得不怎么积极主动，破案与侦察的效率相对较低。同时，在选择使用联邦法律还是使用州法律对违法者的财产进行罚没时，罚没收入成为地方执法机关的主要考量因素。地方执法机关倾向于选择罚没程序及举证相对较为简单且能够获得更多罚没收入的法律制度来执行，逃避相对较为严格的法律制度。其次，从法学角度思考。基于罚没收入的最大化行为使得执法机关的执法过程侵害公民享受正当司法程序的权利，某些执法部门的罚没行为经不起推敲，甚至在没有严格法律推理及定罪的情况下，公民财产就被执法机关强行占有。②在国内，对罚没的研究主要从法学、行政管理学、经济学及财政学等几个方面展开。首先，法学研究者将中国的行政罚没问题归咎于中国法律制度的不健全、不完善。中国的法律制度是造成中国行政罚没问题频出的主要原因，尤其是中国《行政处罚法》对行政罚没的规定相当模糊。《行政处罚法》虽然从名义上结束了中国行政罚没无法可依的状态，但在微观领域依然存在众多的空白和模糊地带，并未真正扭转中国行政罚没乱罚款的局面。其次，从行政管理学角度进行研究和分析。将中国行政罚没领域出现的问题归结为中国行政管理的混乱，在行政执法人员招聘和管制及有关行政罚没收入管理上都存在很多的问题，促使中国行政罚没乱罚款。再次，从经济学角度研究的学者认为，执法人员的行为取决于他们行动的成本与收益，于是对中国执法人员中各类违法执法行为分别进行了经济学分析。最后，从财政学角度进行分析的学者则将中国行政罚没问题归咎于中国财政分配制度，认为是中国当前的财政体制不合理导致了中国行政罚没出现了严重的问题。可见，各类专家、学者都已经开始关注中国行政罚没领域出现的问题，并不断地提出造成中国行政罚没领域问题的种种原因。

第三章　中国行政罚没问题现状总结

诺贝尔经济学奖得主科斯曾说过:"凡研究需从现象开始。"本研究也不例外,对于中国行政罚没领域的问题首先得从现象开始总结。对中国行政罚没问题现状的描述和总结将从三个方面进行:①地方政府罚没收入现状;②地方政府行政执法问题现状;③地方政府行政执法效果现状。

第一节　地方政府罚没收入现状总结

罚没收入是行政执法的直接结果,也是最能体现执法机关执法结果的标志性指标之一。从这个结果中不仅可以发现当前中国行政执法领域存在的问题,同时也能说明中国行政执法领域的变化趋势和方向。

一、罚没收入连年快速增长

自 1998 年起,中国各级政府开始公布每年的罚没收入,这为本书提供了非常重要的数据支撑。数据显示,自 1998 年起,中国各级地方政府的罚没收入总量就开始连年增长。在 1998 年至 2014 年的 17 年间,中国各级地方政府罚没收入总量增长了近 1 500 亿元,增长了近 7 倍多。从逐年的增长率来比较,罚没收入每年都在增长,且大部分年份都是以两位数的速度在增长,某些年份甚至超过了 20%。相对于中国近些年 GDP 的增长速度,地方政府的罚没收入总量正以超高速度在增长。具体如表 3.1 所示。

表 3.1

地方政府罚没收入总量、增长率及同期 GDP 增长率

单位:亿元

年份	罚没收入	增长额	增长率	同期 GDP 增长率
1998	260.06	—	—	—
1999	260.55	0.49	0.19%	6.30%
2000	302.25	41.70	16.00%	10.73%
2001	356.69	54.44	18.01%	10.55%
2002	394.72	38.03	10.66%	9.79%
2003	431.24	36.52	9.25%	12.90%
2004	522.60	91.36	21.19%	17.77%
2005	617.16	94.56	18.09%	15.74%
2006	706.31	89.15	14.45%	17.15%
2007	812.01	105.70	14.97%	23.15%
2008	866.68	54.67	6.73%	18.24%
2009	938.61	71.93	8.30%	9.25%
2010	1 042.85	104.24	11.11%	18.32%
2011	1 262.63	219.78	21.07%	18.47%
2012	1 519.46	256.83	20.34%	10.44%
2013	1 613.34	93.88	6.18%	10.16%
2014	1 632.89	19.55	1.21%	8.19%
平均值	796.47	85.80	12.36%	13.57%

资料来源:中经网数据库。

中国各地方政府行政罚没收入不但总量连年增长,而且人均行政罚没收入也呈现较快的增长趋势。1998 年人均罚没收入为 20.84 元,至 2014 年人均罚没收入超过百元。17 年间中国人均行政罚没收入增长了近 6 倍,平均每人每年增长近 6 元。2011 年增长率达到最大值 20.5%,17 年来平均增长率为 11.72%,远远高于中国 17 年来人均 GDP 的平均增长率。2012 年人均罚没收入的增长额达到了最大值近 18.50 元。具体如表 3.2 所示。

表 3.2

全国人均罚没收入、增长率及同期人均 GDP 增长率　　单位:元

年份	人均罚没支出	增长额	增长率	人均 GDP 增长率
1998	20.84	—	—	—
1999	20.71	−0.13	−0.63%	0.82%
2000	23.85	3.13	15.13%	0.76%
2001	27.95	4.10	17.19%	0.70%
2002	30.73	2.78	9.95%	0.65%
2003	33.37	2.64	8.60%	0.60%
2004	40.20	6.83	20.48%	0.59%
2005	47.20	7.00	17.40%	0.59%
2006	53.73	6.53	13.84%	0.53%
2007	61.46	7.72	14.37%	0.52%
2008	65.26	3.81	6.19%	0.51%
2009	70.33	5.07	7.77%	0.49%
2010	77.77	7.44	10.57%	0.48%
2011	93.71	15.94	20.50%	0.48%
2012	112.22	18.50	19.75%	0.50%
2013	118.57	6.35	5.66%	0.49%
2014	119.38	0.81	0.69%	0.52%
平均值	59.84	6.16	11.72%	0.58%

资料来源:中经网数据库。

可见,不管是从各地区行政罚没收入总量上来看,还是从各地区人均行政罚没收入来看,中国各地区行政罚没收入都呈现出连年快速增长的趋势。从时间的变化趋势上来看,中国各地区行政罚没收入最显著的特征就是连年快速增长,且增长速度远远高于同期 GDP 的增长速度。各级地方政府罚没收入的快速增长,从另一个方面验证了中国各地区"违法乱纪"的事件并未减少,而是呈现出了不断增加的相反趋势。

二、罚没收入地区差异较大

从时间上分析，中国各地方政府的罚没收入快速增长，那么，在地区分布上有什么样的特征呢？众所周知，中国是一个大国，东西南北存在巨大的发展差异以及不同的地理分布特征，这些特征对中国各级地方政府的罚没收入有何影响呢？习惯上，在研究中国地区差异时，将中国分成东部、中部和西部三大区域进行比较研究或单独研究。本书也采用中国学者传统的东部、中部和西部三大地区划分方法[①]。

数据显示，中国东部地区行政罚没收入的总量最大，中国东部各地区行政罚没收入占全国行政罚没收入的一半以上，西部地区最少，不到1/5，中部地区次之，但也不到1/3。东部地区行政罚没收入的总量比中部地区和西部地区行政罚没收入的总和还要多，是中国行政罚没收入的主要来源地。从各地区罚没收入占地区GDP的比重来看，东部地区的比重最低，中部地区最高，而西部地区则居中，这与中国经济发展呈现东高西低的分布特征有所不同。具体如图3.1所示。

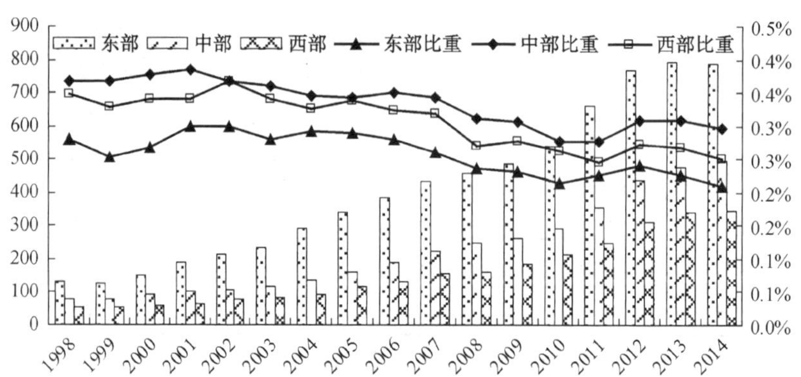

图3.1　三大地区罚没收入总量及其占各地区GDP比重(1998—2014年)　单位：亿元

注：东部比重＝东部地区罚没收入总量/东部地区GDP总量；中部比重＝中部地区罚没收入总量/中部地区GDP总量；西部比重＝西部地区罚没收入总量/西部地区GDP总量。

资料来源：中华人民共和国国家统计局网站。

① 东部地区包括北京、天津、河北、辽宁、上海、江苏、浙江、福建、山东、广东、海南11个沿海省份(直辖市)，中部地区主要包括山西、吉林、黑龙江、安徽、江西、河南、湖北、湖南8个省份，而西部地区则包括重庆、四川、贵州、云南、西藏、山西、甘肃、青海、宁夏、新疆、广西、内蒙古12个省、市、自治区。

三、占地方财政收入比重稳定

从行政罚没收入占地方政府财政收入比重的结构上看，中国各地方政府的行政罚没收入在地方政府财政收入中排名一直比较稳定，在地方政府近 20 项财政收入中 5 年来一直排在第 10 位左右。最近几年，随着地方政府土地增值税收入有所增长，行政罚没收入排名下降至第 11 位。从绝对量上看，地方政府的行政罚没收入超过了城镇土地使用税、房产税、耕地占用税、印花税、资源税、车船税、烟叶税及证券交易印花税等税种的收入，成为地方政府名副其实的一项重要收入来源。具体如表 3.3 所示。

表 3.3

地方政府各项财政收入总额及其相对排名 单位:亿元

收入种类	2014 年	名次	2013 年	名次	2012 年	名次	2011 年	名次	2010 年	名次
营业税	17 712.79	1	17 154.58	1	15 542.91	1	13 504.44	1	11 004.57	1
增值税	9 752.33	2	8 276.32	2	6 737.16	3	5 989.25	3	5 196.27	2
企业所得税	8 828.64	3	7 983.34	3	7 571.60	2	6 746.29	2	5 048.37	3
行政事业性收费收入	4 840.37	4	4 497.35	4	4 202.34	4	3 635.36	4	2 600.37	4
国有资源(资产)有偿使用收入	4 187.65	5	3 415.23	6	2 740.31	8	1 781.59	10	1 073.96	10
契税	4 000.70	6	3 844.02	5	2 874.01	6	2 765.73	5	2 464.85	5
土地增值税	3 914.68	7	3 293.91	7	2 719.06	9	2 062.61	9	1 278.29	9
城市维护建设税	3 461.82	8	3 243.60	8	2 934.76	5	2 609.92	7	1 736.27	8
专项收入	3 304.76	9	3 122.22	9	2 819.96	7	2 695.01	6	1 742.71	7
个人所得税	2 950.58	10	2 612.54	10	2 327.63	10	2 421.04	8	1 934.30	6
耕地占用税	2 059.05	11	1 808.23	11	1 620.71	11	1 075.46	15	888.64	15
城镇土地使用税	1 992.62	12	1 718.77	12	1 541.71	12	1 222.26	12	1 004.01	13
房产税	1 851.64	13	1 581.50	14	1 372.49	14	1 102.39	14	894.07	14
罚没收入	1 632.89	14	1 613.34	13	1 519.46	13	1 262.63	11	1 042.85	11

（续表）

收入种类	2014 年	名次	2013 年	名次	2012 年	名次	2011 年	名次	2010 年	名次
其他非税收入	1 624.66	15	1 288.51	15	1 141.23	16	866.91	16	438.92	17
国有资本经营收入	1 146.34	16	1 183.63	16	1 335.91	15	1 198.86	13	1 012.74	12
资源税	1 039.38	17	960.31	17	855.76	17	595.87	18	417.57	18
印花税	893.12	18	788.81	18	691.25	18	616.94	17	512.52	16
车船税	541.06	19	473.96	19	393.02	19	302	19	241.62	19
烟叶税	141.05	20	150.26	20	131.78	20	91.38	20	78.36	20
其他税收收入	0.45	21	0.73	21	5.22	21	1.16	21	1.77	21

资料来源：中经网数据库。

在中国地方政府的非税收入中，行政罚没收入平均比例为 25%。中国地方政府一般共有地方政府专项收入、行政事业性收费收入、罚没收入、国有资本经营收入、国有资源（资产）有偿使用收入及其他收入六项非税收入，行政罚没收入的总量超过了 1/6。具体如表 3.4 所示。

表 3.4

行政罚没收入占非税收入比重及弹性关系

年份	罚没收入/非税收入	罚没收入增长率	非税收入增长率	弹性
1998	47.67%	—	—	—
1999	36.91%	0.19%	29.41%	0.006 4
2000	38.88%	16.00%	10.13%	1.580 4
2001	39.73%	18.01%	15.49%	1.163 0
2002	35.60%	10.66%	23.51%	0.453 5
2003	30.02%	9.25%	29.57%	0.312 9
2004	27.60%	21.19%	31.81%	0.665 9
2005	26.00%	18.09%	25.36%	0.713 5
2006	22.97%	14.45%	29.54%	0.489 0
2007	18.79%	14.97%	40.49%	0.369 6

（续表）

年份	罚没收入/非税收入	罚没收入增长率	非税收入增长率	弹性
2008	16.07%	6.73%	24.86%	0.270 8
2009	14.56%	8.30%	19.47%	0.426 2
2010	13.18%	11.11%	22.75%	0.488 1
2011	11.04%	21.07%	44.60%	0.472 5
2012	11.04%	20.34%	20.27%	1.003 5
2013	10.67%	6.18%	9.89%	0.624 6
2014	9.76%	1.21%	10.69%	0.113 4
平均值	24.15%	12.36%	24.24%	0.572 1

资料来源：中华人民共和国国家统计局网站。

第二节　地方政府执法动机及方式总结

法律的生命力在于执行。近年来，随着媒体加大了对行政执法部门的关注，更多的有关行政执法的案例不断地被报道出来。这些被曝光的行政执法案例，暴露出了许多行政执法过程中的问题。

一、行政罚没呈现普遍化趋势

近年来，中国行政罚没呈现普遍化发展的趋势。随着更多行政罚没事件的曝光，公众对所发生的行政罚没事件有了更多的了解和认识。

（一）行政罚没执法事件较普遍

行政罚没本是执法机关一个正常的行政执法行为，但是一旦成为新闻并见诸媒体，则就会变成一个严肃的行政罚没执法事件。近几年来，有关新闻媒体对行政罚没执法事件的曝光力度不断加大，不管是从各类新闻媒体曝光的行政罚没执法事件的总量，还是从曝光各类行政罚没执法事件的新闻媒体层次上来看，都有“质和量”的提高和增长。

首先，从中国各类新闻媒体报道的行政罚没执法事件数量的总量统计来看，全国几乎每天都会有行政罚没执法事件被报道出来。根据中国“知网”统计分析，从2011年至2013年的3年间，全国所有重要报纸有关行政罚没执法事件的报道总量分别为375件、261件、302件。可见，行政罚没已经成为国民日常生活中的重要组成部分。

其次，从报道行政罚没执法事件媒体的层次来分析，中国的行政罚没执法事件已经引起了国家重要媒体的高度重视。近几年来，中国最重要的官方报纸和媒体——《人民日报》及中央电视台等都对重要的行政罚没事件进行了长篇报道以及跟踪式采访报道。《人民日报》作为中国最重要的官方主流媒体之一，对行政罚没执法事件的曝光力度也在不断地加大，数量也在不断地增多(见表3.5)。而中国中央电视台2011年则专门对公路交通罚款做了一个系列的跟踪采访报道。当然，除了《人民日报》及中央电视台这些最重要的媒体之外，《法制日报》《新华每日电讯》《光明日报》《工人日报》《中国环境报》《人民法院报》《中国工商时报》《中国纪检监察报》及《证券日报》每年也都有一定数量的曝光。

表3.5

近年来《人民日报》有关行政罚没执法事件报道

标　　题	作　者	时　间
罚款有“标尺”法不随意	王明浩	2006-04-18
“重在提请”叫停“以罚代管”	蔡小伟、赵鹏	2006-04-25
罚单“滚雪球”标准受质疑	曲昌荣	2006-08-10
千名城市协管员 上岗三月就下岗	曾华锋	2006-11-28
公路电子眼“病”得不轻	赵东辉、吴俊、王勉	2006-12-04
巨额罚款的背后是什么	张志峰	2007-01-19
想限就限？想罚就罚？	刘文杰	2007-05-17
治黑车，“罚”不如“法”	曲哲涵	2009-11-05
不合理公路收费吞噬民众利益	刘建华	2011-02-15
长江非法采砂为何治理难？	顾兆农、田豆豆	2011-04-25
“家乐福们”，为何敢屡罚屡犯？	鲁平	2011-04-29
云南罗平 工商罚款有指标	胡洪江	2011-08-03
闯红灯被罚掏手机是啥心态	孙瑞灼	2011-09-14
用户随意排污最高可罚10万元	张洋	2011-12-05

(续表)

标　　题	作　者	时　间
“梁林”“罚单”释放危险信号	李舫	2012-02-17
严禁用罚款方式管理村务	刘畅	2012-04-20
食品要安全 严惩须常态	富子梅	2012-07-05
高速公路超速 各地处罚不同	贺林平等	2012-09-29
股市轻罚造假无异于纵容	周小苑	2013-07-08
“以罚养政”的根源何在	王比学	2013-11-13
污染犯罪不再“以罚代刑”	武卫政	2013-12-10

资料来源:根据《人民日报》官方网站统计而得。

另外,除了这些重要的全国性报纸之外,对行政罚没执法事件报道得最多的则是地方性报纸,如《安徽日报》《深圳日报》《河北日报》《四川日报》《广州日报》等,每年都会有近200件左右行政罚款执法事件的报道。如此大量的密集型的对中国罚没事件的报道,从侧面说明了中国行政罚没正在向普遍化趋势发展,行政罚没已经成为公众日常生活的组成部分。同时,也从另一方面说明了中国行政罚没问题正进一步严重化。

(二)交通领域成为罚没的重灾区

虽然随着近年来媒体曝光的“涉罚事件”在不断地增多,行政罚没涉及的领域也越来越广泛,但数据显示,在众多的行政处罚领域中交通领域的行政罚没最为严重。2012年,北京市1年公共财政收取各项罚款收入大约为43亿元,但据北京市财政局相关负责人解读,其中绝大部分来自于交通罚款[①]。北京市2012年公共财政预算收入预计执行情况表显示,2012年北京市罚没收入预算数为33.7亿元,而实际执行数为43亿元,实际执行数为预算数的127.6%。北京《机电商报社》曾经向全国14个省的上千名司机发放调查问卷进行调研分析,并通过跟车体验及实地走访,最终得出调查结果发现:罚款大约占货车运费的10%[②]。如果这个数据成立,那么,这无形之中推高了中国物流业的运

① 孙雪梅:《北京去年罚款收入43亿大部分为交通罚款》,《京华时报》2013年1月25日。

② CCTV:《全国公路被曝年收罚款2 700亿》,《经济半小时》2012年12月21日。

输成本。中央党校国际战略研究所副所长周天勇说，在发达国家，市场所销售的商品成本中运输成本只占8%，在中国却要达到18%～20%。这其中的重要原因就在于道路交通罚款，很多具有行政执法权的单位靠罚款来筹集经费，发工资、奖金和福利。为了创收或完成任务，相关执法部门有时甚至纵容超载行为，形成了罚款—超载—再罚款—再超载的怪圈。

据国内目前唯一的全平台记账理财软件"挖财"APP[①] 记载的数据显示，该记账平台目前共有6 000万海内外用户。2013年有17.7万用户通过该软件记录了超过31万笔的罚款。这些罚款记录遍布了交通、投资、医疗、教育等各个领域，但在各类别的罚款记录中，与交通出行相关的罚款最多。共有超过28.5万笔记录，涉及16.67万用户，记录的罚款金额超过1.7亿元[②]。但从地域分布上分析，浙江省记录的罚款人数最多，占有罚款记录全国总人数的12.9%。其次，是广东省，占比为12%。而从被罚款金额来比较，总金额最高的地方却是广东省，占全国罚款总额的比例为12.1%。其次就是浙江省，占比为8.8%。从人均罚款支出负担来分析，在有罚款记录的用户中，人均罚款支出为1 050.69元。除西藏、新疆外，西部地区的人均罚款支出数量基本上都超过了全国人均罚款金额，其中青海地区为2 941.14元/人，全国最高。人均罚款支出最低的为西藏，支出额为517.91元/人。在2013年全国召开的全国"两会"上，政协常委周汉民的提案指出，2012年全国交通罚款近3 000亿元，他建议需要通过多种手段大力整治"乱罚款"行为。

可见，各个角度都显示，交通罚没已经成为中国行政罚没领域的重灾区。近年来，随着中国国民生活水平的不断提高，国民拥有汽车及从事货物流动服务的车辆也在不断增加，交通罚款也在随之不断地增长。

---

① 挖财，成立于2009年6月，由杭州财米科技有限公司创办，专注于个人记账理财领域，是目前国内唯一的全平台记账理财平台。目前，挖财由在线记账理财平台＋客户端记账理财平台＋挖财论坛三块组成。其中，核心为客户端（APP）记账理财平台＋在线记账理财平台。

② 李长灿：《浙江人纪录罚款最多 占罚款记录总人数12.9%》，《杭州日报》2014年3月11日。

二、行政罚没执法方式不合理

在行政罚没执法的过程中，执法机关的执法手段表现出了明显的不合理，甚至出现了违法执法的现象。不择手段地执法是把法律当成了“与民争利”的工具。

（一）行政执法以罚代管

行政执法领域最容易出现的不合理现象，就是以罚代管或罚而不管。长期以来已经形成了一种普遍的思想，认为执法就是罚款，将执法仅仅局限在罚没这一单一的处罚手段上。凡是进行了罚没就是已经执法了，凡是还没有进行罚没的即是还没有正式处罚。但在很多情况下，执法单位在进行罚没之后，并没有后续的管理和引导措施来防止违法、违规事件的进一步发生。在某些地方不但出现了以罚代管、罚而不管的现象，而且执法人员明明知道这些问题如果不及时纠正，还将会继续发生。以罚代管、罚而不管渐渐地演变成了“养鱼执法”，为了来年还能继续征收到更多的罚款，则通常不能罚款太狠、太重，甚至为了保护来年的罚没收入，还不得不纵容违法行为的发生。

（二）行政罚没采用陷阱式执法

除了众多的以罚代管、罚而不管现象之外，执法机关有时甚至采取违规、违法的执法手段。“钓鱼执法”又称“陷阱执法”，是执法机关最常用的违法执法形式。对于执法机关采取“钓鱼执法”的形式，一般可以从两个方面进行理解：其一，执法机关不得已而为之；其二，执法机关有意而为之。如果属于第一种情况则情有可原，执法机关在某些方面确实存在取证难的问题。但大多数情况下，执法机关采取违法行为并不是出于无奈。大多数执法者都非常清楚自己的执法行为已经违规或违法，并且自己的执法行为与自己的利益是紧密挂钩的。

“钓鱼执法”不但是违规、违法的执法手段，而且形成执法者“知法违法”的悖论。同时，“钓鱼执法”或“陷阱执法”还容易伤及无辜，让无辜的百姓或根本没有违法动机的好心人成了被处罚的对象，既损害了法律的权威性，又伤害了社会的公德性。无论如何，不管是从维护法律权威和尊严的角度，还是从维护社会公德的角度来看，“钓鱼执法”或“陷阱执法”的执法方式都是不可取的。

(三)行政执法出现了罚款包年

比违法执法更有意思的是，执法机关发明了一种新的执法方法——“罚款包年”。执法机关通过罚款包年已经把违法行为变成了一种可以购买的行为，只要违法者购买了相应的包年费用，那么，违法者就变成了受保护的对象。执法机关的执法主要目标就是那些还没有购买罚款“月票”的那些违规者，同时也成了那些购买了罚款“月票”的保护者。执法一定程度上已经脱离了为了维护社会公益和正常秩序而进行的一种公共权力活动，更像是一种市场行为、一种交易，罚款变成了一种“价格”。“罚款包年”往往与执法机关的执法指标紧密相连，执法机关一方面为了创收，但另一方面也是为了完成执法任务。而采用罚款包年则是一举两得的“好事”。

“罚款包年”将执法部门拥有的“公力”变成了执法部门的“私权”，可以明码标价，可以进行买卖。当这一年过去之后，下一年可以再继续“购买”。“罚款包年”是赤裸裸地将公共权力市场化了。这是对执法公权力的严重亵渎，将公权力变成了执法部门的私家“摇钱树”。“罚款包年”将行政执法机关执法创收的嘴脸暴露无遗，撕下了执法机关最后的“遮羞布”。

三、行政执法利益化倾向明显

在行政执法机关违规、违法执法的背后，隐藏着巨大的利益化倾向。在中国行政罚没不断普遍化的趋势下，行政罚没也不断地暴露出越来越严重的问题。某些执法机关，甚至地方政府的执法目标已经发生了变化。执法不再是仅仅为了维护正常的社会秩序，而是为了部门或个人利益而执法。执法为“公”变成执法为“利”。执法受利益驱动的迹象越来越明显，甚至明目张胆。

(一)行政执法的利益化倾向显现

在现行体制下，罚没成为某些地方政府创收的工具，甚至成为某些贫困县发工资、发福利的重要依赖。据统计，中国县乡开支的30%，甚至50%是靠收费和罚款来维护的(周天勇，2005)。山东省某县质监局一位食品审查员透露，现在财政体制不顺，执法机关的收费和罚款通常在省财政扣除20%后再下放给原执法单位使用，形成“谁罚款、谁使用”，执法单位在执法时通常不能下手太狠，以保证来年收到更多的罚款[1]。黑龙江省林甸县是国家级贫困县，该县某交通运管站站长透露，该运管站罚款和收费收入的60%将返还给该站作为非编制人员的薪金福利支出[2]。2012年国家财政部公布的前三季度各全国地方政府财政收入数据显示[3]，在全国税收等财政收入增长乏力的情况下，各地的非税收入，尤其是罚没收入却增长强劲。某些地方政府甚至在政府门户网站公然宣称要将罚没作为财政增收挖潜的重要工具。

从这些事件来看，罚没已经偏离正常的轨道，成为与民争利的“工具”。罚款不再是为公共利益而执法，而是为了补充政府财政收入为利而罚，带有明显的利益趋向。

（二）造成的社会影响较严重

在违规、违法等执法手段下，某些执法机关越来越肆无忌惮，甚至不管民生的安危“与民争利”，造成了十分恶劣的影响。2009年上海发生的“出租车”“钓鱼执法”事件、2012年8月辽宁省沈阳市发生的商家关门“罚款风波”、2013年河南发生的被罚款者“服毒”事件。2006年2月，吉林省公主岭市公安局实行了一系列的绩效考核措施，在民警中引发了一场罚款竞赛[4]。2006年一年，公安局罚没收入高达1 600多万元，仅交通罚款就有1 100多万元，且财政部门将罚没收入全部返还给该公安局。这些案件都曾经引起了全国的反响，成为媒体关注的焦点，对社会的道德底线及对政府执法部门都形成了巨大的冲击。以上所列举的3个案件只是众多案件中最具典型性的一类案件，而其他的非典型案例则举不胜举。

行政执法机关的执法手段越发恶劣，罚没导致商家店铺“关门”、被处罚者“服毒”“断指”“跳楼”等恶性事件不断发生，一次次冲击着社会道德的底线。罚没甚至不是为了维护社会稳定，相反，有时却是导致社会不稳定的原因和工具。

---

① 初阳：《部分食品监管部门靠罚款发薪》，《东方早报》2011年4月19日第A21版。

② CCTV《央视聚焦中国物流顽症：贫困县靠罚款发工资》，《经济半小时》2011年5月14日。

③ 梁嘉琳、张莫：《罚没收入增速超公共财政收入10个百分点》，《经济参考报》2013年3月14日第003版。

④ 杨钟红、李松：《警惕执法产业》，《〈瞭望〉新闻周刊》2007年第23期。

第三节 地方政府行政执法效果总结

执法的效果关系执法能否达到目的，即在行政机关执法之后效果反响如何。这是一个非常重要的问题，也是反映当前执法是否正当的最重要的指标。本书针对当前中国罚没问题最严重的两个领域作了一次问卷调查，以期能够反映当前行政执法方式下的执法效果，也作为对当前中国各级地方政府行政执法方式的一个检验。

一、道路交通违法行政执法调研分析

随着中国国民经济的快速发展，居民生活水平不断地提高，越来越多的小汽车进入了普通百姓的家庭生活，社会的物流量也在显著增长，但却面临着一个共同问题，车辆的罚款(没)支出过大，甚至成为一个车主的经常性支出。为深入了解居民汽车交通罚款支出负担及执法部门的执法情况，特进行了网络问卷调研。从参加本次问卷调研的受访者来分析，主要的都是私家车主，因此，本次网络问卷调研也可以看成是对私家车主的一次网络问卷调查。考虑到问卷回收的效果及方便受访者答题，本次网络问卷调查主要从三个方面进行：①被执法者的负担及感受；②执法机关的执法态度和执法方式；③受访者对中国执法机关及法律的总体影响。

(一) 罚没是交通违规中的主要惩罚手段

调查显示，罚没成为交通违规中主要的惩罚手段，并且绝大部分的车主都有被罚没的经历，但过半数以上被处以罚没的车主认为交通违规或违法并非是自己的主观错误所致，而是外因所致。

1. 七成以上的私家车接受过行政罚没

接受本次问卷调查的以私家小汽车为主。调研数据显示，在接受调研的受访者中，近75%的私家车主都有被罚没的经历，占了私家车主的绝大部分。对被处罚私家车主平均每辆车年罚没支出负担调研显示，50%的受访者表示其每年1辆车的罚没支出在500～1 000元之间不等，有超过20%的受访者反映其平均每辆车1年的罚没支出负担超过1 000元，更有超过5%的人表示其每年每辆车的罚没支出在

2 000 元以上。

从私家车主被处罚者的比例及平均每辆车每年罚没支出的负担来看，罚没已经成为交通违规、违法领域最常用的处罚形式，而且，已经成为私家车主固定的罚没支出负担。

2. 绝大部分车主面对罚没选择接受

当面对处罚时，过半数以上的受访表示选择接受，认可处罚并愿意缴纳罚款。但也有超过 20%的人“第一时间”想到的却是“托人说情少罚款或不罚款”，更有超过 10%的人要和执法人员“讨价还价”。可见，在大部分的车主中，面对处罚时最优的选择还是接受处罚并愿意缴纳罚款。但在近 1/3 的人看来，法律是充满弹性的，是可以协商的。近 1/3 的违规、违法者选择对自己有利的“寻租”行为。由于被处罚者的“寻租”能力不同，不同的违规者受到的处罚程度也就不一样。在这样的执法环境下，被处罚者通常认为自己常常处于“孤立无援”的地位，形成不“寻租”就觉得“吃亏”的心理。调查显示，有超过 50%的被处罚者认为其在被处罚过程中受到了不公平对待。

50%以上的被处罚者选择了接受处罚并愿意缴罚款，但被处罚者显然认为自己受到不公平对待，对执法部门执法的公平性持怀疑态度。

3. 半数以上车主认为是外因造成了自己违规

在对私家车主交通违规主要原因的调研中，超过 50%的私家车主表示“乱停车”是其违规的主要原因。这也从一个侧面反映了近年来中国私家车的不断增长与公共停车位相对稀缺之间的矛盾。但在调研导致私家车主违规的主要原因时，1/3 以上的私家车主表示造成其交通违规的主要责任在于国家交通法律制定的不合理，而不是因为自己的主观违规，更有近 20%的受访者认为其违规或违法的主要原因在执法机关设置的执法陷阱或出于无意识的违规、违法行为。合计这两类受访者意见发现，有超过 50%的受访者认为其违规、违法行为是外因导致的，特别是交通相关法律设置不人性化导致的。而对于受访的企业来讲，它们认为处罚成本较低，违法“合算”，是企业有意而无奈的选择。

不难发现，被处罚者将导致其违规的主要原因归咎于国家交通法律制度及执法人员的执法方式等外部原因，而对自身反省较少。当然，这也正是普通违法者的一种正常心理状态，违法者通常将原因归咎于别人。但在交通领域中这个比例似乎太高了一点。

（二）行政罚没对交通违规行为影响甚微

在交通违规、违法处罚正趋向普遍化的前提下，罚没对交通违规、违法现象的纠正效果究竟如何。调查显示，行政罚没对交通违规、违法的影响效果甚微。

1. 现行交通违规惩罚手段效果并不明显

受访者中只有10％的私家车主表示，现行交通违规、违法惩罚手段对纠正交通违规、违法行为具有较好的作用。但其余90％的人则认为现行惩罚手段收效甚微。近50％的人认为现行交通违规惩罚手段对穷人有效而对富人无效，显示了中国交通违规惩罚手段的无奈与尴尬，一边是大规模不断地执罚，另一边却是不断有人“以身试法”“屡禁不止”。很显然，现行交通违规惩罚手段一定存在着某种问题。

虽然在大部分人看来，交通违规对人、对己都是不利的，应该自觉遵守交通秩序，保障道路交通安全。但有近30％的人认为只是今天的运气不好，下次就不会被抓住了。还有一些受访者认为交通违规就是罚款，缴了罚款之后就没事了，违法“合算”，下次还将继续。对部分人来讲，交通违规处罚已经变成了一种市场交易行为，罚款变成了一种“价格”，违规可以从执法机关手中“购买”。在这样的处罚心理感受下，怎能起到良好的效果。

2. 有效的执法方式是罚款同时暂扣驾照一定时间

绝大部分受访者认为现行违规惩罚方式效果不明显，那么，有效的惩罚方式是什么呢？受访者中比例最高(25％)的人认为应该在罚款的同时暂扣驾照一定时间；排在第二位是暂扣驾照一定时间；主张罚款并暂扣交通工具一定时间的占11％；仅仅主张罚款的占18％。从这些统计结果中不难看出，目前，对于怎样有效地纠正交通领域中出现的违规和违法现象并没有形成共识，这可能也是一个比较难以解决的问题，需要具体问题具体分析。但从受访者认同比例最高的选项来看，仅仅采用罚款惩罚手段支持率并不是最高的，而是在罚款的同时辅之以暂扣驾照或暂扣交通工具等措施。这样才能有效地遏制当前交通违规行为屡禁不止的尴尬。

3. 执法机关的主要执法目的为完成任务及创收

其实对交通违规现象采取有效的惩罚和纠正措施并不是一件十分

困难的事情。政府制定有效的惩罚措施是一方面，但执法机关的执法方式也是一个十分重要的方面。有近一半的受访者认为当前执法机关的执法方式不对，执法机关的执法目的发生了变化。20%的受访者认为是“为了完成上级下达的执法任务”，近40%的受访者认为是“为创收而罚款(没)”。两者合计近60%。只有剩下的40%的人认为执法机关人员是为了“维护交通秩序、履行职责”而执法的。近80%的人认为执法人员的罚没收入与其个人收入相挂钩，并且超过70%的人认为这样的挂钩是不能被同意的。近50%的受访者将当前中国交通领域违规、违法现象屡禁不止的主要原因归咎于执法机关有法不依、执法不严而导致的全社会对法律的不尊重。

执法是法律生命力的延伸，当执法机关执法不为民，将法律当成工具时，法律的合法性和正当性也正在经受考验，法律的权威性和生命力也在不断地下降。

(三) 公民对法律的尊重和信任度在下降

法律必须被信仰，否则就形同虚设(伯尔曼，1971)。但中国执法机关的不当执法行为正在削弱法律的权威，正在侵蚀公民对法律的信仰。

1. 近六成受访者认为执法人员执法随意性大

受访者似乎对执法者的业务素质方面的认可度不是特别的高。对执法者业务素质非常满意的只有3%，这个比例似乎太低了一点。相反，不满意和不太满意的受访者占到了38%。剩下的近60%的受访者虽然对执法者的业务素质比较满意，但却认为执法者执法太随意，降低了法律的严肃性。绝大部分人是不会主动去学习法律的，要学也仅仅是生活中的法律常识，在违法中学习法律知识，在接受处罚的同时亲身体验法律规定。执法人员的执法业务素质将直接关系到国民的普法宣传和教育。

执法人员业务素质及其对法律的理解和运用，将直接决定公众对法律的理解和接受程度。执法人员对法律的精神缺乏理解，执法就变成机械行为，对法律的任何违背法律精神的变动都将伤害法律的正义性和权威性。

2. 近半数受访者对执法人员执法态度不太满意

除了在执法人员的执法业务素质方面受到公众的质疑之外，执法人员的执法态度也存在很大的问题。43%的受访者对执法人员的执法态度比较满意，但38%的受访者对执法人员的态度不太满意，更有20%的受访者直接表示不满意，而没有人对执法人员的执法态度表示非常满意。可见，执法人员的执法态度比执法人员的业务素质还要让公众不满意。当然，对于绝大多数的被处罚者，被处罚总是一件不开心的事情，对执法人员的态度也基本不可能持乐观态度。对执法人员的态度不满意可能也是一件意料之中的事，但直接表达不满意和不太满意的比例高达近60%也不是一件正常的事。

3. 对国家法律的总体印象满意度有所下降

42%的受访者表示法律只对部分人严格实施，起到硬性约束作用。更有36%的人认为法律很空洞，执法人员想用的时候就有，不想用的时候就没有。两者相加，有近78%的人对中国的法律持怀疑态度，法律的权威正在下降。社会违法的数量与公众对法律的认可有很大的关系，当公众对法律持怀疑态度时，社会违法的数量就不会下降。当违法成为一种社会常态时，法律的权威和作用也就失去了，法律“形同虚设”，甚至成为某些执法部门的工具。

对法律信任度的下降也导致了国民对执法机关的信任度的下降，选择比较信任和不信任的比例达到了57%，只有约40%的人选择了比较信任。执法是政府公共权力的表现，也是公民组成国家并让渡部分私权的目的和意义所在。当国民选择不太信任某些执法机关的时候，这些执法机关执法的合法性也就失去了。

法律的生命在于维护社会的正义，当法律不能维护社会正义时，法律存在的意义也就大打折扣。法律贵在执行，执法机关贵在守法。法律和执法机关是紧密联系的两个有机体，失去其一都将导致整个体系的瘫痪。

二、食品安全违法行政执法调研分析

近年来，食品安全已经成为公众关注的焦点问题，食品不安全困扰着每个人。食品安全与政府执法密切相关，政府是食品安全执法的主体。为重点深入研究中国食品安全执法问题，对中国食品安全进行了网络问卷调查。本次网络问卷调查共收回216份有效调查问卷。通过对调查问卷进行研究发现，在中国食品安全执法领域存在着严重的问题。

(一) 执法机关执法方式简单、效果甚微

调研显示,中国食品安全领域的执法行为存在很大的问题。不管是执法机关的执法方式、执法动机,还是效果上都存在很大的隐患和问题。

1. 执法机关执法方式简单

对食品安全执法的质量直接关系到中国食品安全好坏。一般来讲,定期式、规律性检查容易使企业产生正常预期,从而找到应对的办法。而突击式不定期检查不但可以降低执法成本,而且可以取得良好的效果,使企业不敢违法并且不太容易找到应对的办法。但调查显示,执法单位对食品企业的执法检查大部分采用定期检查的方式(35%),即使采用不定期的突击检查方式,被查企业也会事先收到正式或非正式的消息(29%),而很少采取最有效的不定期、无规律式的检查(17%)。这样的检查方式下,企业有了正常的预期,降低了企业应对执法机关的成本,也就降低了企业违法被抓的概率。即使是在定期的检查方式下,执法机关一般也是一个季度才检查一次(近 60%),一个月检查一次的不到 1/4。有超过一半以上的受访者表示,企业生产不安全食品的主要责任在于执法机关的执法方式,平时几乎没人来监管,企业自然而然就会选择降低食品安全标准,且这是市场的共性。

有一半左右的受访企业反映,执法机关食品企业进行执法检查时主要是检查企业相关证照是否齐全,而对企业的生产流程、设备卫生情况只作简单查看,对食品样本的取样也是简单取样。10%左右的受访企业表示执法机关带回的样本是企业自行抽样的。这样的执法方式几乎检查不出任何违法、违规行为。

2. 企业行政罚没负担较重

42%的受访企业表示,罚没是其最常受到的惩罚方式。更有超过15%的受访企业表示在罚没之后,执法机关通常没有其他相应的纠错和管理措施了。调研数据显示,罚没成为企业一个固定的负担支出。超过 40%的受访企业表示其年均罚没支出在 5 000~10 000 元,27%的受访企业表示其年罚没支出负担在 10 000~30 000 元,11%的受访企业表示其年罚没支出负担超过 30 000 元,更有 1%的企业年罚没支出负担超过 50 000 元。只有不到 20%的受访企业反映几乎没有任何罚没支出负担。

3. 执法机关执法效果甚微

虽然绝大部分企业都承受着较重的罚没支出负担，但执法对中国目前食品安全的改善作用微乎其微。超过70%的受访者认为作用不明显，超过10%的受访者认为几乎没有作用，两者合计超过80%的人认为当前的执法方式对食品安全的规范几乎没有作用。有20%的受访者表示，执法只不过是罚款，且数额可以承受，违法在经济上合算，是企业有意而无奈的选择。执法的不当使食品安全法律成为一纸空文、形同虚设。

并且，当企业的面对执法机关的处罚时，90%的受访者"第一时间"想到的是，要么"找关系托人说情，争取不处罚或降低处罚标准"，要么"认可处罚，但要和执法人员讨价还价，降低处罚标准"。从这个比例可以发现，中国行政执法部门对食品企业的执法弹性过大。违法者及执法者不是维护法律的尊严，而是在不断地降低法律的尊严，法律成为可交易或谈判的工具。近30%的受访者表示，执法机关就是想收点罚款，并且缴了罚款之后一定时间内就会没有"麻烦"了。

相反，几乎所有的受访者都表示要想改变中国目前食品安全的现状，最有效的办法就是对违法企业"责令停产直至改正"或者直接"吊销其营业执照"，而不是仅仅实行罚款。难能可贵的是，这些受访者都是食品类企业，而不是第三方。罚款对于企业来讲，好比政府征收的间接税，是可以转嫁的，最终将由消费者来承担。仅仅罚款只不过提高了该类食品的价格，罚款表现为商品的价格效应。

（二）执法机关执法动机受到严重质疑

一方面是执法机关的普遍的执罚行为，另一方面却是中国食品安全问题的屡禁不止。中国食品安全问题以及发展成为一个全国的问题，甚至是一个国际性问题。据世界卫生组织统计，2012年全球癌症新增病例和死亡人数出现惊人的增长，中国首当其冲[①]。这可能与中国的食品安全和环境污染有莫大的关系。面对屡禁不止的违法行为，执法机关的执法动机受到了严重的质疑。

1. 反对执法人员从罚没收入中分成收入

当前，中国先将罚没收入上缴给各地财政部门，再由财政部门将罚

① 世界卫生组织(WHO):《全球癌症报告2014》。

没收入返还给执法部门或当成执法人员薪金和福利的做法受到了绝大部分受访者的反对。超过40%的受访者明确表示反对,还有近40%的受访者表示只有满足一定条件才同意。总之,对财政部门直接将罚没收入返还给执法部门,甚至当成执法人员薪金和福利的做法表示了不同意。将罚没收入与执法部门利益及执法人员的薪金和福利相挂钩,造成了执法人员为利益而执法。执法人员在利益的指引下执法,失去了执法为"公"的理念,执法沦为执法部门谋利的工具,公权力也就悄然变为私权力。

2. 执法机关的执法动机严重扭曲

在中国当前管理制度下,执法人员的执法动机发生了扭曲。只有不到40%的受访者认为执法部门是为了履行职责使命、维护食品安全。32%的受访者认为执法部门是在为完成上级下达的执法任务而执法,5%的受访者认为执法部门是为了"创收"而执法,23%的受访者认为执法部门既为了完成上级下达的任务也为创收而执法。三者合计,近60%的人认为执法人员是为了完成任务而被动式执法。

从调查数据的比例来看,完成工作的"压力"超过了执法创收带来的"激励"。执法人员每天都是带着任务而执法的,在一种被动式的压力中完成执法任务。这暴露出中国当前执法部门对执法人员管理的尴尬与无奈。为了激励与约束执法人员勤于执法,维护社会良好秩序,同时也为了对执法人员进行绩效考核,执法机关要么给执法人员下达执法任务,要么采取奖励措施,将执法人员的罚没收入与其薪金和福利挂钩。

3. 需要加强对行政罚没收入的特别管理

在受访者看来,当前,将罚没收入作为地方政府一般财政收入而不必进行特别管理并不是一种可取的办法。近50%的受访者表示罚没收入可以用于执法机关执法经费,保证执法机关执法经费来源,可进一步加强执法力度。同时,也有40%的受访者表示罚没收入应当用于国家预防犯罪、国家慈善、教育事业及禁毒等法制宣传和教育活动。

罚没收入的使用将对执法机关的执法目标和动机产生重要影响。调研显示,受访者已经对将罚没收入与执法人员的薪金和福利相挂钩表示了反对,但对除此之外的用途并没有表现出太多的共识。当然,在世界上其他国家,罚没收入的用途也不完全相同。即使在美国50多州的用途也是不同的，美国联邦政府的规定与各州政府的规定也不相同。有的州规定用于州政府教育事业，有的州政府规定用于补充执法部门的执法经费，有的州政府规定用于补偿检查、法院等司法系统的经费支出。总之，对罚没收入如何使用世界各国并没有统一的规定，而是根据各国、各地区的情况决定。但其共同的特点就是要减少罚没收入使用过程中出现的负效应。执法机关如果在一种“要我执法”或“为利益而执法”的精神状态下进行执法，怎么可能将食品领域的安全问题清除干净。

（三）企业对地方政府尊重信任度不足

错误的执法方式和执法目标以及各地方政府为地区经济增长而放松执法，导致了企业对执法机关的信任及尊重度严重不足。

1. 地方政府为经济增长主动放松执法

中国食品安全领域执法不力，导致食品安全成为中国社会当今非常普遍的问题，除了与执法机关出于部门及个人利益的考虑有关之外，与中国各地方政府的目标也有很大的关系。目前，学术界普遍认为中国各地方政府之间存在“为增长而竞争”的压力（张军，2007；周黎安，2007）。这种竞争压力，决定了各地方政府的所有目标都围绕经济增长而进行。确保 GDP 的快速增长成为地方政府首要目标。

调查显示，有超过 1/3 的受访者认为造成中国当前食品安全屡禁不止的主要原因是地方政府为地区经济发展及就业等问题而对食品安全问题“睁一只眼、闭一只眼”。地方政府如果严格执法，势必会对当地的企业产生影响。执法过严一般会产生两个结果：其一，不合格企业将会倒闭；其二，一些企业将会选择外迁。不管是企业倒闭还是企业外迁都将会导致当地企业数量的下降，企业数量的下降将会导致一系列的后果，如地区 GDP 增长乏力、地区失业人口数量上升、地区税收收入下降。基于这三个方面的考虑，地方政府也不会严格执法。地方政府为了地区经济的表面繁荣，不得不放松法律的限制，变相扩大社会的生产性可能性边界，增加了地区 GDP 总量，同时也在一定程度上化解了地区就业压力。政府没有在市场经济中摆正好自己的定位，而是把自己当成了市场经济中的“运动员”和“逐利者”。

2. 对执法人员的业务素质及执法方式满意度不高

简单的执法方式及错误的执法动机，导致了受访者对执法人员的业务素质及执法态度的不满。近30%的受访者表示对执法人员的业务素质表示不满意和不太满意，60%表示了相对满意，只有不到10%的表示满意。同样，对执法人员的执法态度，超过30%的受访者表示了不满意和不太满意，60%的受访者表示了比较满意，只有7%不到的受访者表示了非常满意。

事实上，执法人员的执法素质与执法态度是相辅相成的。执法人员的业务素质不高自然会导致执法人员的态度不好，其没有掌握法律制定的精神所在，自然没有办法灵活运用，法律被机械地执行，执法的态度当然不可能太好。

3. 对国家行政执法机关的信任度严重不足

执法机关的业务素质、执法方式及执法态度导致了受访者对国家行政执法机关的整体信任度下降。受访者中只有10%的人选择非常信任政府执法机关，相信政府执法机关是为民执法、积极履行职责、维护正常社会秩序。但54%的受访者表示，对国家行政执法机关比较信任，执法机关大部分时间能够执法为民。更有超过33%的受访者表示对政府行政执法机关不太信任，认为政府行政执法机关常常将完成执法任务及罚款创收放在工作的第一位。两者相加有近90%的受访者在不同程度上表示了对政府的不信任，公众对政府行政执法部门的信任度处于较低水平。

第四节 本章小结

种种迹象表明，中国行政罚没已经具备了非常严重的执法创收的实质。执法成为某些机关和执法者个人敛财的工具，某些执法人员或执法机关在执法时考虑的不是如何维持社会的公共秩序，维护社会的公平与正义，而是千方百计地思考如何完成执罚创收的任务，如何使自己及部门经济利益最大化。

首先，全国各级地方政府罚没收入连年快速增长。从国家统计局公布统计数据中也发现，中国各级地方政府1998—2011年行政罚没收入总量也在不断地增长，几乎每年保持两位数的速度增长，与同期中国GDP总量增长率相当。如果说中国GDP总量增长率在全世界“独领风骚”,中国行政罚没收入的增长率也是全世界绝无仅有的。在地方政府财政收入中排名前十,行政罚没收入在地方政府收入排名中超过了城镇土地使用税、房产税、耕地占用税、印花税、资源税、车船税、烟叶税及证券交易印花税等税种的收入,行政罚没收入占地方政府非税收入的比重近25%之多,成为地方政府非税收入来源的一个重要渠道。中国行政罚没收入表现出了明显的地区差异特征,中国东部地区是中国行政罚没收入的主要来源地,东部地区行政罚没收入超过中部和西部地区行政罚没收入的总和,西部地区行政罚没收入总量最少。

其次,中国当前行政执法机关的执法方式存在重大问题。主要表现可以归结为:①以罚代管;②指标式执法;③创收式执法。这些执法现象共同指向了一个目的,就是创收,罚款成为行政执法领域的主要执法工具。不管是客观上的原因,还是主观上的原因,中国行政执法领域都暴露出了为了经济利益为执法的主要目的。目前,从全世界的角度来看,对违法者的违法行为人真正能够起到约束和震慑作用的处罚办法主要有两种:监禁和罚款。罚款一般为辅助手段,但在中国具体行政执法的过程中,罚款却成为主要甚至是唯一的惩罚手段,并且罚款在某些时候可以替代其他形式的惩罚,简单地一罚了事。现实中,罚款还可以预缴,执罚部门发明了罚款“月票”制度,违法成为一种可以预先购买的商品。在缴纳一定的罚款数额之后违法者就不需要承担其他责任了,执法部门甚至变成了违法的“保护伞”,可以给违法者通风报信。违法行为成为可供交易的商品,潜在的违法者可以根据自己的需要购买一定数量的违法“期权”,并且可以在一定的时间范围内行使违法的权力。中国行政罚没领域暴露出来的种种问题严重破坏了公众对执法机构的信任,简单、粗暴、执法创收的执法方式使执法机关以经济利益为目的的执法之心昭然若揭。中国行政执法机关也常常以行政罚没的收入及刑事拘留的数量作为一线执法人员的工作绩效考核的指标,以罚没收入数量的多少论英雄。行政执法机关的社会管理责任就异化成了行政罚没收入数量的多少,执法人员的执法目标也悄然变为完成行政罚没收入的任务而进行执法,将执法维护社会公平与正义的主要功能抛之脑后。法律的教育功能变成了创收功能,法律变成了“牟利”的工具。“手段”变成了“目的”,行政执法机关由社会的合法“守夜人”,而变成了社会公众财富的“掠夺者”。

最后,对重点执法领域的调研显示,在某些简单粗暴的执法方式下,并没有达到应有的效果。对个人交通罚没问题的调研显示,罚没已经成为交通违规中的主要惩罚手段。70%以上的私家车主都有被罚没的经历,且75%以上的受访者表示,其每辆车年罚没支出超过500元。交通罚没已经成为私家车主固定的支出负担。在面对罚没时,大多数被处罚者选择了接受,但却表示当前交通违规处罚形式对纠正交通违规、违法行为收效甚微。在不当的执法方式及法律制度下,中国的交通违规及违法行为并没有减少。不当的执法方式引起了公众对执法机关执法动机的怀疑,大部分受访者对执法人员的业务素质及执法态度表示出了严重的不满。同时过半的受访者认为执法人员主要是为了完成上级下达的执法任务或为执法创收而执法。对执法人员的业务素质及执法态度的不满,导致受访者对国家法律制度及执法机关的满意度也在下降。对食品类企业的调研同样反映出重要的问题:①执法机关执法方式过于简单。通常采用定期、规律性的执法方式。这不但降低了企业应对执法机关的成本,而且对企业的检查往往重点集中在检查企业相关证照是否齐全,而食品生产的流程及设施卫生情况则较少关注,对食品的抽样也是简单抽样。但罚没已经成为企业固定而沉重的负担,近40%的企业年罚没支出超过10 000元。②罚而不管的执法方式,导致了企业对执法人员执法动机的质疑。大部分受访者表示,执法部门在为完成执法任务或为创收而执法。并对中国当前罚没收入管理制度将罚没收入返还给执法部门或用于执法人员薪金和福利的做法表示反对,认为政府对罚没收入应进行特别管理,不能仅仅当作地方政府的一般财政收入。③由于不当的执法行为及方式,受访企业对政府执法部门的满意度在下降,对执法人员的业务员素质及执法态度也不太满意。受访企业认为地方政府为刺激地区经济增长而主动放松执法,对企业违规常常“睁一只眼、闭一只眼”,从而在一定程度上纵容了企业违规,甚至违法。

第四章　中国行政罚没收入管理制度分析

行政罚没收入的使用方法和方式将直接决定行政罚没执法的宗旨和目的的“善”与“恶”。如果行政罚没收入与行政执法机关的利益挂钩或变相挂钩，将会诱导行政执法机关“执法为利”。在中国，政府罚没收入一般可以分成两大类，一类来源于司法机关；另一类来源于行政机关。但中国罚没收入管理制度并没有就行政罚没收入和司法罚没收入的区分单独进行立法，而是只建立了一种罚没收入管理制度。本章拟对中国自 1949 年后制定和颁布的行政罚没收入制度进行梳理和总结，研究中国行政罚没收入管理制度发展的脉络、现状特点及可能隐含的主要问题。

第一节　中国罚没收入管理制度的时间脉络

早在 1949 年之前，中国就有行政罚没收入。在全国土地革命年代，中国革命根据地对地主、土豪的财产进行罚没充公，用于资助革命根据地政府的正常运作。从某种意义上讲，中国政府对罚没收入的管理从那时就已经开始。1949 年之后，大规模疾风骤雨式财产罚没已经不可能，新政府开始探索在政府的各项事业上建立法制化措施，政府开始探索并建立法制化轨道。

一、中国罚没收入管理起步阶段

从 1949 年新中国成立至 1956 年这一段时间，中国处于从革命战争年代恢复阶段，这一时期也是中国社会主义改造的阶段。在这一阶段，对地主、土豪等私人财产的大规模强制没收已经变得不可能，而是对民族产业资本家财产进行公私合营，将私营经济顺利转变成了国有经济。从整体上来讲，国家处于一穷二白状态，公民也没有什么财产可罚，一切财产都是公有，因此，对执法单位或个人的罚没收入管理并不突出。在这一国家处于整体改造的阶段，对法治等相关管理制度的建设并非重点。中国中央政府并没有就中国各级行政执法机关包括司法机关的罚没收入制定或颁布任何新的管理文件，各执法单位对于行政罚没收入基本上都自行管理。这一阶段可以看成是中国各行政执法机关及司法机关对罚没收入自发管理阶段，而政府并没有强制性文件。

二、中国罚没收入制度建立阶段

随着社会主义改造的基本完成，国家基本上已经从战争中恢复过来，国家经济、社会发展进入正常的轨道。对于国家各项管理制度建设的要求也就提到日程上来了，同时部分执法单位的罚没收入也开始有所增长，中国中央政府已经意识到了对执法单位罚没收入进行管理的重要性。

1956 年，中国财政部颁布了第一份有关罚没收入管理的制度性文件[①]，该文件主要针对各铁路运输法院司法系统的罚没收入而出台。该文件第一次明确规定中国罚没收入必须上缴国库，体现了中国罚没收入是国家财产的性质。从严格意义上来讲，这主要还是针对司法系统的罚没收入而制定的文件，还不是政府行政执法部门的行政罚没收入，但此文件的颁布说明国家已经开始注意对罚没收入的管理。因此，这份文件可以看成是中国中央政府对中国行政罚没收入管理出台的首个制度性文件。

从 1956 年至 1985 年近 30 年的时间里，中国中央政府共出台了 9 份有关行政罚没收入管理的文件，但现在已经全部失效了。在这 30 年的时间里，中国中央政府出台的有关行政罚没收入管理的 9 份文件是对中国行政罚没收入进行管理的起步，从此之后有关中国行政罚没收入管理的制度性文件不断出台。中国行政罚没收入管理自此迈开步伐，此后出台的文件对行政罚没收入的管理越来越严格、越

① 见《各铁路运输法院司法罚没收入缴库、报核手续的通知》（财预中字 502、司财字 1816 号）（现已失效）。

来越规范。

现存最早且仍然有效的行政罚没收入管理文件是1986年财政部颁布的《罚没财物及追回赃款管理办法》，该文件明确规定，执法机关依法收缴的罚没款、赃款和没收物资、赃物的变价款一律作为国家"罚没收入"或"追回赃款和赃物变价款收入"如数上缴国库，任何机关都不得截留、坐支。

《罚没财物及追回赃款管理办法》除了规定行政罚没收入必须如数上缴国家财政之外，还规定了中国行政罚没收入如何在各级财政之间进行分配。制度规定只有海关、国家外汇管理局、铁道部等隶属于中央执法机关的行政罚没收入的50%须上缴中央财政，其余50%则上缴地方财政。各级工商行政机关、公安机关、人民检察院、人民法院，以及隶属于地方的国家经济管理部门查处或判处的行政罚没收入全部上缴地方财政。各政法机关判处和国营企业、事业单位、机关团体内部查处的上缴国库的赃款和赃物变价款，不论发案单位的财务隶属关系，一律上缴地方财政。由此可见，中国行政罚没收入绝大部分都应该是划归地方财政所有。

此文件第一次对中国行政罚没收入进行明确而统一的要求，并作为中国有关行政罚没收入管理的基础性文件，到现在一直有效，之后行政罚没收入管理的各项办法都是在此精神下或是对该规定的补充或者是加强此办法的执行。

三、中国罚没收入制度深化阶段

1993年中央办公厅转发国家财政部通知①，要求将行政罚没收入纳入财政预算管理，通知要求各部门、各单位将行政罚没收入全部纳入财政预算管理。1995年财政部又颁布了将行政罚没收入纳入预算管理的具体规定②，进一步加强了各单位对行政罚没收入预算管理的可行性。由于中央财政部门对执法部门罚没收入监管的困难，将执法部门的罚没收入纳入财政预算可能也是一种无奈之举。各执法部门常常

---

① 见中央办公厅转发财政部《关于对行政性收费、罚没收入实行预算管理的规定》(中办发〔1993〕19号)。

② 见财政部《关于下达行政性收费、罚没收入实行预算管理实施办法的通知》(财预字〔1995〕27号)。

对罚没收入“自收自支”、设立“小金库”，而中央财政却无法监管，常常形成预算外资金，并且和执法单位的集体福利、执法人员的个人福利挂钩。凡是能够执法创收的单位集体福利较好，而没有罚没收入的单位集体福利明显偏低。纳入预算之后虽然无法从根本上解决这一问题，但对这一现象具有明显的抑制作用。该通知第一次明确界定了中国行政罚没收入的范围。中央政府要求将中国行政罚没收入纳入各级财政部门的预算管理是这一阶段最显著的特点，也是中国政府行政罚没收入管理制度最大的特点，这在中外行政罚没收入管理历史上都是非常少见的。预算就意味着指标，预算就是目标，目标经过层层分解最终必将落实到每一个一线执法人员。财政预算最终变成了执法人员的工作指标，这是执法单位执法指标的最终依据。

1996 年中国颁布的《行政处罚法》明确规定：“罚款、没收违法所得或者没收非法财物拍卖的款项，必须全部上缴国库，任何行政机关或者个人不得以任何形式截留、私分或者变相私分；财政部门不得以任何形式向作出行政处罚决定的行政机关返还罚款、没收的违法所得或者返还没收非法财物的拍卖款项。”这是中国第一次将行政罚没收入的管理措施以法律的形式表达出来，也是行政罚没收入管理制度的最高形式。同时，《行政处罚法》第四十六条明确规定：作出罚款决定的行政机关应当与收缴罚款的机构分离。具体办法由国务院决定，1998 年国务院以政府令的形式作出决定，行政罚没收入实行“罚”“缴”相分离的管理办法[①]。有效阻止了部分执法单位坐支、截留、私分行政罚没收入的行为，加强了行政罚没收入的缴库管理。

1998 年，中央办公厅及财政部分别下发了对行政罚没收入实行“收支两条线”的管理规定及具体措施[②]。该规定一方面要求行政罚没收入必须按规定及时、足额缴入国库或预算外资金财政专户；另一方面规定行政罚没收入的支出必须按财政部门批准的计划统筹安排，从国库或预算外资金财政专户中核拨给执收执罚单位使用。执罚单位还应

① 见《罚款决定与罚款收缴分离实施办法》(1998 年)。

② 见财政部印发《行政事业性收费和罚没收入实行“收支两条线”管理的若干规定》的通知(财综字〔1999〕87 号)。中央办公厅转发《财政部、国家发展计划委员会、监察部、公安部、最高人民检察院、最高人民法院、国家工商行政管理局关于加强公安、检察院、法院和工商行政管理部门行政性收费和罚没收入收支两条线管理工作的规定》(中办发〔1998〕14 号)。

按照国家规定及财政部门批准的预算外资金收支计划和财务收支计划，对财政核拨的资金切实加强管理，严格按照规定的开支范围、开支标准使用，并在财务报表中如实反映。即中国行政罚没收入必须由财政部门制定统一的计划进行使用，执法部门不能擅自动用。但对海关等缉私缉毒执法部门的行政罚没收入与执法经费的关系，一直没有理顺，财政部于 1998 年及 1999 年规定各地上缴中央财政的缉私罚没收入，其中 8%由中央财政核拨公安部用于缉毒工作。其余部分，50%由中央财政核拨给海关总署，作为有关执法部门的缉私办案费；50%由中央财政采用转移支付办法，返还省级财政；省级财政部门在收到中央返还的缉私罚没收入后，将其中 30%专门用于调剂各地的缉私经费。其余部分主要用于公安（含公安边防部队）、工商行政管理、海关等执法部门的缉私办案经费①。这是中国唯一的一个由财政部明确规定的将行政罚没收入与执法部门的办案经费相挂钩的文件。然而，为彻底贯彻行政罚没收入收支两条线，2002 年财政下发通知又取消了该规定②。

2002 年之后，中国对所有的行政罚没收入都要求实行收支两条线管理，严禁行政罚没收入与执法部门的办案经费相挂钩。行政罚没收入的使用必须按照各地财政部门的计划进行，因此，各地财政部门实际上掌握了中国行政罚没收入的使用权。

第二节　中国罚没收入管理制度的基本特征

从时间上看，自 1956 年起中国中央政府开始对各行政执法部门的罚没收入予以重视，并出台了第一份有关罚没收入的管理制度，至今已经出台了众多的罚没收入管理制度，并已组成了中国罚没收入管理制度体系，也构成了中国罚没制度管理基本特征。

---

① 见财政部 1998 年关于印发《关于加强缉私罚没收入缴库和缉私缉毒办案支出管理的若干规定》的通知（财预字〔1998〕413 号）；1999 年，财政部印发《中央对地方缉私罚没收入转移支付办法》的通知（财预字〔1999〕433 号）。

② 见财政部《关于取消缉私缉毒办案经费同缉私罚没收入挂钩等有关问题道德通知》（财预〔2002〕413 号）。

一、绝大部分罚没收入归地方财政

1986 年财政部颁布的《罚没财物及追回赃款管理》明确规定，执法机关依法收缴的罚没款、赃款和没收物资、赃物的变价款一律作为国家"罚没收入"或"追回赃款和赃物变价款收入"如数上缴国库，任何机关都不得截留、坐支。并且规定，只有海关、国家外汇管理局、铁道部等隶属于中央执法机关的行政罚没收入的 50%须上缴中央财政，其余 50%则上缴地方财政。各级工商行政机关、公安机关、人民检察院、人民法院，以及隶属于地方的国家经济管理部门查处或判处的行政罚没收入全部上缴地方财政。各政法机关判处和国营企业、事业单位、机关团体内部查处的上缴国库的赃款和赃物变价款，不论发案单位的财务隶属关系，一律上缴地方财政。从这个规定可得出，中国行政罚没收入绝大部分都应该是划归地方财政所有。

1996 年中国颁布的《行政处罚法》明确规定："罚款、没收违法所得或者没收非法财物拍卖的款项，必须全部上缴国库，任何行政机关或者个人不得以任何形式截留、私分或者变相私分；财政部门不得以任何形式向作出行政处罚决定的行政机关返还罚款、没收的违法所得或者返还没收非法财物的拍卖款项。"

从中可以看出，不管这些规定是如何阐述以及国家采取了什么样的政策和措施，其中最重要的一点就强调中国各行政执法单位的行政罚没收入必须及时、如数统一上缴国家财政，强调了对行政罚没收入征收入库的管理规定。任何执法单位形成的行政罚没收入都是国家性质的财产，必须如数、及时上缴国库。

2008 年中国对政府收支制定了详细目录，2011 年对其进行了必要的修订，根据最新颁布的《2011 年政府收支分类科目》，中国将行政罚没收入分成了三大类：一般罚没收入、缉私罚没收入和缉毒罚没收入。其中只有缉私罚没收入以及一般罚没收入中的银行监督罚没收入、民航罚没收入、电监会罚没收入归中央政府所有，完全归地方政府所有的也只有交强险罚没收入，其他部门的行政罚没收入都是中央政府与地方政府的共用收入。从实际结果来看，中国罚没收入基本上都归地方政府所有。各地方政府在全国罚没收入中的比重接近 97%。具体如表 4.1 所示。

表 4.1

中国罚没收入分类明细表

罚没收入	罚没收入名称	中央与地方共用收入	中央收入	地方收入
一般罚没收入	公安罚没收入	中央与地方共用收入		
	检察院罚没收入	中央与地方共用收入		
	法院罚没收入	中央与地方共用收入		
	工商罚没收入	中央与地方共用收入		
	新闻出版罚没收入	中央与地方共用收入		
	技术监督罚没收入	中央与地方共用收入		
	税务部门罚没收入	中央与地方共用收入		
	海关罚没收入	中央与地方共用收入		
	食品药品监督罚没收入	中央与地方共用收入		
	卫生罚没收入	中央与地方共用收入		
	检验检疫罚没收入	中央与地方共用收入		
	证监会罚没收入	中央与地方共用收入		
	保监会罚没收入	中央与地方共用收入		
	交通罚没收入	中央与地方共用收入		
	铁道罚没收入	中央与地方共用收入		
	审计罚没收入	中央与地方共用收入		
	渔政罚没收入	中央与地方共用收入		
	银行监督罚没收入		中央收入	
	民航罚没收入		中央收入	
	电监会罚没收入		中央收入	
	交强险罚没收入			地方收入
	物价罚没收入	中央与地方共用收入		
缉私罚没收入	公安缉私罚没收入		中央收入	
	工商缉私罚没收入		中央收入	
	海关缉私罚没收入		中央收入	
	边防武警缉私罚没收入		中央收入	
	其他部门缉私罚没收入		中央收入	

（续表）

罚没收入	罚没收入名称	中央与地方共用收入	中央收入	地方收入
缉毒罚没收入	公安缉毒罚没收入	中央与地方共用收入		
	武警边防缉毒罚没收入	中央与地方共用收入		
	海关缉毒罚没收入	中央与地方共用收入		
	其他部门缉毒罚没收入	中央与地方共用收入		

资料来源：根据《2011年政府收支分类科目》整理。

2007—2014年地方政府罚没收入及其比重如图4.1所示，可以看出地方政府事实上拥有了全国罚没收入的绝大部分。

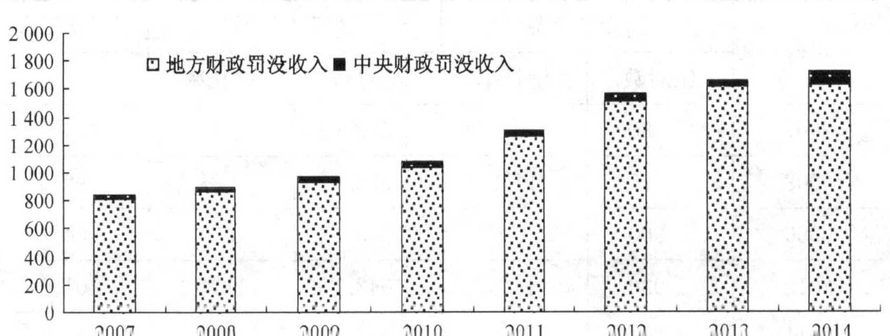

图4.1 2007—2014年地方政府罚没收入及其比重 单位：亿元

资料来源：中经网数据库。

二、行政罚没收入被纳入预算管理

以1993年中央办公厅转发国家财政部的通知及1995年财政部颁布的罚没收入纳入预算管理的具体规定为标志，中国罚没收入开始正式纳入各级地方政府的预算管理体系。将各级行政执法机关的罚没收入纳入地方政府财政预算管理，可能也是中国中央政府不得已而为之的做法。改革开放之后，中国政府的工作重心就转移到经济建设上来了，政府削减了大量的事业性支出，甚至一些行政性支出也部分依赖社会筹款。这给行政执法创收及中国各级行政执法机关行政罚没收入的不断膨胀留下了隐患，在这样的政府理财思路下，中国各级行政执法机关的收费和罚款项目应运而生，各行政执法机关的罚没收入也就不断地膨胀。为有效管理和统计各地方政府的罚没收入总量，使各行政执法机关的罚没收入能够及时、足额上缴国家财政，并由国家财政来统一管理各级行政机关的罚没收入，中央政府才将行政罚没收入纳入了财政预算管理。但中国中央政府将罚没收入纳入各地方政府的财政预算管理这一政策也成了中国行政罚没收入管理制度区别于其他国家行政罚没收入管理制度的显著特征之一。到目前为止，很难再发现有第二个国家将国家行政罚没收入纳入财政预算管理的。中国罚没收入预算数和决算数如表 4.2 所示。

表 4.2

中国罚没收入预算数和决算数 单位:亿元

年份	罚没预算数		罚没决算数		决算/预算
	绝对数	增长率	绝对数	增长率	
2007	780	—	812.01	—	104%
2008	875	12%	866.68	7%	99%
2009	900	3%	938.61	8%	104%
2010	1 030	14%	1 042.85	11%	101%
2011	1 090	6%	1 262.63	21%	116%
2012	1 350	24%	1 519.46	20%	113%
2013	1 600	19%	1 613.34	6%	101%
2014	1 650	3%	1 632.89	1%	99%

数据来源:中华人民共和国财政部网站。

三、行政罚没收入实行收支两条线

对于中国行政罚没收入应该如何使用的问题以前并没有相关制度规定，直到 1998 年，中央办公厅及财政部分别下发了对行政罚没收入实行“收支两条线”的管理规定及具体措施。该规定一方面要求行政罚没收入必须按规定及时、足额缴入国库或预算外资金财政专户；另一方面规定行政罚没收入的支出必须按财政部门批准的计划统筹安排，从国库或预算外资金财政专户中核拨给执收执罚单位使用。执罚单位还应按照国家规定及财政部门批准的预算外资金收支计划和财务收支计划，对财政核拨的资金切实加强管理，严格按照规定的开支范围、开支标准使用，并在财务报表中如实反映。中国行政罚没收入的使用必须由财政部门制定统一的计划进行使用，执法部门不能擅之动用。

2002 年之后，中国对所有的行政罚没收入都要求实行收支两条线管理，严禁行政罚没收入与执法部门的办案经费向挂钩。行政罚没收入的使用必须按照各地财政部门的计划进行，因此，各地财政部门实际上掌握了中国行政罚没收入的使用权。

四、行政罚没收入实行罚缴相分离

中国《行政处罚法》规定，行政执法机关的罚没收入实行罚缴相分离，并由国务院制定相关具体措施。1998 年，国务院专门制定了《罚款决定与罚款收缴分离实施办法》(以下简称《办法》)，《办法》规定作出罚款决定的行政机关应当与收缴罚款的机构分离，需要当场收缴的罚款除外。《办法》规定经中国人民银行批准有代理收付款项业务的商业银行、信用合作社(以下简称代收机构)，可以开办代收罚款的业务。具体代收机构须由县级以上地方人民政府组织本级财政部门、中国人民银行当地分支机构和依法具有行政处罚权的行政机关共同研究，统一确定。而海关、外汇管理等实行垂直领导的依法具有行政处罚权的行政机关作出罚款决定的，具体代收机构则由财政部、中国人民银行会同国务院有关部门确定。依法具有行政处罚权的国务院有关部门作出罚款决定的，具体代收机构由财政部、中国人民银行确定。

总之，自 1998 年 1 月 1 日之后，中国行政执法单位的行政罚没收入基本上都统一由具有资质的金融机构代理收缴。在形式上使中国行政执法机构与中国行政罚没收入收缴机构相分离，在一定程度上防止了行政执法人员中饱私囊。对规范行政执法机关的罚没行为起到一定的作用，同时也加强了各级政府对中国行政罚没收入的监管，对行政执法机关具有一定程度制约作用。

第三节　中国罚没收入管理制度的主要问题

中国罚没收入管理制度暴露出了几大问题。首先，中国罚没收入被当成地方政府的一项一般性财政收入，并且还纳入地方政府财政预算管理；其次，对罚没收入如何使用也没有严格的规定，而是由地方政府负责制定使用计划。

一、罚没收入成地方政府一般财政收入

从 1956 年出台的第一份针对各铁路运输法院司法执罚收入的规范文件[①]，到 1996 年全国人民代表大会正式颁布的《行政处罚法》，中国罚没收入管理制度始终着重强调执法部门的罚没收入必须如数、全额上缴国库，并且规定罚没收入绝大部分归地方政府所有[②]。

从中国对行政罚没收入管理制度中可以看出，虽然对行政罚没收入进行了区分，将行政罚没收入分成了三大类：一般罚没收入、缉私罚没收入、缉毒罚没收入。但是这种区分只是简单地按行政罚没收入的部门来源进行了分类，并没有体现行政罚没收入的性质来源，行政罚没收入按部门区分并没有实质性的意义，反而容易混淆行政罚没的性质来源。从行政罚没的功能来看，行政罚没收入的来源主要有两大类：一类是当事人的违法所得；另一类是纠正公共负外部性赔偿款。这两类罚没收入来源性质不同，所体现的功能也不一样，在收入的处理上理所应当区别对待，但是中国行政罚没收入管理制度不但没有做这类区分，而且将这两类罚没收入同等对待，一味地强调行政罚没收入上缴财政。

中国将所有的行政罚没收入不按功能性质区分，而将它们合并纳入政府一般财政收入的做法混淆了行政罚没所具有的特殊功能和意义。这种做法从本质上混淆了政府税收收入、政府收费收入与执法部门的行政罚没收入的功能，将执法部门的行政罚没功能混同于政府税收及政府有关部门提供有偿服务而收费所起到的功能，从根本上抹杀

---

① 见《各铁路运输法院司法罚没收入缴库、报核手续的通知》（财预中字 502、司财字 1816 号）（现已失效）。

② 见《罚没财物和追回赃物管理办法》（财预字〔1986〕228 号）。

了执法部门维护社会公平与正义的执法性质。执法部门的执法服务不是有偿服务,和政府征税有着本质上的区别,执法部门的行政罚没收入从本质上讲不应该与政府的其他收入合并。

中国将执法部门的行政罚没收入与政府其他收入合并的做法从根本上为中国执法经济的产生埋下了“种子”,从这个制度上看,行政罚没收入就是政府的收入,就是政府相关执法部门的收入。在地方政府收入结构中,罚没收入被简单划入六种非税收入之一,并没有对其进行特别的管理。这种管理方法完全没有体现罚没收入与政府其他收入的差别之处,没有能够体现政府罚没收入应有的特性,反而使罚没收入成为地方政府补充财政收入的一种手段,为某些地方政府以罚没收入补充财政收入的不足提供依据。特别是在地方政府“缺钱”的情况下,首先想到的就是行政收费和罚款。据公开的报道(梁嘉琳等,2012)显示,2012 年中国全国各地税收收入增速严重下滑,为保证财政收入总量增长,某些地方政府在政府门户网站上公然宣称,将罚没收入作为该地方政府“增收挖潜”的主要途径。

二、地方财政将罚没收入纳入预算管理

为了促进各地执法部门将罚没收入上缴财政国库,中央政府规定对罚没收入实行“预算”管理[①]。罚没收入被纳入了地方政府财政预算管理,这是中国罚没收入管理制度与其他国家相区别的一个重要特征,世界几乎没有国家将罚没收入纳入地方财政预算管理(周东飞,2004)。罚没收入纳入财政预算管理主观上是为了促进各执法单位将罚没收入上缴财政的举措,但客观上却承认了罚没收入是地方政府财政收入来源的重要组成部分,也是地方政府财政收入的合法来源渠道,更让谋取罚没收入成为各级地方政府执法机关的工作目标和任务。

中国中央政府规定将行政罚没收入纳入预算管理,虽然是为了防止行政执法部门不报或瞒报行政罚没收入,主观上加强对行政执法部门的罚没收入的集中管理,防止行政执法部门“自收自支”,甚至“坐支”

① 见中央办公厅转发国家财政部《关于对行政性收费、罚没收入实行预算管理的规定》(中办发〔1993〕19 号)及财政部又颁布了《关于下达行政性收费、罚没收入实行预算管理实施办法的通知》(财预字〔1995〕27 号)。

行政罚没收入,形成行政执法单位的“小金库”。但财政部门对行政罚没收入实行预算管理,却成为执法单位指标式管理的有力依据。行政罚没收入的预算任务经层层分解之后,最后必然落实到每一个执法人员的具体执法工作中,客观上成为行政执法单位的目标任务。罚没就变成在完成当年的预算任务,保证国家财政收入的增长。

罚没收入预算式管理,把原本不适合作为政府财政收入的罚没收入合法地变为政府的一般财政收入,主观上承认了行政罚没收入也是政府的一项合法收入,行政罚没也是政府取得财政预算内收入的一种方式。罚没预算收入连年增长,足以说明中国行政罚没以取得财政收入为主,而不是以威慑和阻止违法乱纪为目的。

预算就是一个计划,当罚没收入预算制定好之后,执法机关通常会把预算目标层层分解到一线执法人员的工作目标中去,有些单位甚至把行政罚没收入的多少作为考核执法人员的工作绩效的指标。2011 年 2 月公安部印发的《关于改革完善执法质量考评制度的意见》规定“禁止将‘罚没款数额’‘刑事拘留数’等作为执法绩效考评指标”,充分说明了中国现阶段各执法单位将行政罚没收入作为员工工作绩效考核的重要依据是有事实根据的。《人民日报》(胡洪江,2011)有关云南省曲靖市罗平县工商局设立罚款指标的报道则从正面证实了这种情况的存在。

三、收支两条线管理形成收入分成效应

为了进一步加强对执法部门罚没收入的收缴工作,防止各执法单位私立“小金库”,1998 年财政部决定对各执法单位的罚没收入实行“收支两条线”管理[①]。“收支两条线”管理制度强调各执法部门先将罚没收入上缴财政,再由财政部门制定使用计划,形式上使罚没收入与支出脱钩,在一定程度上遏制了各执法单位私设小金库、截流罚没收入款的情况。但是,“收支两条线”管理并没有实质性解决罚没收入如何使用的问题。“收支两条线”实行之后,罚没收入基本上还是按照原来的方式使用,只不过由执法部门先将罚没收入上缴当地财政部门,由财政

---

① 见财政部《行政事业性收费和罚没收入实行“收支两条线”管理的若干规定》的通知(财综字〔1999〕87 号)及中央办公厅《财政部、国家发展计划委员会、监察部、公安部、最高人民检察院、最高人民法院、国家工商行政管理局关于加强公安、检察院、法院和工商行政管理部门行政性收费和罚没收入收支两条线管理工作的规定》(中办发〔1998〕14 号)。

扣除一定比例之后再下发给"原执法"部门。特别地，在某些执法单位临聘人员的工资和福利全部依赖行政罚没收入的情况下，就形成了地方政府财政部门与执法机关罚款分成制度，因此基本上仍然是"谁罚款、谁使用"。

"收支两条线"管理制度并未使罚没收入收、支脱钩，反而形成了执法单位和当地财政部门之间隐蔽的罚没收入分成制度，并且对各执法单位具有强烈执罚激励效果，把一些部门变成了公权的"抢劫者"(周天勇，2006)。

第四节　本章小结

本章主要对中国行政罚没收入管理制度进行研究和分析，分别从三个方面对中国行政罚没收入管理制度进行了总结。

首先，从时间发展脉络上看，现行中国行政罚没收入管理制度的建立与完善可以分成三个阶段。①从 1949 年至 1956 年的起步阶段；②从1956 年至 1992 年的建立阶段；③1992 年至今的完善阶段。在 1949 年至 1956 年的起步阶段，新中国刚刚建立，所有的制度都在探索阶段，并且中国还正处于社会主义改造时期，行政罚没收入管理制度也不例外。在此阶段并没有出台明确的管理制度，一般认为是制度准备阶段。而 1956 年至 1992 年的制度建立阶段，中央政府开始出台各项管理制度，行政罚没收入管理也迎来相关管理制度。第一个行政罚没收入管理制度主要是针对中国铁路系统的罚没收入管理制度，现已失效。到目前为止还继续有效的行政罚没收入管理制度是《罚没财物和追回赃物管理办法》(财预字〔1986〕228 号)，该制度奠定了中国行政罚没收入管理的基础，确立了罚没收入归国家财政所有的基调。1992 年之后，中央政府又颁布了若干管理制度。其中比较重要是规定中国行政罚没收入实行收支两条线、罚缴相分离及必须纳入地方财政预算管理，进一步完善了中国行政罚没收入管理制度。

其次，对中国现行罚没收入管理制度特征进行了总结。从中国行政罚没收入管理制度总体来看，中国行政罚没收入管理制度表现出四个主要特征：①行政罚没收入主要归地方政府所有；②行政罚没收入实行财政预算管理;③行政罚没收入实行收支两条线管理;④行政罚没收入实行罚缴相分离的管理模式。通过对中国行政罚没收入管理制度的研究,不难发现,中国行政罚没收入管理制度最重要的特征表现为着重强调行政罚没收入要收归国家财政所有。不管是将行政罚没收入纳入各地方政府的财政预算管理,还是对行政罚没收入实行收支两条线及罚缴相分离管理措施,都是为了将各行政执法单位的罚没收入上缴国家财政。这些体现了罚没收入为国家财政收入的特征,而防止各行政执法机关将罚没收入部门利益化及个人利益化。

最后,指出了中国现行行政罚没收入管理制度的问题。中国现行行政罚没收入管理主要存在以下三个方面的问题:①行政罚没收入被当成地方政府的一项一般财政收入;②行政罚没收入纳入财政预算管理;③行政罚没收入收支两条线管理形成了罚没收入分成效应。由于中国行政罚没收入管理制度过度地强调行政罚没收入的征收,但却对行政罚没收入应如何管理和使用没有明确及严格的规定,这也给中国行政罚没收入管理带来了相当多且十分严重的问题。行政罚没被当成各地方政府一般财政收入,且是预算内财政收入,并没有进行特别的管理,这使各地方政府依赖行政罚没收入创收、补充税收等其他财政收入不足成为可能。特别是在各地区经济增长下滑严重,税收收入增长乏力的情况下,依赖行政罚没收入创收就成为各地方政府的一种现实的考虑。2012 年前三季度中国各地区财政收入的情况就充分说明了这种情况的真实存在。行政罚没收入纳入各地区财政预算管理,也变相地转变为各行政执法机关的执法任务,为完成行政罚没收入预算任务,各行政执法机关不得不进行执法创收,有时甚至是违法执法,只为完成任务。同时,由于行政罚没收入并未真正实行收支两条线管理模式,从而形成了罚没收入分成效应,激励各行政执法单位执法创收。这是中国行政罚没收入管理的弊端导致的严重后果。

第五章 中国行政罚没的财政诱因分析

中国地方政府执法创收除了有中国罚没收入管理制度上的问题之外，还有中国宏观财政体制的问题。从下往上看，一般认为中国行政的乱象主要是因为中国法律制度的不健全及执法部门为了部门及个人福利，利用法律制度的漏洞谋利。这也是绝大部分学者对中国行政罚没乱象进行分析的角度。本书认为法律制度的不健全确实是中国行政罚没乱象产生的重要原因，但这仅仅是众多原因中的一个方面，而非根本原因。财政的问题才是造成中国行政罚没乱象的根本原因，从财政学角度对中国罚没乱象进行解释应该是一个新视角。从上往下看，中国地方政府行政执法机关执法创收则是中国宏观财政管理体制的必然结果，中国宏观财政分配体制使地方政府不得不进行执法创收。因此，中国各级地方政府执法创收有财政体制上的重要原因。

第一节 地方政府财政收支失衡

1994 年，中国进行财政分权改革。本次财政分权改革是在中央政府的政治集权下进行的，改革的主要目的也是为了实现中央政府的目标，即解决重要政府的财政困境，缓解中央政府的财政压力。通过本次分权改革，重要政府的财政收入比重在全国财政收入比重中显著提高。但中央政府财政收入的提高是以地方政府财政收入比重的下降为代价的，同时中央把大量的财政支出任务下放给了地方政府，造成地方政府财政收支严重不对称。可见，中国中央政府主导的财政分权改革，缓解了中央政府的财政困境，却使地方政府陷入了财政困境。财政分权改革变成了中央政府与各地方政府之间简单的税收收入再分配的游戏，最终中央政府通过其强势地位获得了税收收入上的绝对优势。

一、地方财政支出责任不断增大

据历年中国统计年鉴数据显示，1978 年中国地方政府承担了全国财政支出总量的 52%，总额为 589.97 亿元，从绝对值和相对值上都与中央政府相差不大，但从 1978 年开始，特别是 1980 年之后，中国地方政府财政支出总量占全国财政支出的总量就在不停地增长。而至 2012 年，中国地方政府财政支出总额为 107 188.34 亿元，占全国财政支出比重 85%，地方政府财政支出任务比重增长了 35%。可以看出，自 1978 年以来，中国中央政府有步骤、有计划地将财政支出的任务逐步下放给了各级地方政府。

如果以财政支出作为衡量各级政府事权的指标，可以看出，从 1978 年起中国各级政府间所承担的事权责任在不断地下移。虽然根据现代财政分权理论，地方政府在管理地方事务过程中具有比较优势，由地方政府提供地区性公共产品可能更具效率。那么，中国将更多的财政支出任务下放给地方政府是顺应了经济发展规律，也是经济发展的客观需要。但中央政府在将财政支出的事权一步步下放给地方政府的同时，应该给予足够的财权或财力，这样地方政府才能够很好地完成下放给其的事权。中央政府、地方政府财政支出比重结构如表 5.1 所示。

表 5.1

中央政府、地方政府财政支出比重结构　　单位：亿元

年份	全国财政支出	地方财政支出	地方财政支出比重	全国财政支出增长率	地方财政支出增长率
1978	1 122.09	589.97	52.58%	—	—
1979	1 281.79	626.71	48.89%	14.23%	6.23%
1980	1 228.83	562.02	45.74%	−4.13%	−10.32%
1981	1 138.41	512.76	45.04%	−7.36%	−8.76%
1982	1 229.98	578.17	47.01%	8.04%	12.76%
1983	1 409.52	649.92	46.11%	14.60%	12.41%
1984	1 701.02	807.69	47.48%	20.68%	24.28%

（续表）

年份	全国财政支出	地方财政支出	地方财政支出比重	全国财政支出增长率	地方财政支出增长率
1985	2 004.25	1 209	60.32%	17.83%	49.69%
1986	2 204.91	1 368.55	62.07%	10.01%	13.20%
1987	2 262.18	1 416.55	62.62%	2.60%	3.51%
1988	2 491.21	1 646.17	66.08%	10.12%	16.21%
1989	2 823.78	1 935.01	68.53%	13.35%	17.55%
1990	3 083.59	2 079.12	67.43%	9.20%	7.45%
1991	3 386.62	2 295.81	67.79%	9.83%	10.42%
1992	3 742.2	2 571.76	68.72%	10.50%	12.02%
1993	4 642.3	3 330.24	71.74%	24.05%	29.49%
1994	5 792.62	4 038.19	69.71%	24.78%	21.26%
1995	6 823.72	4 828.33	70.76%	17.80%	19.57%
1996	7 937.55	5 786.28	72.90%	16.32%	19.84%
1997	9 233.56	6 701.06	72.57%	16.33%	15.81%
1998	10 798.18	7 672.58	71.05%	16.94%	14.50%
1999	13 187.67	9 035.34	68.51%	22.13%	17.76%
2000	15 886.5	10 366.65	65.25%	20.46%	14.73%
2001	18 902.58	13 134.56	69.49%	18.99%	26.70%
2002	22 053.15	15 281.45	69.29%	16.67%	16.35%
2003	24 649.95	17 229.85	69.90%	11.78%	12.75%
2004	28 486.89	20 592.81	72.29%	15.57%	19.52%
2005	33 930.28	25 154.31	74.14%	19.11%	22.15%
2006	40 422.73	30 431.33	75.28%	19.13%	20.98%
2007	49 781.35	38 339.29	77.02%	23.15%	25.99%
2008	62 592.66	49 248.49	78.68%	25.74%	28.45%
2009	76 299.93	61 044.14	80.01%	21.90%	23.95%
2010	89 874.16	73 884.43	82.21%	17.79%	21.03%
2011	109 247.8	92 733.68	84.88%	21.56%	25.51%
2012	125 953	107 188.3	85.10%	15.29%	15.59%
2013	140 212.1	119 740.3	85.40%	11.32%	11.71%
2014	151 785.6	129 215.5	85.13%	8.25%	7.91%

数据来源：中华人民共和国国家统计局网站。

二、地方财权或财力在不断收缩

一方面，中央政府有计划、有步骤地不断将财政支出的责任下放给了各级地方政府；另一方面，中央政府却不断地将地方政府的财权或财力上收。以1994年分税制改革为契机，中央政府重新划分了中央政府和地方政府之间的税收收入分配格局，将中国最主要的两个税种的绝大部分税收收入划归中央政府所有。不管是从地方政府财政收入占全国财政收入的比重来看，还是从地方政府税收收入占全国税收的比重来看，中国地方政府的收入都在下降。从另外一角度看，各地方政府更像是中央政府的财政支出机构以及中央政府的征税机关。

1978年地方政府财政收入占全国财政收入比重近85%，收入总量为956.49亿元。自1978年开始，尽管地方政府绝对收入总量在不断地增长，但不可否认中国地方政府的财政收入比重就开始下降。至2012年这一比重已经下降到了50%左右。特别是在1994年，由1993年的近80%下降至44%，可谓大幅度下降。而中央政府的财政收入比重占全国财政收入的比重显著上升，由1978年最低15.5%上升到1994年的55.7%，此后基本上就维持在这一水平上下。中央政府与地方政府财政收入结构如表5.2所示。

表5.2

中央政府与地方政府财政收入结构　　单位:亿元

年份	全国财政收入	地方财政收入	地方财政收入比重	全国财政收入增长率	地方财政收入增长率
1978	1 132.26	956.49	84.48%	—	—
1979	1 146.38	915.04	79.82%	1.25%	−4.33%
1980	1 159.93	875.48	75.48%	1.18%	−4.32%
1981	1 175.79	864.72	73.54%	1.37%	−1.23%
1982	1 212.33	865.49	71.39%	3.11%	0.09%
1983	1 366.95	876.94	64.15%	12.75%	1.32%
1984	1 642.86	977.39	59.49%	20.18%	11.45%
1985	2 004.82	1 235.19	61.61%	22.03%	26.38%

(续表)

年份	全国财政收入	地方财政收入	地方财政收入比重	全国财政收入增长率	地方财政收入增长率
1986	2 122.01	1 343.59	63.32%	5.85%	8.78%
1987	2 199.35	1 463.06	66.52%	3.64%	8.89%
1988	2 357.24	1 582.48	67.13%	7.18%	8.16%
1989	2 664.9	1 842.38	69.14%	13.05%	16.42%
1990	2 937.1	1 944.68	66.21%	10.21%	5.55%
1991	3 149.48	2 211.23	70.21%	7.23%	13.71%
1992	3 483.37	2 503.86	71.88%	10.60%	13.23%
1993	4 348.95	3 391.44	77.98%	24.85%	35.45%
1994	5 218.1	2 311.6	44.30%	19.99%	−31.84%
1995	6 242.2	2 985.58	47.83%	19.63%	29.16%
1996	7 407.99	3 746.92	50.58%	18.68%	25.50%
1997	8 651.14	4 424.22	51.14%	16.78%	18.08%
1998	9 875.95	4 983.95	50.47%	14.16%	12.65%
1999	11 444.08	5 594.87	48.89%	15.88%	12.26%
2000	13 395.23	6 406.06	47.82%	17.05%	14.50%
2001	16 386.04	7 803.3	47.62%	22.33%	21.81%
2002	18 903.64	8 515	45.04%	15.36%	9.12%
2003	21 715.25	9 849.98	45.36%	14.87%	15.68%
2004	26 396.47	11 893.37	45.06%	21.56%	20.75%
2005	31 649.29	15 100.76	47.71%	19.90%	26.97%
2006	38 760.2	18 303.58	47.22%	22.47%	21.21%
2007	51 321.78	23 572.62	45.93%	32.41%	28.79%
2008	61 330.35	28 649.79	46.71%	19.50%	21.54%
2009	68 518.3	32 602.59	47.58%	11.72%	13.80%
2010	83 101.51	40 613.04	48.87%	21.28%	24.57%
2011	103 874.4	52 547.11	50.59%	25.00%	29.38%
2012	117 253.5	61 078.29	52.09%	12.88%	16.24%
2013	129 209.6	69 011.16	53.41%	10.20%	12.99%
2014	140 370	75 876.58	54.05%	8.64%	9.95%

数据来源:中华人民共和国国家统计局网站。

税收作为政府的主要收入来源,同样存在这样的问题。从税收收入的比重来看,1991 年中央政府税收收入占全国税收收入的 26%,只有 1/4 左右,绝大部分的税收收入归地方政府所有。而至 2012 年中央政府的税收收入增长至全国的 53%,地方政府只有全国的 47%,此增彼减差异巨大。特别在 1994 年,中央政府与地方政府间的税收收入结构发生了巨大的变化,这也是中国财政分税制导致的结果。中央政府与地方政府税收收入结构如表 5.3 所示。

表 5.3

中央政府与地方政府税收收入结构　　单位:亿元

年份	全国税收收入	中央税收收入	地方税收收入	中央税收收入占全国比重	地方税收收入占全国比重
1991	2 990.17	780.55	2 209.62	26.1%	73.9%
1992	3 296.91	853.65	2 443.26	25.9%	74.1%
1993	4 255.3	883.99	3 371.31	20.8%	79.2%
1994	5 126.88	2 831.97	2 294.91	55.2%	44.8%
1995	6 038.04	3 205.27	2 832.77	53.1%	46.9%
1996	6 909.82	3 460.83	3 448.99	50.1%	49.9%
1997	8 234.04	4 232	4 002.04	51.4%	48.6%
1998	9 262.8	4 824.35	4 438.45	52.1%	47.9%
1999	10 682.58	5 793.58	4 889.00	54.2%	45.8%
2000	12 581.51	6 952.81	5 628.70	55.3%	44.7%
2001	15 301.38	8 395.82	6 905.56	54.9%	45.1%
2002	17 636.45	10 230.29	7 406.16	58.0%	42.0%
2003	20 017.31	11 604.04	8 413.27	58.0%	42.0%
2004	24 165.68	14 166.09	9 999.59	58.6%	41.4%
2005	28 778.54	16 051.81	12 726.73	55.8%	44.2%
2006	34 804.35	19 576.14	15 228.21	56.2%	43.8%
2007	45 621.97	26 369.85	19 252.12	57.8%	42.2%
2008	54 223.79	30 968.68	23 255.11	57.1%	42.9%

（续表）

年份	全国税收收入	中央税收收入	地方税收收入	中央税收收入占全国比重	地方税收收入占全国比重
2009	59 521.59	33 364.15	26 157.43	56.1%	43.9%
2010	73 210.79	40 509.3	32 701.49	55.3%	44.7%
2011	89 738.39	48 631.65	41 106.74	54.2%	45.8%
2012	100 614.28	53 295.2	47 319.08	53.0%	47.0%
2013	110 530.70	56 639.82	53 890.88	51.2%	48.8%
2014	119 175.31	60 035.40	59 139.91	50.4%	49.6%

数据来源：中华人民共和国国家统计局网站。①

三、地方政府财政困境不断加剧

结合地方政府财政支出和财政收入两方面来看，不难发现中国政府间财政分权改革是一个中央政府将财政支出的任务不断下放给地方政府，同时却将全国主要税种的税收收入不断上移的过程。这一过程产生了一个严重的后果，即地方政府的财政收支差异矛盾不断恶化。

1994 年之前，大部分年份地方政府的财政收入与财政支出能够保持平衡，但 1994 年中国分税制改革之后，地方政府的财政收入与财政支出就不再能够保持平衡。1994 年，地方政府财政收入与财政支出差额数增长近 3 000%，并且 1994 年后每年都以两位数的速度在增长，中国地方政府的财政收入与财政支出赤字越来越大，并没有降低的迹象。2012 年，地方政府的财政收入只占全国财政收入的 50%，约 61 078.29 亿元，而财政支出却占全国财政支出的 85%，约 107 188.34 亿元，差额近 35 个百分点。从绝对值上看，有超过 4 万亿元的财政收支缺口。地方政府财政收入与支出差额及其增长率如表 5.4 所示。

① 1999 年、2000 年和 2001 年 3 年地方政府税收收入合计是根据各地方政府税收收入合计计算加总而来，中央政府税收收入则是根据全国税收收入减去地方政府税收收入合计而得，其他年份则是直接根据中华人民共和国国家统计局网站公布数据而得。

表 5.4

地方政府财政收入与支出差额及其增长率　　单位:亿元

年份	地方财政收入	地方财政支出	盈余(赤字)	增长率
1978	956.49	589.97	366.52	—
1979	915.04	626.71	288.33	−21.33%
1980	875.48	562.02	313.46	8.72%
1981	864.72	512.76	351.96	12.28%
1982	865.49	578.17	287.32	−18.37%
1983	876.94	649.92	227.02	−20.99%
1984	977.39	807.69	169.70	−25.25%
1985	1 235.19	1 209.00	26.19	−84.57%
1986	1 343.59	1 368.55	−24.96	−195.30%
1987	1 463.06	1 416.55	46.51	−286.34%
1988	1 582.48	1 646.17	−63.69	−236.94%
1989	1 842.38	1 935.01	−92.63	45.44%
1990	1 944.68	2 079.12	−134.44	45.14%
1991	2 211.23	2 295.81	−84.58	−37.09%
1992	2 503.86	2 571.76	−67.90	−19.72%
1993	3 391.44	3 330.24	61.20	−190.13%
1994	2 311.60	4 038.19	−1 726.59	−2 921.23%
1995	2 985.58	4 828.33	−1 842.75	6.73%
1996	3 746.92	5 786.28	−2 039.36	10.67%
1997	4 424.22	6 701.06	−2 276.84	11.64%
1998	4 983.95	7 672.58	−2 688.63	18.09%
1999	5 594.87	9 035.34	−3 440.47	27.96%
2000	6 406.06	10 366.65	−3 960.59	15.12%
2001	7 803.30	13 134.56	−5 331.26	34.61%
2002	8 515.00	15 281.45	−6 766.45	26.92%
2003	9 849.98	17 229.85	−7 379.87	9.07%

（续表）

年份	地方财政收入	地方财政支出	盈余(赤字)	增长率
2004	11 893.37	20 592.81	−8 699.44	17.88%
2005	15 100.76	25 154.31	−10 053.60	15.57%
2006	18 303.58	30 431.33	−12 127.80	20.63%
2007	23 572.62	38 339.29	−14 766.70	21.76%
2008	28 649.79	49 248.49	−20 598.70	39.49%
2009	32 602.59	61 044.14	−28 441.60	38.07%
2010	40 613.04	73 884.43	−33 271.40	16.98%
2011	52 547.11	92 733.68	−40 186.60	20.78%
2012	61 078.29	107 188.30	−46 110.10	14.74%
2013	69 011.16	119 740.30	−50 729.20	10.02%
2014	75 876.58	129 215.50	−53 338.90	5.14%

数据来源：中华人民共和国国家统计局网站。

税收收入本应当成为各级政府财政支出来源的重要渠道，但从统计数据中可以发现，中国地方政府税收收入占地方政府财政支出的比重在不断地下降。从1991年的近97%下降到2011年的50%以下，可以看出，税收在地方政府收入中的重要性在下降。也就说，中国各地方政府越来越不依赖于税收作为收入来源，而是不断地加重税收以外的收入。这与现代国家的理财理念背道而驰，违反了现代国家的财政原则。这一方面说明了中国地方政府的财政困境，另一方面又说明了非税收入对地方政府的重要性。地方政府税收收入占财政支出比重如表5.5所示。

表5.5

地方政府税收收入占财政支出比重　　单位：亿元

年份	地方税收收入	地方财政支出	盈余(赤字)	税收收入/支出
1991	2 209.62	2 295.81	−86.19	96.25%
1992	2 443.26	2 571.76	−128.50	95.00%
1993	3 371.31	3 330.24	41.07	101.23%
1994	2 294.91	4 038.19	−1 743.28	56.83%

(续表)

年份	地方税收收入	地方财政支出	盈余(赤字)	税收收入/支出
1995	2 832.77	4 828.33	−1 995.56	58.67%
1996	3 448.99	5 786.28	−2 337.29	59.61%
1997	4 002.04	6 701.06	−2 699.02	59.72%
1998	4 438.45	7 672.58	−3 234.13	57.85%
1999	4 889	9 035.34	−4 146.34	54.11%
2000	5 628.70	10 366.65	−4 737.95	54.30%
2001	6 905.56	13 134.56	−6 229.00	52.58%
2002	7 406.16	15 281.45	−7 875.29	48.47%
2003	8 413.27	17 229.85	−8 816.58	48.83%
2004	9 999.59	20 592.81	−10 593.20	48.56%
2005	12 726.73	25 154.31	−12 427.60	50.59%
2006	15 228.21	30 431.33	−15 203.10	50.04%
2007	19 252.12	38 339.29	−19 087.20	50.22%
2008	23 255.11	49 248.49	−25 993.40	47.22%
2009	26 157.43	61 044.14	−34 886.70	42.85%
2010	32 701.49	73 884.43	−41 182.90	44.26%
2011	41 106.74	92 733.68	−51 626.90	44.33%
2012	47 319.08	107 188.30	−59 869.30	44.15%
2013	53 890.88	119 740.30	−65 849.50	45.01%
2014	59 139.91	129 215.50	−70 075.60	45.77%

数据来源:中华人民共和国国家统计局网站。

可见,20 世纪 90 年代的财税分权改革,使中央政府提高了其税收收入在全国税收收入中的比重,也提高了全国税收收入在全国 GDP 中的比重,中央政府又重新拿回了重要领域的经济大权(张军,2007;刘克崮、贾康,2008)。财政分权改革使中央政府解决了其财政困境,从这个角度讲中国的财政分权改革是成功的。但中央政府财政困境的解决方式过于简单。中央政府财政收入比重的提高是以地方政府财政收入的比重下降为代价的,中央政府拿走了原本属于地方政府的财力,将其面临的财政困境通过分权改革转嫁给了地方政府,财税分权改革变成了中央政府和地方政府间简单的税收分配游戏(周飞舟,2006)。同时由于分税制改革得并不彻底,对省以下的财政收入并没有具体规定,而是由省政府决定。这样,中央政府拿走了省级政府的财力,省级政府就会拿走县级政府财力,县级政府就会拿走乡级政府财力,形成财权层层上收的效应,给县乡财政造成了极大的财政困难(贾康、白景明,2002;贾俊雪、郭庆旺等,2011)。财税分权改革之后,中国地方政府以占全国50%的财政收入支撑着占全国近85%的财政支出责任,差额近4 000万亿之多。面对如此巨大的财政困境,地方政府尤其是县乡政府不得不依赖收费、罚款等非税收入来补充财政的不足。地方政府变"援助之手"为"攫取之手"(陈抗等,2002)。这也就成为中国地方政府罚没收入快速增长的一个客观原因所在。

第二节 地方政府财政支出偏向

Keen和Marchand(1997)从理论上证实了地区间竞争会对地方政府财政支出结构产生偏向影响,竞争会扭曲政府公共财政支出结构,使地方政府倾向于增加基础设施的投资,而降低其他公共产品和服务的投资。众所周知,中国地方政府之间存在"为增长而竞争"的压力,中央政府也常常以地区经济增长率作为考核地方政府官员绩效的依据(张军,2005;周黎安,2007)。因此,中国地方政府间为增长而竞争的压力使地方政府的财政支出结构发生了明显的偏向,形成了"重基本建设、轻人力资本投资和公共服务"的支出结构(傅勇、张晏,2007)。执法属于中国地方政府提供的一项公共服务,自然也不例外,不属于地方政府公共财政支出的重点范围,甚至成为某些地方政府压缩开支的主要领域。

鉴于前人已经对中国地方政府财政支出结构偏向问题进行过深入的研究,本书就不再重复,此处重点分析中国地方政府是如何压缩执法部门的经费支出,从而使财政支出结构发生偏向。

一、执法机关财政经费差额预算

在当今世界上的绝大部分国家,组成国家公共权力机关的行政、立法、司法等机构及其公务人员的工资、薪金及机构运行费用都是由国家财政拨款来维持。某些国家甚至还将国民基础教育、医疗卫生、图书馆、博物馆等具有公益性的工程经费支出也都纳入了国家财政拨款支出，由国家公共财政负担。

而在中国，情况则完全不一样。长期以来，中国一直存在大量经费自筹的公共权力机关，这些机关一方面行使着公共权力，另一方面还要为自身运行的经费考虑(周天勇，2007)。地方政府在编制财政预算时，对这些机关往往不提供或只提供极少的财政经费，但同时却会赋予或者默许其拥有收费或罚款的权力，以便于它们通过向服务或管理的对象收费或罚款来供养自己，如工商、质监、城管等机构。当然，这样的经费预算措施有其历史原因，一直以来似乎形成了一种习惯，对各类执法机关实行差额预算似乎是一种普遍的做法。随着近几年来中国某些地方政府陆续开始公布各部门的收支预算，可以初步证实这种情况。

以上海市政府为例，从公布的预算的各部门情况来看，绝大部分行政执法部门的财政预算都是不足的。各行政执法部门除了有财政拨款收入之外，还有大量的其他收入来源。财政拨款收入占部门总收入比例最低的只有40%不到，无法满足行政执法部门的经费支出需要。从比例来看，工商行政管理部门的其他收入比重最高，达到近一半的比例，已和地方财政拨款收入相当。各行政执法机关财政拨款和经费总收入之间留下了巨大的差距，巨大的缺口意味着巨大的收费和罚没收入，财政预算留下的巨大空缺都将通过各执法机关的“攫取之手”来补足。2012—2015年上海市部分执法部门财政拨款占总预算收入比重如表5.6所示。

表5.6

2012—2015年上海市部分执法部门财政拨款占总预算收入比重

部　门	2012年	2013年	2014年	2015年
市质量技术监督局	46%	39%	41%	39%
市工商行政管理局	98%	53%	50%	59%
市安全生产监督管理局	58%	58%	57%	—
市食品药品监督管理局	81%	58%	52%	64%

(续表)

部　门	2012年	2013年	2014年	2015年
卫生局(卫生与计划生育委)	64%	92%	61%	67%
市环境保护局	69%	68%	68%	70%
市绿化和市容管理局	86%	86%	—	85%
市交通运输和港口管理局	79%	87%	90%	93%

数据来源:中国上海网站(注:部分数据空缺是由于当年该部门没有公布部门收入预算报告)。

二、成立大量行政执法事业单位

除了压缩行政执法机关的部门预算外,中国各地方政府执法机关中还存在大量的具有执法功能的事业单位。中国事业单位与国外的非政府组织具有很大的不同,绝大部分都是由国家出资建立,且大多属于行政单位的下属机构,一般要接受国家行政机关的领导。目前,中国的事业单位可以分成三类:行政类、公益类和生产经营类。其中,所谓行政类事业单位,实质上就是行政管理机构或是某些行政管理机构的派出机构,承担着具体的行政行为、资质认证、执法监督等社会管理和处罚功能。这些行政类事业单位涵盖了城市管理、文化市场管理、资源环境管理、农业管理、交通运输等众多领域,如文化市场行政执法总(大)队、城市管理行政执法局、公共卫生监督所、技术监督执法稽查大队、交通运输部海事局下属的地方海事局(处)等。

中国的这些行政类事业单位与国家行政管理机构在职能上具有很大的相似性,但在机构的经费管理上却有很大的不同。其实,从中国事业单位成立与改革的历程中可以发现,中国事业单位的改革是与政府财政减负分不开的(刘太刚、魏娜,2008)。新中国成立之初,模仿苏联模式成立具有社会管理功能的事业单位,事业单位经费支出也全都由国家财政负担。但1978年之后国家的工作重心转到经济建设上来,国家开始要求降低非经济建设类财政支出负担,也就开始了中国事业单位改革的历程。1989年,财政部颁布了《关于事业单位财务管理的若干规定》,将事业单位分成了"全额、差额、自收自支"三种预算管理形式。某些具有行政执法资格事业单位的经费来源也相应地分为全额拨款(如卫生检疫部门、药品检验机构、计划生育机构、专利管理机构)、差额拨款(如城管部门)、自收自支(如公路运输管理机构)。1996 年 10 月,国务院颁布的《事业单位财务规则》规定国家对事业单位实行核定收支、定额或者定项补助、超支不补、结余留用的管理办法,激起了各事业单位纷纷设立各种收费或罚款的名目,造成中国事业单位的一次膨胀。从 1998 年起,又将全额预算管理单位成为财政补助单位,差额预算管理单位改称财政适当补助单位,自收自支单位改称经费自理单位。在这样的财务管理制度下,各事业单位为了保证自身的运行经费,有时甚至是为了获得额外收入纷纷进行执法创收,一些行政机关纷纷申请成立自己的事业单位。

可见,事业单位改革虽然在一定程度上降低了政府财政支出的负担,但是却将国家财政负担转嫁给了社会,公民真正的负担并没有下降,反而因为罚款和收费的增长而增加了。这些事业单位的存在特别是自收自支事业单位的存在是中国地方政府罚没收入快速增长的另一个重要原因。

三、执法机构雇佣大量临聘人员

随着新闻媒体的不断曝光,“临时工”执法似乎成为中国执法队伍中常见的现象。凡是媒体曝光相关执法部门违法、违规执法现象之后,总能听到某些执法机关迅速出面辟谣,某某执法人员并非本单位正式员工,而是“临时工”。他们成了执法机关的“替罪羊”和“救命稻草”。事实上,雇佣“临时工”还是地方政府降低执法经费支出的一种有效手段。他们不仅仅存在于中国行政执法队伍中,在政府的其他有关部门同样大量存在。他们名义上是“临时工”,但通常从事着和“正式工”同样的工作,甚至比“正式工”承担更大的工作量,但却是按“临时工”标准获得较低的工资、福利待遇。而且,这些“临时工”的工资和福利的全部或绝大部分需要用工单位自行解决。虽然雇用“临时工”不仅避开了国家公务员编制的限制,也缓解了财政支出的压力,却是以增加全社会的负担为代价的。地方政府降低财政经费支出的权宜之计催生了“执法创收”现象,导致执法单位陷入“养人就要罚款,罚款为了养人”的怪圈。

第三节 地方政府依赖罚没创收

在地方政府总体财政收入不足以及财政支出偏向生产性领域的前提下，地方政府就不得不依赖包括行政罚没收入在内其他非税收入来弥补财政收入不足及非生产性领域的财政支出融资。当然，非生产性领域众多，如教育、医疗及养老等，本书的重点主要是研究行政执法领域。在行政执法领域，地方政府依赖罚没收入来补充地方财政给予行政执法部门的差额预算，同时地方政府甚至还依赖行政罚没收入来补充财政收入的总体不足。由于各地方政府财政部门是各地区行政罚没收入如何使用的最终决定者，各地方政府依赖行政罚没创收的冲动就更加强烈。

一、地方政府依赖罚没收入补充执法经费

地方政府财政支出的偏向以及地方财政总体财力的不足使地方政府对行政执法部门实行差额预算，但政府财政预算的这个差额必然需要补足。那么，最直接、最有效补充方式就是允许行政执法部门以罚没收入来补充这个不足。在地方财政部门及行政执法机关双方利益都不受伤害的情况下，地方政府也不得不默许甚至鼓励行政执法机关以罚没收入补充财政预算的缺口。对于行政执法机关来讲，这也是其非常愿意接受的。执法机关可以将自己的工作绩效与罚没收入直接或间接挂钩，激发了行政执法人员的工作积极性。中共中央党校周天勇说："从法理上讲，任何一个国家不可能让公安局、法院和检察院这一类的行政、执法和司法机构来收费，但是中国很例外。"其根源就在于，这是各地方政府最经济的理财行为。

地方政府削减了行政执法部门的预算经费，降低了地方政府财政支出的部分压力，行政执法部门被降低的财政预算经费由行政罚没收入来补充，这是中国地方政府财政运行的基本规律。对于行政执法部门来讲，预算缺口由罚没收入来补，有了罚没收入财政预算将导致差额预算的恶性循环，两者互为前提和因果。

二、地方政府依赖罚没收入调节财政收入

罚没收入不仅成为补充行政执法部门财政预算不足的有效手段，同时还是各级地方政府补充其财政收入总体不足的重要手段。特别是在地方政府税收等财政收入增长乏力的情况下，某些地方政府常常将收入增长的触角伸向执法领域。根据2012年中国财政部门公布的统计数据，2012年前三季度中国税收总体收入增长速度同比回落了18.8个百分点，全国税收收入增长速度呈现总体大幅回落的局面。东部地区的北京、上海、浙江一般预算收入累计完成数同比增长分别为9.6%、7.2%、6.0%，基本都是个位数增长；中部地区所有省份基本实现同比增长15%左右，整体财政增长情况较好；而西部地区虽然有贵州、新疆实现了33.9%和24.8%的同比增长幅度，分别排名全国第一和第四，但陕西却以－8.2%的同比增长幅度排名全国倒数第一，成为全国唯一累计完成数同比负增长的省份。虽然全国税收收入增长速度总体大幅度回落，但有的地方非税收入却高出税收收入40多个百分点。2012年以来，多地纷纷将非税收入，尤其是罚没收入作为财政“增收挖潜”的重要途径。河北省唐山市强调，要把国有资产（资源）有偿使用收入、罚没财物收入、共享收入等作为非税收入增收挖潜的重点。湖南省绥宁县要求除强化正常行政事业性收费、罚没收入、政府性基金和部分专项收入征收等外，全县要想收入稳增长，从现有局势看有必要拓宽非税收入管理范围和领域，积极寻找新的增长点。云南省马龙县则披露，当地6月份一次性罚没收入入库1 339万元。安徽税收收入增幅同比下降了一半，但非税收入增幅却翻番。安徽省财政厅披露，截至9月底，安徽16个市中有7个市非税收入占地方财政收入比重超过30%，而安徽非税收入占地方财政收入比重仍低于中部其他四省份（梁嘉琳等，2012）。

财政部财政科学研究所贾康在接受《经济参考报》记者采访时解释道，2012年以来，受宏观经济下行压力较大的影响，各地财政收入增长乏力。如果按照年初预定的宏观调控目标进行支出，就要找到更有支撑力的替补财源，这方面，相对有弹性的就是非税收入，行内俗称“刮地皮”。“非税收入的规范程度相当低，某些方面与宏观调控的意图相悖。”贾康说：“具体而言，非税收入的高增长如果主要源于土地批租收

入，虽然比罚没收入合理，但仍属于一次性收入；而如果罚没收入同比增幅达到近 3 成，就比较狠了。”社科院数量经济与技术经济研究所李雪松认为：“在当前主体税种收入增幅下降的同时，非主体税种和非税收入却以较高的速度增长。”在财政收入增速明显下降的形势下，某些地方政府采取“堤内”损失“堤外”补的做法。地方一些小税种和非税收入是支撑地方财政的重要来源，当地方财政遇到困难时，对地方小税种及非税收入进行超常征管是常用手段。

从行政罚没收入占地方政府财政收入比重的结构上看，中国各地方政府的行政罚没收入在地方政府财政收入中排名一直比较稳定，在地方政府近 20 项财政收入中 5 年来一直排在第 10 位。最近几年，随着地方政府土地增值税有所上升，行政罚没收入排名下降至第 11 位。从绝对量上看，地方政府的行政罚没收入超过了城镇土地使用税、房产税、耕地占用税、印花税、资源税、车船税、烟叶税及证券交易印花税等税种的收入，成为地方政府名副其实的一项重要收入来源。具体如图 5.1 所示。

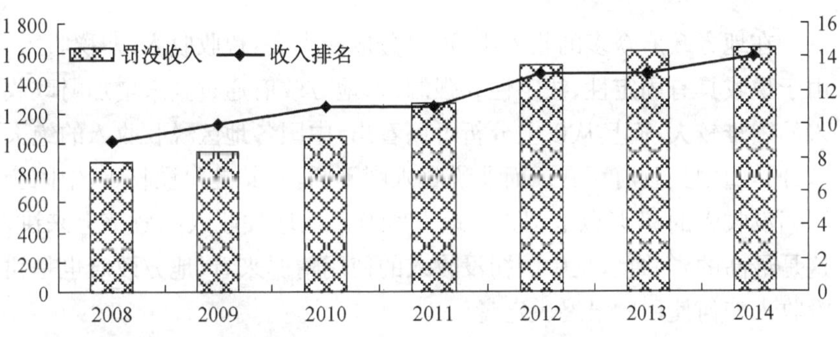

图 5.1　地方政府各项财政收入总额及其相对排名　单位：亿元

资料来源：中经网数据库。

而其他国家，罚没收入占政府非税收入的比重相当低。经济合作与发展组织(OECD)国家统计数据显示，鲜有国家罚没收入占非税收入超过 5%的，绝大部分国家罚没收入比重不超过 1%。表 5.7 显示了中国行政罚没收入占非税收入的比重与部分发达国家行政罚没收入占政府非税收入比重的差距。

表 5.7

各国的行政罚没收入占非税收入的百分比

国家	1995	1999	2000	2001	2002	2003	2004	2005
澳大利亚	—	1.68%	2.38%	2.23%	2.35%	2.16%	2.16%	—
法国	—	0.86%	1.07%	0.71%	0.67%	—	—	—
德国	3.73%	5.10%	5.39%	4.76%	5.28%	6.59%	5.91%	—
韩国①	36.18%	25.65%	24.56%	34.75%	33.73%	33.05%	34.09%	37.46%
墨西哥	0.79%	0.94%	0.73%	—	—	—	—	—
挪威	—	—	0.35%	0.38%	0.44%	0.56%	0.61%	0.55%
加拿大	0.04%	0.16%	0.28%	0.75%	0.73%	0.26%	0.51%	0.48%
美国	0.41%	0.44%	0.35%	0.50%	2.35%	—	—	—
中国	—	36.91%	38.88%	39.73%	35.60%	30.02%	27.60%	26.00%

数据来源：根据 OECD 的“Revenue Statistics 1965—2006”第 271～285 页的非税收入和罚没收入数据统计。

三、地方政府依赖罚没收入获预算外收入

在地方政府众多的收入中，可以分成两大类：税收收入；非税收入。由于税收具有固定性、法定性和强制性，地方政府通过其来增加财政收入的困难较大，而且从以上分析可以看出，中国各地区税收收入的绝大部分是归中央政府所有。而非税收入则不同，尤其是罚没收入，中国全国罚没收入的 97%以上都是归地方所有。从增加收入的效率上来讲，这是最高的。并且，从中国罚没收入的使用情况来看，地方政府也是罚没收入如何使用的最终决定者。

在这种情况下可以发现：一方面，从收入的角度来看，中国行政罚没收入的绝大部分都归地方政府所有。相对于税收等收入而言，行政罚没是地方政府取得财政收入最有效率的手段，并且由于行政罚没相对税收行政执法机关的自由裁量权较大，地方政府及行政执法机关拥有更大的主动权。另一方面，从使用的情况来看，中国各地方政府拥有行政罚没收入如何使用的最终决定权。行政罚没收入管理制度规定，

① 韩国罚没收入仅包括中央政府收入，而没有包括州及地方政府罚没收入，其他国家全部为全国各级政府罚没收入总和。

行政罚没收入如何使用由各地方财政部门制定使用计划。从这样的管理制度中不难看出,行政罚没收入的取得、管理和使用都是各地方政府自行决定,既不要上缴中央政府,也不需要就如何使用而向中央政府申请。行政罚没收入完全成为各地方政府自收、自支、自管的拥有绝对管理权的收入来源,因此,行政罚没成为各地方政府追求额外收入来源的重要渠道也就不足为奇。

第四节 行政罚没财政诱因实证分析

上文从理论角度对中国地方政府罚没收入快速增长的原因分别从主观、客观角度和管理制度三个方面进行了分析,本节拟对中国地方政府罚没收入快速增长的诱因进行实证分析。

一、研究设计

(一)变量及模型设定

基于以上研究思路和方法的设定,本书拟建立如下形式的动态面板数据计量模型进行实证检验:

$$\ln Y_{it} = \alpha + \rho \ln Y_{it-1} + \beta X_{it} + \gamma \ln Z_{it} + \mu_i + \varepsilon_{it}$$

其中:μ_i 表示个体效应,ε_{it} 表示残差项;下标 i 表示省份,t 表示时间,下同。

Y_{it} 被解释变量表示中国各地区罚没收入总量的多少,数量越大表示该地区的地方政府罚没收入越多,地区人民的罚没支出负担越重。

X_{it} 解释变量表示各地区财政支出结构的比重,以反映各地区财政支出结构,衡量中国各地区财政支出结构偏向程度。它主要显示“生产性”财政支出结构和“非生产性”财政支出结构比重,分别用各地方政府公检法财政支出比重及基本建设财政支出结构比重来表示。

X_{1it} 表示公检法的财政支出比重,可以直接反映地方财政用于公检法的支出比重,反映地方政府对公检法的公共支出份额。

X_{2it} 表示基本建设的财政支出比重,主要反映各地方政府用于经济建设的比重,可以直观地反映各地方对经济建设的偏好程度。

Z_{it} 表示控制变量。

Z_{1it} 表示各地区财政收支状况，用各地区财政支出总量减去各地区税收收入后的差额，再取其对数表示，反映各地区财政自理能力。

即，财政支出超税收收入总量 Z_{1it} = 地区财政支出$_{it}$ − 地区税收收入$_{it}$。

该指标用以反映地区财政收支矛盾，该指标越大说明地区财政支出超过该地区税收数额越大，地方政府财政压力就越大，对非税收入的需求就越大。

Z_{2it} 代表各地区经济发展水平。地区经济发展水平是一个宏观经济指标，研究任何经济问题都离不开地区宏观经济发展水平，各地区罚没收入也是如此。考虑到人口对该地区经济总量的影响，所以，用地区人均 GDP 表示各地区经济发展水平相对比较合理。

（二）样本及数据来源

本书以中国 31 个省、市自治区的财政支出结构和罚没收入总量为研究对象。自 1998 年起，中国各地方政府将罚没收入纳入地方财政预算管理，国家统计局则开始逐年公布各地区的罚没收入总量，这为本研究的开展提供了重要的数据支撑。另外，从国家统计局网站获取各地方政府 1998—2014 年主要财政支出项目，如公检法支出、基本建设支出等项目财政支出总量。由于自 2007 年起各地方政府财政支出统计口径发生了重大变化，“公检法支出”变成了“公共安全支出”，而“基本建设”支出已经不再显示了，2007 年前后财政支出统计口径不一致，为保持了统计口径的一致，本研究带入面板数据计量模型分析的是 1998—2006 年的统计数据。

二、实证检验

（一）统计分析

图 5.2 显示，自 1998 年起中国各地方政府的罚没收入总量在逐年增长。虽然每年的增长率有所波动，但 10 多年来年平均增长率超过了 10%，呈现出快速增长的趋势，最高增长率甚至超过了 20%。

而从中国各地方政府罚没收入预算数与地方政府财政赤字的关系来看，财政赤字越高的地方其罚没收入的预算数也就越高。两者之间具有较为明显的正相关关系。具体如图 5.3 所示。

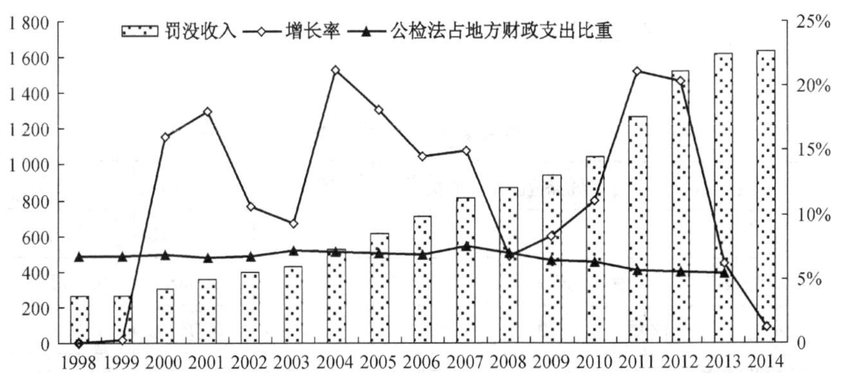

图 5.2　1998—2014 年各地方政府罚没收入总量及增长率水平[①]　单位:亿元

数据来源:中华人民共和国国家统计局网站。

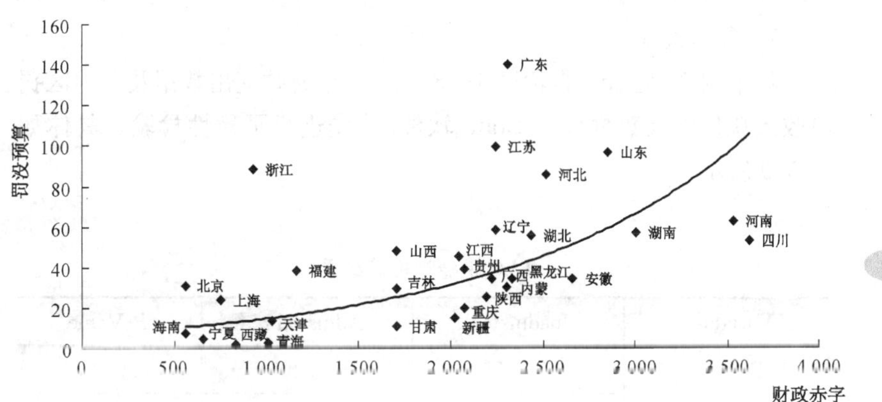

图 5.3　各地方政府罚没收入预算数与地方政府财政赤字相关关系(2014 年)[②]　单位:亿元

数据来源:国研网数据库。

从地区分布来看,中国各地方政府罚没收入分布非常的不均匀。东部地区占一半以上,超过了中部地区和西部的总和,并呈现东高西低的阶梯分布特征。但从各地区罚没收入占地区 GDP 的比重来比较,东部地区则是最低的,而中部地区则是最高的。

---

① 2007—2014 年的公检法财政支出比重是用国家统计局地方财政支出中的"地方财政公共安全支出"除以"地方财政支出总量"计算而得。

② 此处计算各地方政府财政赤字的方式是用各地方政府 2012 年财政支出数减去各地方政府税收收入之后的差额而得出,反映了各地区财政支出超出税收收入的绝对数。

变量数据统计性描述如表 5.8 所示。

表 5.8

变量数据统计性描述

变　量	观察值	平均值	方差	最小值	最大值
罚没收入	279	13.805 2	12.582 9	0.15	66.25
公检法支出比重	279	0.065 2	0.011 4	0.038 8	0.102 7
基本建设支出比重	279	0.118 1	0.057 0	0.041 6	0.407 4
财政收支差额	279	269.733 3	185.842 2	10.570 0	971.812
人均 GDP	279	11 551.09	8 902.618	2 364	54 858

（二）计量分析

1. 数据检验

将中国 31 省、市、自治区 1998—2006 年财政支出数据及各地区罚没收入总量面板数据代入 Stata 软件，首先进行平稳性检验。具体如表 5.9 所示。

表 5.9

LLC 平稳性检验结果

Variables	Unadjusted t	Adjusted t^*	P-Value
D_Y	−12.823 7	−9.409 5	0.000
X1	−4.542 8	−2.193 4	0.014 1
X2	−10.720 2	−4.233 3	0.000 0
D_Z1	−9.627 3	−4.114 7	0.000 0
DD_Z2	−19.980 4	−16.734 0	0.000 0

注：D_表示一阶差分，DD_表示二阶差分。

表 5.9 显示，各地区罚没收入一阶差分后平稳，各地区人均 GDP 二阶差分后平稳，其余各变量都通过了平稳性检验。故对各地区罚没收入不能直接带入模式，而取其对数。同样对各地区人均 GDP 一阶差分后取其对数。

2. 计量结果

将数据代入上述模型，运用差分 GMM 计算方法，得出以下回归分析结果，如表 5.10 所示。观察以下动态面板数据回归分析结果不难发现，所有变量都在 5%的检验水平下通过了检验。

表 5.10

计量分析回归结果

ln*Y*	Coef.	Std. Err.	*z*	*P*>|*z*|
Ln*Y* L1.	0.359 097	0.041 9	8.57	0.000
X1	1.790 377	0.776 965 9	2.30	0.021
X2	−0.345 264 5	0.089 247 9	−3.87	0.000
Z1	0.108 559 9	0.024 038 6	4.52	0.000
Z2	0.532 372 9	0.043 202 9	12.32	0.000
_cons	−4.109 299	0.285 078 7	−14.41	0.000
Number of obs		217	Wald chi2(5)	10 758.69
Number of groups		31	Prob>chi2	0.000 0
Number of instruments		33	—	—

对以上实证分析结果进一步解释，可验证以下关系：

(1) 地方政府罚没收入与“非生产性”财政支出比重呈正向的“半弹性”关系。由于计量模型中地方政府罚没收入采用的是“对数”形式，此时，解释变量前的系数反映的并非是各地方政府罚没收入“总量”与解释变量之间的直接关系，而是解释变量与被解释变量之间的“弹性”关系，是一种“变动率”之间的关系。结果显示，罚没收入总量与“非生产性”财政支出比重之间存在正向的弹性关系，意味着随着各地区公检法支出比重的提高，各地区罚没收入的增长率将会有所提高。这主要是因为公检法的财政支出数据主要是指财政预算内的支出数据，并且在 2006 年之前，该比重数据略有上升，导致两者之间的正相关关系。现实的情况也说明，随着各级地方政府执法人员与执法队伍的不断膨胀，各级地方政府对地区执法力量投入“被动式地”增长，各地方政府的罚没收入也会相应地增长，并且罚没收入的增长率要比财政预算内支出比重增长还要快，导致随着地方政府“公检法”支出比重的增长，罚没收入的增长率会以更大的速度增长。

(2) 地方政府罚没收入与"生产性"财政支出比重呈负向的"半弹性"关系。解释变量"生产性"财政支出比重前的系数并不直接反映被解释变量地方政府罚没收入"总量"与"生产性"财政支出比重之间的关系,而是反映地方政府罚没收入总量"变动率"与"生产性"财政支出比重之间的关系。计量结果显示,以基本建设为代表的"生产性"支出比重与各地方政府罚没收入之间存在较为显著的负向"半弹性"关系。表明随着各地方政府基本建设比重的增长,地方政府罚没收入总量的"增长速度"会略有下降。这主要是因为随着政府基本建设等"生产性"财政支出比重的增长,在一定程度上挤出了"非生产性"支出比重,并导致相关"非生产性"部门以"罚没"等非税收入来补充财政经费的不足,但罚没收入的"增长率"并非随着生产性财政支出比重的提高而快速增长。因此,即使在各级地方政府"生产性"财政支出比重不断增长的情况下,使地方政府罚没收入增长率的提高超过"生产性"财政支出比重增长率也并非易事。对比现实数据也发现,自 2004 年起,全国各级地方政府罚没收入增长率就开始下降。2004 年全国各级地方政府罚没收入总量增长率(较 2003 年)为 21%,此后开始平稳下降,至 2008 年降至 6%。而同期各级地方政府"生产性"财政支出比重一直在增长。虽然各级地方政府罚没收入增长率在下降,但罚没收入总量却一直在增长,本章所要验证的基本逻辑却没有改变。

(3) 地方政府罚没收入与各地区财税收支差额之间存在正向"弹性"关系。各地区财税收支差额反映了各地方政府财政支出总量超过地区税收收入的多少,该数越大说明该地区的财政创收压力就越大。由于财税收支差额与各地区罚没收入同时取对数,因此,该变量前的系数表示的正是地区财税收支差额与地区罚没收入之间的弹性关系。可以看出,各地区财税收支差额与各地区罚没收入之间存在正向的弹性关系。表明某地区罚没收支差额越大时,地方政府创收的压力也就越大,该地区罚没收入也就越有可能增长。罚没收入成为补充地方政府财政收入不足的一个重要手段。

(三) 稳健检验

利用差分 GMM 进行动态面板数据进行估计的重要前提条件就是 ε_{it} 不能出现自相关,因此,必须对 ε_{it} 的自相关问题进行检验。

表 5.11

残差自相关检验(Arellano-Bond test)

Order	z	Prob>z
1	2.101 4	0.035 6
2	−1.308 9	0.190 6
H0：no autocorrelation		

从表 5.11 中可以看出，在 5%的临界值状态下，可以认为一阶差分中 ε_{it} 存在自相关现象，P 值小于 5%。而在二阶差分中，P 值大于 5%，无法拒绝 ε_{it} 无自相关的假定。因此，可以认为二阶差分已无自相关问题，模型结论可以接受。

为进一步检验模型的稳定性，将上述数据分别采用固定效应面板数据模型、随机效应面板数据模型及混合回归分析模型进行回归分析。回归结果显示，各变量之间在不同计量方式下基本保持较为稳定的关系。具体如表 5.12 所示。

表 5.12

稳健性检验回归分析结果

变　量	固定效应	随机效应	混合回归
X1	9.328 588*** [4.64]	13.368 91*** [6.27]	34.701 45*** [11.4]
X2	−0.581 501 [−1.45]	−0.981 04*** [−2.03]	−6.332 47*** [−10.31]
Z1	0.108 807*** [2.07]	0.395 658*** [8.2]	0.740 159*** [18.07]
Z2	0.919 998*** [10.26]	0.476 151*** [5.93]	0.421 17*** [8.01]
_cons	−7.526 33*** [−12.64]	−5.076 22*** [−9.09]	−7.170 88*** [−15.3]
Number of obs		279	
Number of groups		31	
R-sq：within	0.847 4	0.822 9	—

(续表)

变　量	固定效应	随机效应	混合回归
between	0.237 7	0.817 5	—
overall	0.303 1	0.698 9	—
$F(4,244)$	338.86	—	—
Prob>F	0	—	—
Wald chi2(4)	—	873.04	—
Prob>chi2	—	0	—
$F(4,274)$	—	—	322.38
Prob>F	—	—	0
R-squared	—	—	0.824 8
Adj R-squared	—	—	0.822 2

注：[·]为"t"检验值。*** 表示在 1%临界值状态下通过检验；** 表示在 5%临界值状态下通过检验；* 表示在 10%临界值状态下通过检验。

第五节　本 章 小 结

本章主要从中国财政体制的角度对中国政府罚没乱象的诱因进行分析。从政府理财的角度来看，中国各地方政府行政罚没收入连年快速增长的主要原因可以归结为三个方面。

首先，中国地方政府财政收支总体不足。1994 年中国进行财政分权改革，中国中央政府重新拿回了重要经济领域的财政大权，但却是以牺牲地方政府的财权或财力为代价的。纵观 1978 年中国改革开放至今，中央政府与各地方政府间财政改革的发展趋势可以归结为：中央承担的财政支出责任比重越来越小，但获得的财政收入比重却在增长。至 2012 年，中国各地方政府以全国近 50%的财政收入承担全国近 85%的财政支出责任，财政收支差异近 5 000 亿元。地方政府税收收入只占地方政府财政支出总量的 50%不到，而剩余部分只能依赖其他非税收入来补充。这给各地方政府不得不依赖包括行政罚没在内的其他非税收入来补充财政收入提供了客观理由。

其次，中国地方政府财政支出结构偏向。党的十一届三中全会之后，政府的各项工作都以经济建设为中心。在以经济建设为中心的时代，经济建设成为政府财政支出的重心，同时开始削减非建设支出，且20世纪90年代进行的财政分权改革以及中央政府基于经济增长的绩效考核观进一步加剧了这种趋势。竞争和考核扭曲了政府的目标，经济增长成为各地方政府的主要目标，甚至成为唯一目标。各级政府官员开始片面追求经济增长，甚至不惜一切代价。据统计，地方官员在其任期内通常会提高基本建设在财政支出中的比重，而降低教育和公检法方面的支出比重，个人能力越强的官员这种趋势越明显。尤其是地方政府预算外财政支出表现出了更强的建设投资偏好。不仅如此，政府通常还依赖税收以外的各项渠道来筹集资金，如政府债务、收费等来满足各项建设资金的需求。政府的功能错位使政府的目标发生了扭曲，片面地追求经济增长使得各级政府放弃了其基本功能。改革开放30多年来，为了经济发展，中国各级地方政府纷纷成立了具有政府背景的各类投资与开发公司，政府以各种形式注资，刺激经济发展。与此同时，政府却将管理社会、服务社会的重任不断移交给社会，纷纷成立具有执法和服务功能的事业单位，甚至允许执法部门雇佣“临时工”执法。不难发现，中国经济高速发展的同时，社会管理却是另一个景象，政府将更多的财力、物力投入到经济建设中去，甚至直接充当市场经济中的“运动员”；而对社会的管理任务却能减则减，或者将其下放给“半行政半企业”的事业单位来执行，以减轻政府负担，让社会管理机构实行“自循环”。这一方面可以降低政府财政部门的支出压力，另一方面又可以激励执法人员“努力”工作，对政府及执法人员来讲都是两全其美的事情。可见，政府功能的错位才是中国地方政府罚没收入连年快速增长的根本原因。

最后，中国地方政府或地方行政执法部门依赖行政罚没创收。由于中国行政罚没收入管理制度规定行政罚没收入绝大部分为地方政府所有，并且没有详细规定行政罚没收入应该如何使用，其如何使用由各地方政府财政部门负责制定适用计划。这样罚没收入管理制度无疑给中国行政罚没收入的管理留下巨大的空间，各地方政府可以依赖行政罚没收入来补充财政收入的不足，甚至可以依赖行政罚没收入来创造额外的财政收入，冲破每年财政预算的总量约束。事实也确实如此，

2012 年中国各地区税收等财政收入增长乏力，某些地方政府公然选择要将行政罚没作为补充财政收入不足的重要渠道之一。与国外相比，中国地方政府行政罚没收入占地方政府非税收入的比重远远高于其他 OECD 国家。

第六章　中国行政罚没的法律原因分析

行政机关的行政执法权力一般通过法律等相关制度表现出来，因此，法律应当是政府行政执法机关权力的最根本来源。没有立法机关的法律授予，政府的行政执法就没有坚实的法律基础，往往会成为"无本之源"。然而，在中国，相关法律制度建设的滞后，导致现实中某些行政执法机关的执法权力确实存在"无法可依、有法不依、执法不严、违法不究"等现象。

第一节　中国行政罚没立法原则不足

《中华人民共和国行政处罚法》(以下简称《行政处罚法》)是行政罚没法律责任设立的母法，好比是行政处罚领域内的"宪法"。《行政处罚法》于 1996 年颁布并施行。在 1996 年之前，中国的行政罚没法律责任设立基本处于无法可依的状态，1996 年之后虽然有法可依，但《行政处罚法》中有关行政罚没法律责任的设立基本没有什么原则性规定。

一、所有法律、法规、规章都可设立行政罚没

1996 年颁布的《行政处罚法》共设立了警告；罚款；没收违法所得、没收非法财物；责令停产停业；暂扣或者吊销许可证、暂扣或者吊销执照；行政拘留及法律、行政法规规定的其他行政处罚 7 种行政处罚方式。但比较这 7 种行政处罚法律责任设立的范围，可以发现几乎所有的法律、法规及政府规章都可以设立一定形式和数量的行政罚没法律责任。

(一) 法律可以设立任何形式的行政处罚

法律制度是一个国家最根本的制度。法律是国家权力机关制定

的，是国家意志的表现，法律应当可以设立任何形式的法律责任。这在任何国家都是被允许的和被充分肯定的。中国《行政处罚法》同样赋予了法律可以设立任何形式的行政处罚法律责任，这当然包括了行政罚没在内。

（二）法规也可以设立任何形式的行政罚没

法规可分成两大类：一类是国务院制定的，为“行政法规”；另一类是地方人民代表大会制定的，为“地方性法规”。两类法规的权限并不一样。《行政处罚法》规定行政法规可以设定除限制人身自由以外的行政处罚，地方性法规则可以设定除限制人身自由、吊销企业营业执照以外的行政处罚。显然，国务院制定的行政法规的权限要大于地方人民代表大会制定的地方性法规。但在行政罚没法律责任的设立上，两者的权限基本一致，无任何差别。可见，《行政处罚法》给予了法规巨大行政罚没设立权限。从法律和法规的比较来看，两者在这一点上并无差异。法律和法规都可以设立任何形式和数量的行政罚没法律责任。

（三）并未排除政府规章设立一定形式的行政罚没

有些学者认为中国只有法律、法规才能设立任何形式和数量的行政罚款，而政府规章只有有限的罚款设立权。然而，事实却不然。《行政处罚法》规定各项政府规章可以在法律、行政法规规定的给予行政处罚的行为、种类和幅度的范围内作出具体规定。从这一规定中似乎可以看出中国各级政府的规章只拥有有限的行政罚没法律责任设立权限。但《行政处罚法》又补充规定，即使法律、法规尚未制定某种形式的行政处罚，国务院部、委员会、省、自治区、直辖市人民政府和省、自治区人民政府所在地的市人民政府以及经国务院批准的较大的市人民政府也可以在其制定的政府规章中对违反行政管理秩序的行为设定一定数量的罚款。在前部分规定中，《行政处罚法》并没有排除政府规章设立一定形式和数量的行政罚没法律责任，但在后部分补充规定中却在事实上扩大了政府规章设立行政罚没法律责任的权限。这将行政罚没法律责任的设立事实上扩大到了所有的法律、法规、地方性法规及各级政府部门的规章。可以发现，《行政处罚法》规定各项政府规章可以在法律、行政法规规定的给予行政处罚的行为、种类和幅度的范围内进行具体罚没规定，并非为了排除政府规章设立一定形式的行政罚没法律责任，而是排除法律之间的冲突，让法律、法规及规章保持逻辑上的一致性。而在法律、法规没有规定的地方则给予了政府规章充分的自由，即仍可以设立任何形式的行政罚没法律责任。

从这种比较中，不难发现罚款、没收违法所得财物及没收非法财物是受限制最少的行政处罚方式，法律、法规、地方性法规甚至政府规章都是可以设立一定数量的罚款或没收违法所得及非法财物的行政处罚。中国罚没法律责任立法层次如表 6.1 所示。

表 6.1

中国罚没法律责任立法层次

处罚种类	法律	法规	地方法规	政府规章
警告	√	√	√	视情况而定
罚款	√	√	√	视情况而定
没收违法所得、没收非法财物	√	√	√	视情况而定
责令停产停业	√	√	√	视情况而定
暂扣或者吊销许可证、暂扣或者吊销执照	√	√	×	视情况而定
行政拘留	√	×	×	视情况而定
其他	√	×	×	视情况而定

一、行政罚没法律责任的适用条件不明确

《行政处罚法》虽然作为行政处罚内的母法，共规定 7 种行政处罚方式，但对 7 种行政处罚方式的适用条件、适用范围及相互之间的界限并未作出明确的规定，甚至连基本的使用原则也没有作出必要的说明。

(一) 7 种行政处罚适用界限不明

从警告到行政拘留《行政处罚法》共列举了 7 种行政处罚方式，但却没有规定行政处罚方式的适用界限，如什么时候适用警告、什么时候适用罚款、什么时候适用没收违法所得、什么时候适用没收非法财物及责令停业与罚款、没收违法所得和没收非法财物是否可以同时适用等问题都没有作出明确规定，也没有进行原则性说明。这些导致法律、法规及规章在设立行政处罚法律责任时无基本原则可循，给法律责任的设立留下很大的随意性。原本应该适用“警告”的地方却使用“罚款”

了，原本应该“没收违法所得”及“非法财物”的地方却“罚款”了事了，原本应该“责令停产”的地方却只进行了“罚款”。例如，中国的食品安全及环境污染的等领域的法律责任设立问题，因为没有统一的原则和标准而导致法律责任不能有效阻止违法行为的进一步发生。

理论上讲，罚款与没收违法所得及非法财物完全不同。违法所得与非法财物的财产本身就存在违法行为，其所得并非来源于正常渠道，而是通过违法和非法手段获取的，这种所得本身就不属于合法财产，不受法律保护，理应被没收。但罚款却不同，罚款所罚款项基本都是公民的合法财产，受国家法律保护。《行政处罚法》却没有加以区分，而只是简单地规定了 7 种行政处罚方式，过于简单了，也为罚款的滥用留下的隐患。

（二）行政罚没设立的前提条件不明

《行政处罚法》不但对 7 种行政处罚措施之间没有作明确的适用界限进行说明，连罚没本身的适用条件也没有规定。从 7 种行政处罚中的罚款与没收违法所得及非法财物之间的简单差别中可以看出，公众对违法所得及非法财物的没收接受程度要好于罚款。违法所得及非法财物的属性本身就决定了这些财产的非法性。但对公民本身合法的财产进行罚款，则与公民的财产权直接相“冲撞”。

尽管罚款与公民的财产权直接相“冲撞”，但《行政处罚法》并没有对这么重要的问题进行特别的规定和说明，甚至连最起码的使用原则都没有。对罚没适用原则和条件的清楚说明是防止行政罚没被滥用的第一步，而《行政处罚法》在第一步上就没有进行精准的界定，导致中国法律设立行政罚没的门槛相当低。只要当事人出现任何形式的违规、违法行为行政执法机关就可以处理一定数量的罚款，严重侵害了公民的合法财产权，甚至成为某些执法机关牟利的工具。财产权也是公民基本权利的一个重要组成部分，与人的生命和自由共同组成人的基本权利，法律不能对此置若罔闻。

（三）行政罚没的处罚权无明确规定

《行政处罚法》规定限制人身自由的行政处罚权只能由公安机关行使，而对其他形式的行政处罚权却没有明确规定。特别是对行政罚款这一使用得最多的行政处罚手段，《行政处罚法》没有像规定限制人身自由的行政处罚那样规定处罚权归谁所有。《行政处罚法》不但没有具体规定行政罚没的执法权归谁所有，还规定可以把部分行政处罚权让渡给具有管理公共事务职能的组织。这使一些公共社会组织具有了一定的执法权，也为中国行政处罚领域的混乱播下了罪恶的“种子”。

中国社会管理经常出现各种各样的行政性事业单位，这些事业单位名义上是事业单位，但却几乎与行政执法类单位拥有相同的行政执法权和行政处罚权。这样的执法权和处罚权应该主要就是来自于政府行政机关的授权，这样的授权事实上扩大了政府行政执法机关的范围，也为部分事业单位利用执法权和处罚权谋利创造了必要条件，有时甚至是政府部门默许和认可的。

三、行政罚没法律责任的设立无任何原则

《行政处罚法》不但对罚没的适用条件没有作任何明确的规定，同时对如何设立行政罚没法律责任也没有任何明确的说明，而是把这种自由裁量权让渡给了立法者，给立法者留下了巨大的自由空间。

（一）罚没设立的形式无任何明确规定

从当前主要使用的行政罚没设定方式来统计，中国法律、法规及政府规章设立罚没法律责任的形式主要有固定值式、固定倍率式、数值区间式、倍率区间式、数值封顶式、倍率封顶式、数值保底式及概括式。将这8种主要的法律形式分类，可以分成三大类。其一，概括式，法律没有规定任何形式和标准，只简单规定处以一定数量的罚款；其二，定额式，法律、法规或规章在设立罚款时通常只规定一个具体的数额，包括数值或比率；其三，区间式，法律、法规或规章在设立罚款时设定了一个区间，包括数值式和倍率式。

对于采用何种形式的罚款设立方式，《行政处罚法》并没有作出任何说明。《行政处罚法》作为行政处罚领域的母法，对行政罚款的设立方式都没有作明确的说明，甚至都没有给出原则性说明，使具体立法中行政罚款的设立方式五花八门，甚至根本达不到法律设立的理想效果。

（二）罚没计算方式无任何原则性规定

《行政处罚法》不但没有规定行政罚款的设立形式，更没有规定行政罚款的计算原则。在行政处罚方式中，警告、没收违法所得和非法财物、责令停产停业、暂扣或者吊销许可证及暂扣或者吊销执照、行政拘留等这些惩罚措施都比较好掌握。而罚款则完全不同，罚款既是对公

民合法财产的剥夺，也必须考虑剥夺多少财产才是有效的，体现“罪罚相当”的原则。这些原本需要《行政处罚法》作出详细规定。

现实中，由于《行政处罚法》没有给出详细的规定，也没有给出原则性规定。在立法过程，出现了非常多的不合理罚款之规定。这些规定不仅削弱了罚款的作用，同时也影响了罚款作为一种行政处罚的权威性。

（三）罚没设立的依据无任何明确规定

《行政处罚法》既没有规定什么情况下可以设立罚没形式的法律责任，也没有规定设立何种形式的罚款方式，更没有规定罚款数额的设立原则。法律、法规及规章在设立行政罚款法律责任时为了规避责任、增强法律的适应力及扩大法律的适用范围，对行政罚没法律责任设立得相当模糊、相当宽泛。这些都源自《行政处罚法》没有对行政罚没，尤其是罚款设立严格限定。罚没法律责任设定形式的宽松要求，使立法机关在设立法律责任及相应处罚措施时相当随意，也使罚款成为各类法律、法规及政府规章最青睐的处罚方式。部分法律在制定时故意留下众多的模糊地带，而由行政法规及政府规章来补充。由于种种原因，中国目前的各项法律制度还不健全。在法律不完善、不健全的地方，主要由国务院制定的行政法规及各地方人大制定的地方性法规，甚至各级政府制定的政府规章来补充。这就形成了中国法律体系的多样性，名义上只有全国人民代表大会才能制定法律，但实际上国务院制定的行政法规、各地方人大制定地方性法规及政府各部门制定的规章都被当成法律执行。

第二节　中国行政罚没执法成本较低

我国《行政处罚法》不但授予了行政罚没法律责任设立的广泛性及模糊性，同时对行政罚没的执行也没有严格的规定，特别是对公民财产权的保护基本没有，并且执法机关执罚的执法成本非常低。

一、行政罚没处罚决定程序简便

凡执法都必有程序，执法程序的繁简决定了执法机关的执法成本。在“理性人”假设条件下，执法必然选择执法成本最低，且能够带来最大收益的执法方式。比较《行政处罚法》设立的 7 种处罚方式(第 7 种方式是其他),除警告之外,行政罚款的执法成本应该是最低的。

(一) 行政罚没有简易程序

对行政处罚的决定,《行政处罚法》共规定了两种执法方式:其一,一般程序;其二,简易程序。一般程序对所有的行政处罚方式都适用,要求行政执法机关对发现公民、法人或者其他组织有依法应当给予行政处罚的行为的,必须全面、客观、公正地进行调查和取证。可见,一般程序不仅工作量大,而且程序烦琐,必须投入大量的人力、物力和财力,且不一定取得理想的效果。但对于罚款,《行政处罚法》专门设立了简易程序。简易程序规定,对公民处以 50 元以下、对法人或者其他组织处以 1 000 元以下罚款或者警告的行政处罚的,可以当场作出行政处罚决定。相比较而言,简易程序确实简单,只要行政执法人员能够认定当事人处于事实"违法、违规"状态,就可以给出处罚决定。虽然,《行政处罚法》规定对个人处罚的标准在 50 元以内,对法人或者其他组织处罚标准在 1 000 元以内,但在现实中,这个标准常常是被忽视的。例如,私家车主经常因"乱停车"而被处罚,处罚的标准通常是 200 元,这是执法人员在现场取证、现场开罚单作出的处罚措施。这应该就是遵照简易程序作出的,体现了处罚的"效率"。

(二) 对听证会的时间限定过于严格

首先,只有针对行政执法机关作出责令停产停业、吊销许可证或者执照、较大数额罚款的行政处罚,被处罚当事人才有提出举行听证会的权利。而对其他形式的处罚决定是没有举行听证会的权利的。其次,听证会的举行还是不举行取决于被处罚当事人,而不是行政执法机关的规定程序。如果被处罚当事人不提出举行听证会的要求,行政执法机关是不会就该处罚事件举行任何形式的听证会。最后,即使被处罚当事人想对被处罚事件举行听证会,也会受到举行听证会申请时间的限制。《行政处罚法》规定如果被处罚当事人有举行听证会的要求,则必须在 3 天内提出申请。这里规定的时间是 3 天,而不是 3 个工作日。如果行政执法机关的处罚决定是周四或周五作出,那么,事实上,被处罚当事人只有 1 天的时间提出听证会申请,从而剥夺了被处罚当事人提出听证申请的绝大部分时间。而这种时间行政执法机关完全可以自行控制。

(三) 听证会主持人由行政执法机关指定

在行政执法机关同意举行听证会时,听证会的主持人却是由原行政执法机关指定的。虽然,如果被处罚当事人认为行政执法机关指定的主持人与本案有利害关系,被处罚当事人可以提请更换,但还是必须由行政执法机关指定。因此,可以这么认为,主持听证的机关与拟作出行政处罚的机关是同一机关,当事人如果没有100%的把握是断然不会提出听证请求的。即使提出听证会的请求,估计听证会对原行政执法机关拟作用的行政处罚决定也不会有实质性的影响。在这样的听证会制度下,听证会形同虚设,不会对行政执法机关的执法行为形成明显的约束力。由行政执法机关自己指定的支持人负责听证的举行本就有维护行政执法机关权威的倾向性,由行政执法机关指定的支持人是很难从维护被处罚当事人的利益出发来考虑处罚决定的。是不是可以考虑由第三方来主持听证会,或者由行政执法机关、社会中介及被处罚当事人或被处罚当事人委托人共同主持听证会。这样可能效果会更好,充分体现听证会的公平、公正和公开。这样既可以维护被处罚当事人的权益,又可以维护政府行政执法机关的权威。

二、行政罚没收入征收成本较低

对于行政罚没款项的征收,《行政处罚法》也作了强有力的保障。为保障行政罚款的执行,《行政处罚法》除了规定行政罚款必须罚缴相分离外,还规定在方便的情况下执法机关人员可以当场收缴罚款,同时还对延迟不缴纳罚款的个人及组织设立了加收滞纳金制度,并且即使被处罚当事人对行政执法机关的处罚决定不服而申请行政复议或行政诉讼也不会影响行政处罚的执行。

(一) 行政罚款(没)可以当场收缴

虽然《行政处罚法》规定行政罚款必须罚缴分离,但并非完全绝对。在满足一定条件的情况下,执法人员还是可以当场收缴的。例如,对于执法人员当场作出的处罚决定,罚款数额在20元以下的以及如果不当场收缴事后难以执行的,执法人员可以当场收缴罚款。在边远、水上及交通不便地区,对执法人员当场作出的行政罚款向指定银行缴纳确有困难的,行政执法人员也可以当场收缴。虽然,20元以下的罚款现在已经不多见,但法律还是为行政罚款的执行提供了充分保障。

(二) 行政罚款(没)可以加收滞纳金

《行政处罚法》第五十一条规定,行政处罚机关对逾期不履行行政处罚决定的,再按罚款数额每日 3%加处罚款或将查封、扣押的财物拍卖或者将冻结的存款划拨抵缴罚款,还可以申请人民法院强制执行。3%的滞纳金制度是一个非常有力的惩罚制度,足以保证被处罚当事人迅速将被罚款项按时缴到行政执法机关指定的收款银行。在众多的法律文本中,滞纳金制度都被引入其中,起到相当重要的威慑效果。2006年,《中国青年报》[①]报道河南郑州"天价"滞纳金,真实地反映了罚款滞纳金的"威力"。

可以看出,法律对行政罚款执行保护力度明显大于其他行政处罚措施,尤其是与日俱增的罚款滞纳金制度极大地加强了行政罚款的威力,也进一步加强了行政罚款执行力度,保障了行政罚款的征收。

(三) 行政罚款(没)无后续管理成本

《行政处罚法》规定作出罚款决定的行政机关应当与收缴罚款的机构分离。这一规定曾被认为是中国行政罚没收入管理上的进步,确实起到了防止执法人员当场收缴罚款并私吞罚款的做法。在《行政处罚法》颁行后不久,国务院就出台了《罚款决定与罚款收缴分离实施办法》,规定依法具有行政处罚权的行政执法机关必须经由中国人民银行批准的有代理收付款项业务的商业银行、信用合作社代收罚款。但事实上,从前面的分析可以看出,罚缴分离的做法并没有改变中国罚没收入"谁罚款、谁使用"的实质,只不过部分杜绝了执法机构及执法人员私设"小金库"的可能,提高了私设"小金库"的成本,但却在一定程度上降低了行政执法机关的执法成本,使行政罚款更加容易执行。

罚款的简易程序使执法机关的执法成本大大地下降了,并且罚款相比于其他处罚方式还可以获得罚没收入,减少处罚之后的后续执法成本,因此,不管是从成本还是从收益的角度来讲,罚款相对于其他处罚形式对执法机关都是有益的。这也是中国执法机关对罚款处罚形式十分青睐的重要原因。

① 韩俊杰:《郑州 49 万元天价滞纳金引发争议》,《中国青年报》2006 年 8 月 8 日。

三、行政罚没无后续的法律义务

通常情况下，当行政执法机关进行罚没之后，罚没收入就被看成国家财政收入。一般情况下，国家对其财政收入如何处置是不需要向社会公开的。行政罚没收入也一样，中国《行政处罚法》中没有一条是规定当行政执法机关执行行政罚没之后还应当承当什么样的法律义务。

（一）行政罚没执法后无后续保障措施

中国《行政处罚法》对行政执法机关如何作出行政处罚的决定及如何缴纳相关罚没支出都有所规定，但对接受行政处罚的被处罚者缴纳相应的罚没款项之后并没有规定行政执法机关还有何后续法律义务。当公民的财产被行政执法机关以罚没的形式处罚以后，仿佛立刻就成了国家财产，公民再也不可能从行政执法机关那里取回。当然，对于某些物品而言，对公民被处罚的财产，中国《行政处罚法》通常只规定了如何处罚及如何征缴，但并没有规定一旦公民的财产被处罚之后，将有何种后续的处理手段，以及在法律上将有何种保全措施。这些都无形之中降低了行政罚没的执法成本。

（二）罚没收入如何管理无需对社会公开

从现行罚没制度来看，当公民被处罚并上缴罚没款项之后，法律制度并没有规定对执法机关的罚没应该如何管理，特别是需不需要向被处罚当事人或者社会公开其被处罚的钱物是如何管理的、将流向何处。仿佛缴纳罚没款项之后，被处罚者就与此事无关了，被处罚的财产已经属于国家，对罚没收入如何管理成为国家的一项特权。行政执法机关对违规、违法者的处罚是对公民财产的一种剥夺，其财物虽已不属于被处罚者，但被处罚者应当享有知情权，全体社会更应该享有知情权。只有保护了公民及被处罚者的知情权之后才能保证行政罚没权不被滥用。但在这方面《行政处罚法》似乎是个空白，没有任何规定。

（三）行政罚没执法缺少应有的社会监督

行政执法以其效率高而胜于司法处罚，但司法处罚在严谨性方面却胜于行政处罚，行政执法效率高而在公平性方面会有所欠缺。在行政执法人员作出相关处罚决定之后，其无需向相关被处罚对象进行任何必要的解释或说明。尤其在中国相关罚没制度并不是十分的健全，并且留给现场执法人员相当大的自由裁量空间的前提下，行政执法人员的可选择空间非常之大，常常形成“选择性”执法。当然，必要的自由裁量空间是需要的，但当自由裁量空间太大时，就需要有良好的外部监督来使行政执法人员在作出处罚决定时趋于谨慎。在缺少必要的外界压力的前提下，行政执法人员的执法成本必然会降低，同时也增加了行政执法人员的随意性。

第三节　中国行政罚没的司法风险较低

除执法成本较低，执法机关进行行政罚款承担的司法风险也相当小。《行政处罚法》虽然对行政执法过程中的被处罚当事人提供了一定的保障条款，如当事人可以要求听证及对行政处罚结果不服可以提起行政复议或向法院提起行政诉讼。但在被处罚当事人行使这些权利时却设定了各种各样严格的条件或不利于当事人行使权利的因素。

一、执法机关无后续主动司法义务

行政处罚与司法处罚程序相比显得简单又粗糙，而且效率较高，执法成本较低，但行政处罚终究不能代替司法处罚。《行政处罚法》并没有规定行政执法机关进行行政处罚之后还应当承担何种主动的司法义务，仿佛行政处罚就是一种“终审”。虽然《行政处罚法》规定必要时可以举行听证会，但这些听证会只是针对行政机关作出责令停产停业、吊销许可证或者执照、较大数额罚款等行政处罚而言。如果被处罚当事人不要求举行听证会执法机关就不用举行听证会，相关行政处罚决定马上就可以作出，并付诸执行。

这样的规定，无疑使执法机关主动解释行政处罚决定的义务巧妙地转嫁给了被处罚当事人，降低了行政执法机关的执法成本，却进一步将寻求司法公正的成本转嫁给了公众和社会。

二、后续程序不影响行政处罚执行

为保证行政执法机关的权威性，保障行政处罚决定顺利执行，

《行政处罚法》规定，对于行政执法机关已经作出的行政处罚决定，被处罚当事人不得以任何理由拒绝执行，即使被处罚当事人对行政处罚机关作出的处罚决定不服而申请行政复议，甚至提起行政诉讼也不能影响行政处罚的如期执行。这样的法律规定从一定意义上看是赋予了行政处罚决定一定的终审权。事实上，只有法院作出的终审决定才会有这样的"待遇"。对行政处罚决定也赋予了这样的效力，在保证行政处罚的顺利执行和行政处罚机关的权威性的同时，也为行政处罚决定的滥用预留了可能性，甚至使以行政处罚代替司法处罚成为可能。

三、法院仅仅审查行政处罚合法性

对行政执法机关已经作出的行政处罚决定，当事人可以提起行政复议或者进行行政诉讼。但是即使当事人对行政处罚决定不服提请行政复议或者提请行政诉讼，行政处罚还是继续执行。并且，法院在受理行政诉讼时，一般只对行政执法机关执行行政处罚的合法性进行审查，而不对行政执法机关执罚的合理性进行审查。

由于中国相关法律关于行政处罚的规定相当宽泛，尤其是有关罚款的设定区间相当的大。行政执法机关根本不需要，也不太可能在罚款区间数额之外作出罚款数额的决定。一般而言，行政执法机关的罚款决定都会在法律、法规或政府规章制定的范围内作出。因此，即使法院接受被处罚当事人提出的行政诉讼，行政执法机关的处罚决定也根本不可能违法，行政处罚机关一般也不会败诉。行政执法机关的执法行为根本不用承担任何执法风险。法院通过只审查其合法性，而不审查其合理性巧妙地规避了行政处罚机关的执法风险。虽然，行政执法机关的执法行为不太可能"违法"，也不用承担任何执法风险，但执法机关的执法行为却常常"不合理"。

第四节　中国行政罚没痛苦度分析

法律是国家公共权力机关权力的来源。从法律宏观层面看，行政罚没是中国法律设立得最多的法律责任，且行政罚没几乎覆盖了所有的领域。

一、行政罚没使用频率最高

一般而言，凡法律都要设立相应的法律责任。根据国务院法制办公室2013年6月编著出版的《中华人民共和国法律全书》(第三版)的统计及分类①，中国现行有效的经全国人民代表大会及其常委会表决通过的法律共242件。其中，宪法1件，宪法相关法律共38件，民商法33件，行政法79件，经济法61件，社会法19件，刑法1件，诉讼与非诉讼程序法10件。由于宪法及宪法相关法律一般不设立法律责任，因此，宪法及宪法相关法律一般不含有行政罚没等法律责任。同时，中国刑法中也没有设立行政罚没等法律责任。因此，本研究将不包含这两类法律。具体如表6.2所示。

表6.2

各项法律数量及其所含法律责任比重

法律分类	总数(1)	含法律责任(2)	比重(3)=(2)/(1)
宪法	1	0	0
宪法相关法	38	0	0
民商法	33	19	58%
行政法	79	62	78%
经济法	61	53	87%
社会法	19	15	79%
刑法	1	0	0
诉讼与非诉讼程序法	10	2②	20%
合　计	242	151	62%

资料来源：根据国务院法制办2013年6月出版的《中华人民共和国法律全书》(第三版)统计而得。

① 《中华人民共和国法律全书》(第三版)收录了1949年至2013年社会主义法律体系形成期间中国公布的所有现行有效法律文本共242件，截止日期2013年5月31日。

② 在诉讼及非诉讼程序法中《民事诉讼法》《刑事诉讼法》虽然不含有单独的法律责任，但法律文本中却含有了行政罚没设定。

（一）罚没在法律责任中占70%以上

统计显示，除宪法及其相关法律和刑法这两类法律责任之外，绝大部分的法律都设立了行政罚没法律责任。在所有法律中，经济法所含法律责任的比重最高，达87%。除诉讼与非诉讼程序法，经济法法律责任中使用行政罚款处罚形式的比重也是最高的，达到近90%。民商法中的法律责任比重虽不高，但在法律责任中使用行政罚款处罚形式的比重却也接近90%。在其他法律体系中，行政罚没的惩罚手段也达到了近70%。可见，行政罚没成为中国法律最常用的法律责任形式。具体如表6.3所示。

表6.3

行政罚没占各项法律法律责任的比重

法律分类	含法律责任(1)	含行政罚没(2)	比重(3)＝(2)/(1)
民商法	19	17	89%
行政法	62	43	69%
经济法	53	47	89%
社会法	15	10	67%
诉讼与非诉讼程序法	2	2	100%
合　计	151	119	79%

资料来源：根据国务院法制办2013年6月出版的《中华人民共和国法律全书》(第三版)统计而得。

除了全国人民代表大会及其常务委员会通过的法律之外，可以设立行政罚没法律责任的还有国务院颁布的法规、地方人民代表大会及其常务委员会颁布的地方性法规、国务院各部委颁布的规章及各地方政府颁布的地方规章。

（二）行政法规中的比重略高于法律

截至2013年12月31日，国务院颁布并实施的全国性行政法规约227部。其中，191部含有法律责任，在这191部含有法律责任的行政法规中近80%采用罚没形式。罚没成为最主要的法律责任形式。由于各地方人民代表大会及其常务委员会、国务院各部委和地方政府颁布的地方法规及部门规章相对较多、数量庞杂，本书以2009—2011年颁布的法规、规章文本为对象进行研究。从2009年起至2011年全国

31个省、市、自治区人大共颁布了1 978部地方性行政法规，其中1 345部行政法规设立了法律责任，并且82%是以行政罚没的形式设立的，比例超过法律和全国性行政法规。国务院各部委共颁布510件部门规章，其中277件含有法律责任，73%的法律责任是以行政罚没的形式设立的。而在全国31省、市、自治区政府颁布的1 389件政府规章中，918件含有法律责任，其中76%是以行政罚没形式设立的。具体如表6.4、表6.5所示。

表6.4

各项法律、法规、政府规章中行政罚款(没)法律责任比重(1)

法律类型	总数(1)	含法律责任(2)	比重(3)=(2)/(1)
法律①	202	151	75%
国务院行政法规	227	191	84%
地方性行政法规(2009—2011年)	1 978	1 345	68%
国务院部委规章(2009—2011年)	510	277	54%
地方性部门规章(2009—2011年)	1 389	918	66%
合　计	4 315	2 882	67%

资料来源：根据国务院法制办网站公布的行政法规及政府规章文本统计而得。

表6.5

各项法律、法规、政府规章中行政罚款(没)法律责任比重(2)

法律类型	法律责任(1)	含行政罚没(2)	比重(3)=(2)/(1)
法律②	151	119	79%
国务院行政法规	191	149	78%
地方性行政法规(2009—2011年)	1 345	1 103	82%
国务院部委规章(2009—2011年)	277	203	73%

①②　此处未包含宪法及宪法相关法律和刑法。

（续表）

法律类型	法律责任(1)	含行政罚没(2)	比重(3)=(2)/(1)
地方性部门规章（2009—2011年）	918	698	76%
合　计	2 882	2 272	79%

资料来源：根据国务院法制办网站公布的法律、法规及规章文本统计而得。

（三）地方性法规及规章高于全国性法规及规章

比较中国的法律、法规及政府规章，不难发现，三类体系中行政法规所含的行政罚没比例最高，尤其以地方人民代表大会及其常务委员会制定的地方性法规最为突出。地方性法规行政罚没比例超过了80%，这与中国《行政处罚法》的规定有很大的关系。《行政处罚法》只允许地方性法规设立除限制人身自由、吊销企业营业执照以外的行政处罚手段。除去这两类行政处罚手段，就只剩下警告、罚款、没收违法所得及非法财物了，罚没理所当然地成为地方性法规设立最多的法律责任。

另外，从中央与地方的立法比较来看。各地方人大颁布的地方性法规及各地方政府颁布的部门规章行政罚没形式的法律责任都要超过国务院及国务院各部委颁布的全国性行政法规及全国性规章。行政罚没成为各地方人大及各地方政府使用得最多的行政法律责任（阎锐，2005）。

二、行政罚没覆盖所有领域

在中国各项法律制度中，行政罚没成为使用得最多的惩罚手段。从行政罚没所适用的领域来看，行政罚没几乎覆盖了所有的领域，公民的各项生产、生活都在行政罚没处罚手段的覆盖之下。

（一）行政罚没覆盖了社会管理所有领域

从法律的文本上统计，行政罚没是最主要的惩罚手段。近70%以上的法律制度都采用了这种惩罚手段，个别法律比重更高。而从社会管理的所有领域来分析，行政罚没几乎覆盖了社会管理的所有领域。工商、质检、卫生、防疫、城管、公安、交警、道路、消防、建设、人防、派出所、土地、民政、计生、林业、环保、教育、规划、劳动、人事等方面都设立带有行政罚没处罚形式的惩罚手段，在这些领域中罚没形式的惩罚手段占据主要部分。在现行体制下，不收费、不罚款的政府部门没有几个(周天勇，2005)。

（二）行政法领域行政罚没比例较低

从各类法律的比较中可以看出，在行政法类的法律制度中，行政罚没的使用比例还是相对比较低的，只有69%，而民商法及经济法中的行政罚没适用比重都是相对较高的。就各类法律的性质而言，行政法主要是调整政府的行政权在行使过程中所产生的社会关系以及对行政权进行规范和控制的法律规范的总称，其基本内容包括三大部分：①行政组织法；②行政行为法；③行政法制监督、行政救济、行政责任法。可见，从行政法所包含的主要内容来看，其主要是规范政府的，对社会的管理就相对较少。在政府立法过程中，对政府行政管理部门适用行政罚没的规定就相对较少，显示出政府立法的倾向性。

（三）经济法领域行政罚没比例最高

相反，在经济法领域，法律制度设立行政罚没惩罚手段的比例就相对较高。这主要是由经济法律体系的性质决定的，中国经济法律法规体系主要包括：①规范市场主体的法律；②规范市场行为的法律；③规范市场秩序的法律；④加强宏观调控的法律；⑤社会保障的法律。这些基本上都是体现政府对社会的管理和干预，经济类惩罚措施成为政府干预社会的主要手段。相对于行政法来讲，经济法律体系主要是调节和管理社会的，是政府管理社会的制度和手段。在政府管理社会的手段中，行政罚没是一个有效的手段，而且也是相关立法机关非常青睐的一种惩罚手段。

从行政法和经济法两类不同法律体系及两类法律体系所调整和规范的不同关系和对象来看，政府在设立行政罚没惩罚手段时，主要是运用行政罚没手段管理社会、惩处违法者。

法律体系中行政罚没法律责任分布体系如表6.6、表6.7所示。

表6.6

法律体系中行政罚没法律责任分布体系(1)

法律种类	法律系分	数量(1)	法律责任(2)	比重(3)＝(2)/(1)
民商法	知识产权	3	3	100%
	婚姻、继承、收养	3	2	67%

（续表）

法律种类	法律系分	数量(1)	法律责任(2)	比重(3)=(2)/(1)
民商法	商法	16	10	63%
	债权	4	2	50%
	总类	3	1	33%
	物权	4	1	25%
	合　计	33	19	58%
行政法	城乡建设、环境保护	11	11	100%
	交通安全	2	2	100%
	食品、药品	2	2	100%
	气象、地震	2	2	100%
	野生动物保护	1	1	100%
	应急管理	1	1	100%
	文化、体育、旅游	4	4	100%
	国家安全	3	3	100%
	科学技术	3	3	100%
	总类	4	4	100%
	卫生、计划生育	7	6	86%
	公安警察	11	8	73%
	国防、外交	9	6	67%
	海关	2	1	50%
	人事	4	2	50%
	教育	8	4	50%
	司法行政	5	2	40%
	合　计	79	62	78%
经济法	质量监督检验检疫	6	6	100%
	能源	5	5	100%
	国土资源	4	4	100%
	交通	4	4	100%

（续表）

法律种类	法律系分	数量(1)	法律责任(2)	比重(3)＝(2)/(1)
经济法	金融	3	3	100％
	水利	3	3	100％
	工商管理	3	3	100％
	建筑、房地产	2	2	100％
	邮政	1	1	100％
	对外贸易	1	1	100％
	预算、财会	4	4	100％
	农林牧渔	9	9	100％
	审计、统计、物价	3	3	100％
	国有资产监管	1	1	100％
	总类	4	2	50％
	商业、企业	2	1	50％
	税务	5	1	20％
	台湾事务	1	0	0
	合　计	61	53	87％
社会法	劳动保护	3	3	100％
	社会保险与救济	3	3	100％
	特殊保障	6	5	83％
	劳动用工	5	3	60％
	社会组织	2	1	50％
	合　计	19	15	79％
诉讼及非诉讼程序法	民事诉讼	2	0	0
	刑事诉讼	3	0	0
	行政诉讼	1	0	0
	仲裁	3	0	0
	调解	1	0	0
	合　计	10	0	0
	总　计	202	149	74％

资料来源：根据国务院法制办2013年6月出版的《中华人民共和国法律全书》（第三版）统计而得。

表 6.7

法律体系中行政罚没法律责任分布体系(2)

法律种类	法律系分	法律责任(1)	行政罚没(2)	比重(3)=(2)/(1)
民商法	知识产权	3	3	100%
	债权	2	2	100%
	总类	1	1	100%
	物权	1	1	100%
	商法	10	9	90%
	婚姻、继承、收养	2	1	50%
	合　计	19	17	89%
行政法	城乡建设、环境保护	11	11	100%
	交通安全	2	2	100%
	司法行政	2	2	100%
	食品、药品	2	2	100%
	气象、地震	2	2	100%
	海关	1	1	100%
	野生动物保护	1	1	100%
	应急管理	1	1	100%
	公安警察	8	6	75%
	文化、体育、旅游	4	3	75%
	国防、外交	6	4	67%
	卫生、计划生育	6	4	67%
	人事	2	1	50%
	国家安全	3	1	33%
	科学技术	3	1	33%
	总类	4	1	25%
	教育	4	0	0
	合　计	62	43	69%

(续表)

法律种类	法律系分	法律责任(1)	行政罚没(2)	比重(3)=(2)/(1)
经济法	质量监督检验检疫	6	6	100%
	能源	5	5	100%
	国土资源	4	4	100%
	交通	4	4	100%
	金融	3	3	100%
	水利	3	3	100%
	工商管理	3	3	100%
	总类	2	2	100%
	建筑、房地产	2	2	100%
	税务	1	1	100%
	邮政	1	1	100%
	商业、企业	1	1	100%
	对外贸易	1	1	100%
	预算、财会	4	3	75%
	农林牧渔	9	6	67%
	审计、统计、物价	3	2	67%
	国有资产监管	1	0	0
	台湾事务	0	0	0
	合　计	53	47	89%
社会法	劳动保护	3	3	100%
	劳动用工	3	3	100%
	社会保险与救济	3	2	67%
	特殊保障	5	2	40%
	社会组织	1	0	0
	合　计	15	10	67%

（续表）

法律种类	法律系分	法律责任(1)	行政罚没(2)	比重(3) =(2)/(1)
诉讼及非诉讼程序法	民事诉讼	0	1	—
	刑事诉讼	0	1	—
	行政诉讼	0	0	0
	仲裁	0	0	0
	调解	0	0	0
合　计		0	2	—
总　计		149	119	80%

资料来源：根据国务院法制办 2013 年 6 月出版的《中华人民共和国法律全书》(第三版)统计而得。

三、行政罚没痛苦度排名

由以上分析可知，行政罚没已经成为中国各地区人民代表大会及其常务委员会设立的地方性法规及各地方政府设立的规章中使用得最多的法律责任，但对中国各地区行政罚没的严重程度还缺少直观的认识。为反映中国各地区行政法规、政府规章设立行政罚没的严重程度，本节拟借用“全球税收痛苦度”①编制方法，编制中国各地区“行政罚没痛苦度”。由于中国行政罚没的设定方式与税收存在较大的差异，税收一般采用比例设定方式，“全球税收痛苦度”也是将各地区所有税种的最高一档税率相加而得，形成指数性质的统计指标。而行政罚没的设定方式却不同，综观中国行政罚没的设定方式，通常可以分成两种主要方式：一是定额式；一是倍率式。一般来讲，倍率式的行政处罚主要针对具有违法所得的违法行为而设立，罚没的结果必须依赖违法者的违法所得，而定额式的行政罚没主要针对那些没有违法所得的情况。对有违法所得的人基于其违法所得而进行的行政罚没在一定程度上是可

① 全球税收痛苦度，《福布斯》公布的这个指数全称为“福布斯全球税收痛苦和改革指数”，简称“全球税收痛苦度”，是根据各地的公司所得税、个人所得税、雇主和雇员的社会保险税(费)、商品税以及财产税等六大税种的最高一档名义税率加总得出的，指数越高意味痛苦程度越高。

以理解的,但对于那些没有违法所得的人进行罚没则会给"违法者"带来痛苦。因此,此处主要针对定额式罚没设定方式进行统计。同时,由于"定额式"行政罚没数额确定方式以绝对数为主,所以,对行政罚没痛苦的度量不宜采用"指数"形式,而采用"度"来衡量比较合适。

"行政罚没痛苦度"可定义为各地区行政法规及政府规章各项行政罚没最高数额之和。可以根据各地区行政法规及政府规章的不同进行分类,形成各地区"行政法规罚没痛苦度"和"政府规章罚没痛苦度"两个指标体系。以中国31个省、市、自治区2009—2011年3年间所颁布的地方性法规及地方性政府规章为统计对象,将各地区行政法规及政府规章分成两类进行分类统计,将各行政法规或政府规章设立的行政罚没最高上限相加,累计形成各地区行政法规罚没痛苦度和各地方政府规章罚没痛苦度,并进行排序比较①。

(一) 各地区行政罚没痛苦度普遍较高

分析全国各地区统计出来的行政罚没痛苦度可知,中国各地区行政罚没的痛苦程度普遍较高。

首先,从地区行政法规罚没痛苦度来看。最高的陕西省已经超过了1 000万元,这意味着,如果陕西省相关执法机关完全按照这样的指标标准从严、从重执法,其年罚没收入就将达到1 000多万元。最低的青海省也有近51万元的罚没痛苦度,全国各地区平均值也超过了400多万元。

其次,从地区政府规章罚没痛苦度来看。最高的是广西壮族自治区,政府规章罚没痛苦度达到了近600万元,虽然低于行政法规罚没痛苦度,但也超过了100万元。最低的同样也是青海省,政府规章罚没痛苦度也达到了近8万元。

因此,不管是中国地方政府行政法规罚没痛苦度,还是地方政府规章罚没痛苦度,都是比较严重的,都给各地区带来沉重的负担。这样的行政罚没痛苦度还没有将那些没有设定最高罚没数额的行政罚没处罚设定方式统计在内,如果将以那些形式设定的行政罚没数额也统计在

① 由于中国行政罚没具体数额设定形式的多样性,有的采用上下限式设定方式,而有的只有上限或只有下限,还有的则同时设有上下限。在计算中国行政罚没痛苦度是只对有上限的行政罚没数额进行了统计,而忽略了那些没有设定上限的行政罚没设定数额。

内，估计计算出来的数额会更高，行政罚没痛苦度也就会更高。

(二) 行政法规罚没痛苦度高于政府规章罚没痛苦度

相对于行政法规罚没痛苦度，政府规章罚没痛苦度略低一点。这主要与中国《行政处罚法》中相关规定有关，《行政处罚法》只给各项政府规章有限处罚权，各政府规章在制定行政罚没处罚形式时只能在法律和法规允许的范围内设定，或者只有在法律、法规没有相关规定的情况下，才能设定一定数量的行政罚没。因此，政府规章设立行政罚没的数量相对有限。政府规章罚没痛苦度最高值只有行政法规罚没痛苦度的一半左右，而最低值只有行政法规罚没痛苦度的15%左右，全国平均值也明显低得多。可见，政府规章罚没痛苦度要明显低于行政法规罚没痛苦度。具体如表6.8所示。

表6.8

中国各地区地方性法规、政府规章“行政罚没痛苦度” 单位:元

行政法规			政府规章		
地　区	痛苦度	名次	地　区	痛苦度	名次
陕　西	10 127 200	1	广　西	5 697 200	1
江　苏	9 305 700	2	安　徽	5 677 700	2
广　东	8 606 500	3	黑龙江	3 206 000	3
浙　江	8 200 200	4	广　东	2 694 530	4
安　徽	7 751 000	5	河　北	2 250 300	5
辽　宁	7 542 530	6	辽　宁	2 239 750	6
云　南	6 752 350	7	吉　林	1 812 700	7
山　东	5 744 010	8	山　东	1 688 000	8
海　南	5 515 000	9	江　苏	1 668 200	9
湖　南	5 378 500	10	上　海	1 544 000	10
黑龙江	5 354 500	11	浙　江	1 495 200	11
江　西	4 849 300	12	贵　州	1 410 500	12
河　北	4 650 000	13	河　南	1 042 000	13
山　西	4 259 000	14	湖　北	975 500	14

（续表）

行政法规			政府规章		
地　区	痛苦度	名次	地　区	痛苦度	名次
吉　林	3 745 200	15	云　南	930 050	15
贵　州	3 742 000	16	山　西	887 000	16
河　南	3 710 750	17	甘　肃	870 000	17
甘　肃	3 442 000	18	北　京	763 000	18
宁　夏	3 399 500	19	湖　南	485 000	19
四　川	2 749 000	20	新　疆	482 200	20
福　建	2 333 000	21	重　庆	459 500	21
内蒙古	2 158 000	22	四　川	431 000	22
重　庆	1 800 000	23	天　津	397 000	23
广　西	1 731 000	24	江　西	338 700	24
新　疆	1 669 010	25	陕　西	304 500	25
上　海	1 590 000	26	宁　夏	296 200	26
天　津	1 530 000	27	海　南	210 200	27
湖　北	1 354 000	28	福　建	206 000	28
西　藏	950 000	29	内蒙古	179 000	29
北　京	730 100	30	西　藏	109 030	30
青　海	508 850	31	青　海	74 200	31
平　均	4 231 845	—	平　均	1 316 908	—

资料来源：根据国务院法制办网站公布各地区行政法规及政府规章统计而得。

（三）中部地区政府规章罚没痛苦度排名靠前

虽然中国各地区行政罚没痛苦度都比较高，但各地区行政罚没痛苦度之间还是存在明显的差距。从行政法规罚没痛苦度排名来研究，在前 10 名中，东部地区有 6 名，占东部地区的 55%，而西部地区比重则最少，只有 17%，中部地区居中。对比研究各地区政府规章罚没痛苦度可以发现，政府规章罚没痛苦度前 10 名中，东部地区只有 5 个，占东部地区 45%。而中部地区却有 4 个，占中部地区 50%。西部地区最少，只有 1 个，占西部地区的 8%。东部地区和西部地区都下降 10 个百分点，但中部地区却大幅度增加了20个百分点。从这种排名的变化趋势中可以发现，中国中部地区以政府规章管理和干预国民生产、生活方式的最多。相反，在东部地区采用行政法规管理和干预国民生产和生活方式的最多。虽然两种方式都严重干预国民生活，并且给国民带来更多的“痛苦”，但可以看出，中国东部地区法制化建设的程度要明显高于中部地区。而西部地区由于地广人稀，政府出台的规章及地方人大出台的行政法规都相对较少，但也不排除个别地区较为严重。具体如表6.9所示。

表6.9

三大地区行政罚没痛苦度排前10名比重对比

地区	行政法规		政府规章	
	数量	占地区比重	数量	占地区比重
东部	6	55%(6/11)	5	45%(5/11)
中部	2	25%(2/8)	4	50%(4/8)
西部	2	17%(2/12)	1	8%(1/12)

第五节　本章小结

通过对中国行政罚没相关法律制度的分析，可以发现，其存在“合法性”和“合理性”两大方面的问题。“合法性”问题主要表现为行政罚没相关法律制度立法依据不足，或根本就“无法可依”。现实中的突出表现为“乱罚款”。“合理性”问题主要表现为相关行政罚没法律制度的设立没有科学的依据，罚款设立随意。现实中的突出表现为“滥罚款”。在1996年之前，中国行政罚没的设立基本上处于无法可依的状态。1996年之后，中国颁布了《行政处罚法》，《行政处罚法》的颁布使中国行政罚没的设立有法可依，这在中国行政法治建设史上具有重要的里程碑意义。但《行政处罚法》的颁布依然没有有效遏制中国行政处罚过程中“乱罚款”与“滥罚款”的问题，甚至在某些情况下却成为某些行政执法部门“乱罚款”与“滥罚款”的工具。

首先，中国《行政处罚法》给予了行政罚没广泛的设定权。虽然《行政处罚法》规定只有法律、法规才可以设立任意形式的行政处罚，但《行政处罚法》同时规定政府行政部门的规章可以在法律、法规规定的范围内设立行政罚没法律责任，且《行政处罚法》同时规定，在相关法律、法规缺失的情况下，政府行政部门的规章依然可以设立一定数量的行政罚没。所以《行政处罚法》事实上给予法律、法规、规章同等程度的行政罚没法律责任设立权限。中国《行政处罚法》在给予法律、法规、规章设立行政罚没设立权限的同时也没有规定任何前提条件，因此，法律、法规、规章可以根据需要设立任何形式的行政罚没法律责任。这导致中国几乎在所有需要设立法律责任的地方都首先想到罚没，行政罚没在中国法律、法规、规章设立的法律责任中大约占据了80%。当前，中国实行“议行合一”的政体，各项法律的设立更多地体现了行政机关意志，行政机关也充分利用其在立法过程的主导性优势。

其次，行政罚没不但设立容易，而且在其执行中执法成本较低，并且保障有力。中国《行政处罚法》为行政处罚设立一般程序，并且还为一定数量的行政罚没设定简易程序，使行政罚没的执法成本相比于其他处罚形式更为“经济”。为保证行政罚没款项能够顺利上缴，《行政处罚法》还设立了执行罚，对于逾期不缴纳的罚款数目按每日3%的罚率征收滞纳金。

再次，行政罚没的司法风险较低。虽然《行政处罚法》规定如果被处罚当事人对行政执法机关处罚行为不服可以提起听证要求，但听证会却是原行政执法机关组织进行的，而对被处罚人提出的行政复议或行政诉讼，法院一般只审查行政执法单位的执法行为是否合法，而不审查行政执法单位的处罚行为是否合理。这进一步降低了执法单位的执法风险。

最后，对中国现行法律制度的行政罚没痛苦度进行统计分析。本节借鉴了“福布斯全球税收痛苦和改革指数”的基本思想，对“中国行政罚没痛苦度”进行统计分析。通过对中国现行各项法律制度的行政罚没痛苦度进行分析，可以发现：①行政罚没成为众多行政处罚形式中使用得最多的行政处罚形式；②行政罚没几乎覆盖了所有领域，但在不同的法律领域表现出了不同的偏好和倾向；③中国中部地区地方政府规章罚没痛苦度较高，而东部地区地区行政法规罚没痛苦度较高，这反映了中国不同地区社会管理的手段和立法倾向的不同。

第七章　中国行政罚没的社会经济效应分析

行政罚没执法行为中存在的“乱罚款”“滥罚税”，给中国社会造成了严重的影响。首先，其变相增加了全体国民的负担；其次，对社会公平造成了一定程度的扭曲；最后，其破坏了市场经济的法制基础。

第一节　中国行政罚没增加国民负担

在众多的法律责任设定及执法机关的执法乱象下，中国各地方政府的罚没收入也在不断增长。自 1998 年开始，中国国家统计局开始公布各个地方政府的罚没收入，为本研究提供了数据支持。

一、国民行政罚没负担总量连年增长

中国地方政府从 1998 年起在国家统计年鉴中公布各地方政府罚没收入决算数，至 2014 年已有 17 年的数据资料。1998—2014 年 17 年的统计数据分析，中国各地方政府的行政罚没收入总量连年不断增长，1998 年地方政府罚没收入 260 亿元，2014 年地方政府罚没收入 1 632亿元，总量增长了 1 000 多亿元。年平均增长额为 86 亿元，年平均增长率为 13%。如此快速的增长速度给国民生活加重了负担。具体如表 7.1 所示。

表 7.1

全国罚没收入总量、增长率　　单位:亿元

年份	罚没收入	增长额	增长率
1998	260.06	—	—
1999	260.55	0.49	0.19%

（续表）

年份	罚没收入	增长额	增长率
2000	302.25	41.7	16.00%
2001	356.69	54.44	18.01%
2002	394.72	38.03	10.66%
2003	431.24	36.52	9.25%
2004	522.6	91.36	21.19%
2005	617.16	94.56	18.09%
2006	706.31	89.15	14.45%
2007	812.01	105.7	14.97%
2008	866.68	54.67	6.73%
2009	938.61	71.93	8.30%
2010	1 042.85	104.24	11.11%
2011	1 262.63	219.78	21.07%
2012	1 519.46	256.83	20.34%
2013	1 613.34	93.88	6.18%
2014	1 632.89	19.55	1.21%
平均值	796.47	85.80	12.36%

资料来源：中经网数据库。

二、人均行政罚没支出负担增长迅速

中国各地方政府行政罚没收入不但总量连年增长，而且人均行政罚没收入也呈现较快的增长趋势。1998 年人均罚没收入为 20.84 元，至 2012 年人均罚没收入超过 100 元。15 年间中国人均行政罚没收入增长了近 5 倍，平均每人每年增长近 6.5 元。2011 年增长率达到最大值 20.52%，最低的 2008 年也有 6.38%，15 年来平均增长率为 12.93%，略低于中国 13 年来人均 GDP 的平均增长率。2011 年人均罚没收入的增长额达到了最大值近 17 元。具体如表 7.2 所示。

表 7.2

全国人均罚没收入、增长率及人均 GDP 增长率 单位：元

年份	人均罚没支出	增长额	增长率
1998	20.84	—	—
1999	20.71	−0.13	−0.63%
2000	23.85	3.13	15.13%
2001	27.95	4.10	17.19%
2002	30.73	2.78	9.95%
2003	33.37	2.64	8.60%
2004	40.20	6.83	20.48%
2005	47.20	7.00	17.40%
2006	53.73	6.53	13.84%
2007	61.46	7.72	14.37%
2008	65.26	3.81	6.19%
2009	70.33	5.07	7.77%
2010	77.77	7.44	10.57%
2011	93.71	15.94	20.50%
2012	112.22	18.50	19.75%
2013	118.57	6.35	5.66%
2014	119.38	0.81	0.69%
平均值	59.84	6.16	11.72%

资料来源：中经网数据库。

不管是从各地区行政罚没收入总量，还是从各地区人均行政罚没收入总量上来看，中国各地区行政罚没收入都呈现连年快速增长的趋势。从事件变化趋势上来看，中国各地区行政罚没收入变化最显著的特征就是增长，且是连年快速增长。

三、中部地区行政罚没相对负担最重

中国各地区行政罚没收入除了在时间上表现为增长之外，在空间上也表现出显著的差异。在研究地区差异时，习惯上将中国分成东部、

中部和西部三大区域进行比较研究或单独研究。本书也采用传统的东部、中部和西部三大地区划分方法[①]，即东部地区包括北京、天津等 11 个沿海省份（直辖市），中部地区主要包括山西、吉林等 8 个省份，而西部地区则包括重庆、四川等 12 个省、市、自治区。

（一）东部地区总量最大

中国东部地区行政罚没收入的总量最大，中国东部各地区行政罚没收入占全国行政罚没收入的一半以上，西部地区最少，不到 1/5，中部地区次之，但也不到 1/3。东部地区行政罚没收入的总量比中部地区和西部地区行政罚没收入的总和还要多，是中国行政罚没收入的主要来源地。具体如表 7.3 所示。

表 7.3

地区罚没收入总量及其比重（1998—2014 年） 单位：亿元

年份	东部		中部		西部	
	绝对值	相对值	绝对值	相对值	绝对值	相对值
1998	132.09	51%	75.86	29%	52.11	20%
1999	128.49	49%	80.09	31%	51.97	20%
2000	152.97	51%	90.47	30%	58.82	19%
2001	191.09	54%	100.99	28%	64.62	18%
2002	212.83	54%	105.1	27%	76.8	19%
2003	232.06	54%	117.46	27%	81.7	19%
2004	291.4	56%	136.85	26%	94.37	18%
2005	342.19	55%	159.61	26%	115.37	19%
2006	386.6	55%	189.59	27%	130.13	18%
2007	431.91	53%	223.54	28%	156.59	19%
2008	458.18	53%	245.82	28%	162.66	19%
2009	488.54	52%	264.33	28%	185.76	20%

① 东部地区：北京、天津、河北、辽宁、上海、江苏、浙江、福建、山东、广东、海南；中部地区：山西、吉林、黑龙江、安徽、江西、河南、湖北、湖南；西部地区：重庆、四川、贵州、云南、西藏、山西、甘肃、青海、宁夏、新疆、广西、内蒙古。

（续表）

年份	东部		中部		西部	
	绝对值	相对值	绝对值	相对值	绝对值	相对值
2010	537.89	52%	290.86	28%	214.1	21%
2011	662.46	52%	352.9	28%	247.26	20%
2012	769.66	51%	439.17	29%	310.64	20%
2013	795	49%	478.58	30%	339.77	21%
2014	788.51	48%	497.96	30%	346.43	21%
平均	411.87	52%	226.42	28%	158.18	20%

资料来源：中华人民共和国国家统计局网站。

（二）中部地区比重最高

三大地区罚没收入占地区财政收入比重，却表现出了与总量不同的地区差异。中国中部地区罚没收入占该地区财政收入的比重全国最高，超过了3%，并且在以前年份更高。相反东部地区却是全国最低的，而西部地区则居中。

虽然，从总体来看，三大地区间表现出了一定共同点，即地区罚没收入占政府一般预算财政收入的比重都在下降。结合中国各地区行政罚没收入都在不断上涨的情况来看，这只能说明中国各地区近年来一般预算财政收入增长得更快。但同时可以看出，不同地区间罚没收入占地方政府一般预算财政收入的比重差异并没有发生变化。具体如图7.1所示。

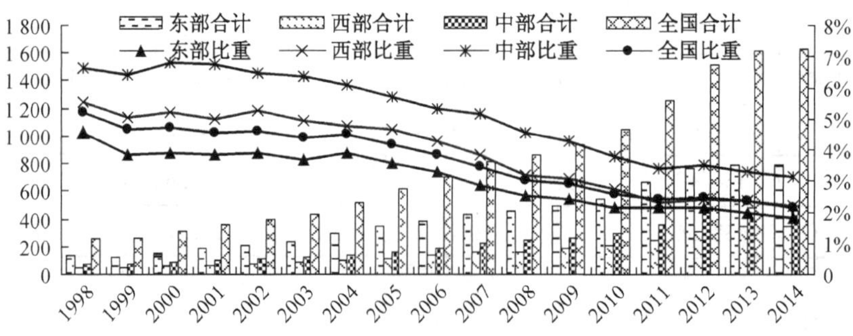

图7.1　三大地区罚没收入总量及其占该地区财政收入比重　单位：亿元

资料来源：中华人民共和国国家统计局网站。

第二节 中国行政罚没扭曲社会公平

市场侧重于追求效率，将有限的社会资源分配到社会最需要的地方。而政府则应侧重于公平，并纠正市场因只注重效率而带来的不良后果，如违法犯罪等。当政府也仅仅使用经济调节的方式来管理社会时，事实上是政府放弃了其不同于市场的监管方式，造成社会监管手段的单一化。而这种单一化一定会给社会管理带来问题。如果仅仅以效率来监管社会，必然导致公平受损。为研究中国行政执法机关的行政执法行为对社会公平的影响，本书以中国上市公司作为研究对象，研究中国上市公司身份、规模及其对地区经济的贡献程度对其承担行政罚没负担的影响程度。从 2003 年起，各上市公司不但公布了其正规的财务收支情况，而且还在其报表附注中公布了包括行政罚没在内的营业外支出的详细资料，这给本研究提供了可靠而翔实的数据资料。

一、上市公司行政罚没负担的总量趋势分析

从上市公司行政罚没总量不断增长和被罚企业的绝对数不断增加两个方面可以看出中国上市公司承担的行政罚没支出负担越来越重，同时也表现出中国行政罚没惩罚制度的问题所在。

（一）上市公司行政罚没负担总量不断增长

中国上市公司的罚没支出负担如同中国地方政府的罚没收入一样，几乎连年增长。统计数据显示，2003—2012 年，中国上市公司的罚没支出负担由不足 5 亿元增长到近 35 亿元。10 年间增长了近 30 亿元，平均每年增长 3 亿元。除 2010 年有所下降之外，其余年份几乎呈直线式上升。具体如图 7.2 所示。

中国上市公司行政罚没支出负担总量不断增长，一方面与中国近年来上市公司的数量不断增长有关，另一方面只能说明中国行政执法方面存在严重的问题。罚没并没有能够有效阻止各种违法行为的进一步发生，甚至有时助长了企业违法行为。对企业来讲，违法成本太低而守法成本太高，导致企业违法“合算”，违法变成了企业有意而无奈的选择。

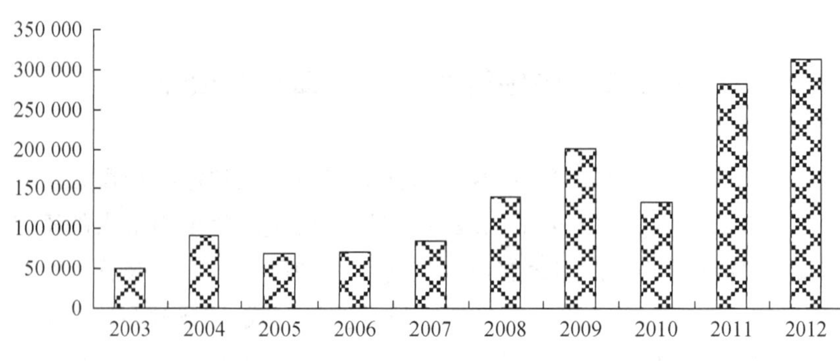

图 7.2　上市公司罚没支出总量　单位:万元

资料来源:国泰安证券公司数据库。

(二) 上市公司被罚企业的绝对数不断增加

中国上市公司行政罚没支出总量在不断地增长的同时,被处罚上市公司的数量也在不断地增长。2003 年有近 800 家上市公司被处罚,占上市公司总数的 60%,至 2012 年被处罚的上市公司达到 1 250 家,占整个上市公司的比重也超过了 50%。从上市公司被处罚的相对比重来看,中国有近一半以上的上市公司都有被处罚的经历,而且 10 多年来基本维持不变。罚没已经形成了比较稳定的比例,随着中国上市公司的数量越来越多,被处罚企业的总体数量也会不断地增长。

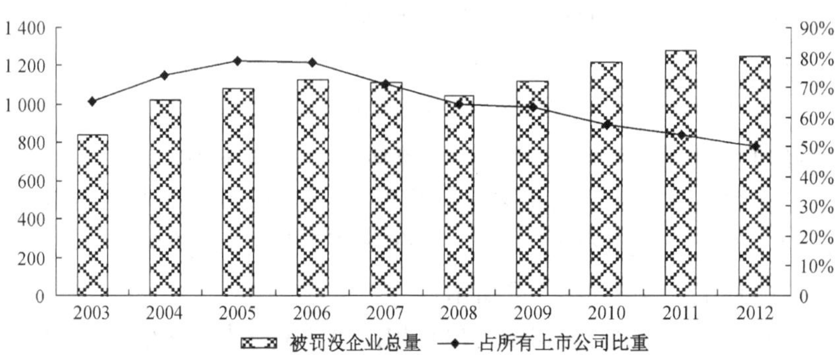

图 7.3　上市公司被罚企业总数占上市公司总数比例　单位:家

资料来源:国泰安证券公司数据库。

(三) 平均被处罚支出总量在增长

中国上市公司行政罚没支出总量在不断地增长,且被处罚上市公司的数量也在不断地增长。那么,被处罚上市公司平均罚没支出情况如何呢?

统计显示,中国被处罚上市公司的平均罚没支出也呈现不断增长的趋势。由于中国被处罚上市公司总量年变化不大,因此,中国被处罚上市公司的平均罚没支出与中国被处罚上市公司罚没支出总量变化趋势几乎保持一致,也保持几乎连年增长的态势。具体如图 7.4 所示。

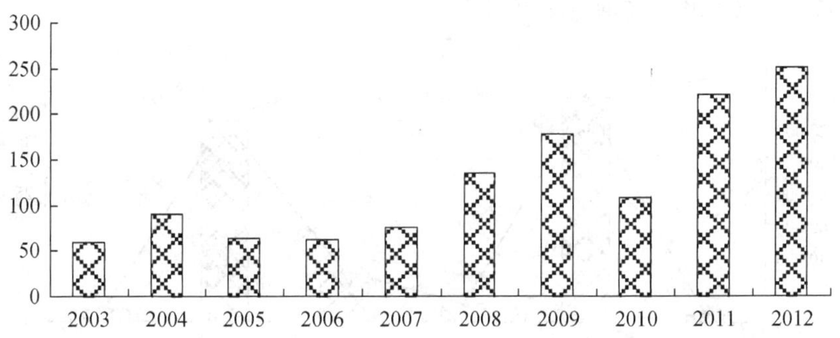

图 7.4　中国上市公司平均被罚支出总量　单位:万元

资料来源:国泰安证券公司数据库。

中国上市公司的罚没支出总量、被处罚上市公司总体数量及被处罚上市公司平均罚没支出总量都保持连年增长的态势。罚没是为了阻止违规、违法行为的发生或继续发生,但从这个角度来看,中国行政处罚并没有达到预期的目标。

二、上市公司行政罚没负担的行业结构分析

被处罚的上市公司越来越多,上市公司的罚没支出负担也越来越重。下面从行业的角度研究上市公司所处不同行业对上市公司行政处罚的影响。根据中国证监会行业分类方法,将上市公司所处行业分成六大类[①]:金融、公用事业、房地产、综合、工业及商业。从行业结构来看,中国上市公司行政罚没支出负担具有如下特征。

(一) 公用事业及工业企业总罚没负担最大

统计数据显示,在六大行业中,公用事业及工业企业承担了绝大部

① 依据中国证监会(CSRC)(2001 年版)《上市公司行业分类指引》而制定。

分的罚没支出负担。根据中国证监会(CSRC)(2001 年版)《上市公司行业分类指引》,公用事业类上市公司主要指卫生、交通运输辅助业、航空运输业、水上运输业、通信服务业、信息传播服务业、软件和信息技术服务业、互联网和相关服务、公路管理及养护业、煤炭采选业、采掘服务业、煤气生产和供应业、石油和天然气开采服务业、公共设施事业等。这些公用事业和工业企业成为被处罚的重点单位与现实的预期正好相符。具体如图 7.5 所示。

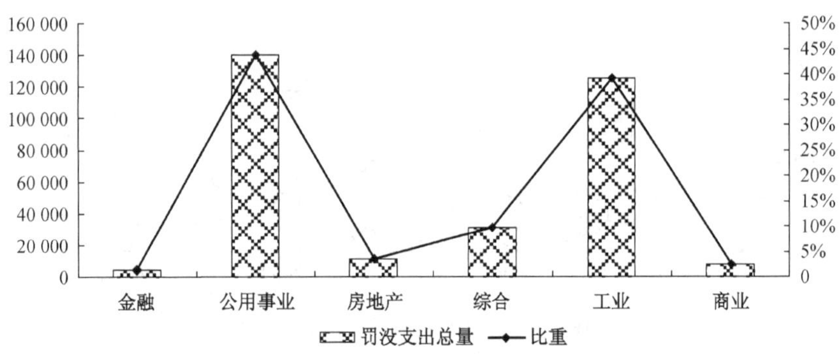

图 7.5　按行业分类上市公司罚没支出总量　单位:元

资料来源:国泰安证券公司数据库。

工业企业与其行业性质有关:一方面,工业流程复杂、要求较高,出问题可能性就相对较大,违规和违法的概率就相对较大;另一方面,工业企业绝大部分都属于制造业,制造业产生的外部性较强,其被罚的原因自然也就较多。而公用事业近几年来成为中国行政罚没的重灾区,上文针对中国交通运输业进行的专门调查也可以说明这个问题。

(二) 工业类企业被罚数量最多

在六类行业的上市公司中,工业企业被处罚的数量最多,而金融类企业最少。工业企业由于其行业的性质与特点,大都是制造业。制造业的特点决定了它容易成为被处罚的对象。但从被处罚企业占同类企业的比重来说,工业企业并不算最高,比例最高的是房地产企业,这与中国近年来房地产业的快速发展有很大的关系。近 10 年来,中国房地产业迅猛发展,从事房地产相关行业的企业如雨后春笋般迅速成长与发展起来,然而,由于“暴利”的存在,房地产行业被处罚的企业也是比例最高的。具体如图 7.6 所示。

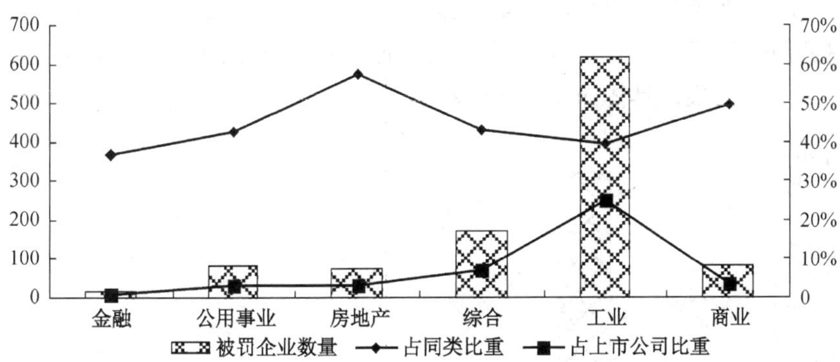

图 7.6 按行业分类被罚上市公司数量占总企业数量比例 单位:家

资料来源:国泰安证券公司数据库。

相反,金融类企业被罚的概率最低。金融行业被罚的概率之所以最低,在于两个方面的原因:一方面,金融行业属于几乎无污染行业;另一方面,中国金融行业的企业一般都是国有大中型企业,上市的金融企业几乎都是中央直属企业,因此触犯国家法律、法规及相关政策的可能性比较小。

(三)公用事业企业平均被罚总量最高

从被处罚企业的平均罚没支出负担来看,工业类企业虽然是被处罚的重点企业,其罚没支出总量最大,被处罚的企业数量也是最多的。但平均单个企业的罚没支出负担并不是最重的,公用类事业才是最重,而且差别非常的大。

交通、卫生、采矿等行业都属于公用事业类企业。目前,交通运输类企业成为中国行政罚没的"重灾区"。据 2011 年 5 月 14 日中央电视台《经济半小时》栏目统计,某运输公司 1 年被罚款 300 万元,占公司利润的一半,足以说明交通运输等公用事业企业被处罚的严重程度。

工业类企业被处罚的比例最高,被罚没的支出总量最大,但平均单个被处罚的企业支出总量并不大,而公用事业类企业被处罚的比例不高,但平均单个企业被处罚的程度却是最严重的。这与企业的性质有关,公用事业类的企业一般具有很大的流动性,这种流动性决定了执法单位通常都是进行"一锤子"买卖,处罚过程中一般不考虑其他因素。

相反,工业类企业流动性较差,绝大部分企业都与当地执法单位能够保持某种“亲密”关系,且可能都是当地重点企业,执法机关在执法时“下手”不会太狠。具体如图 7.7 所示。

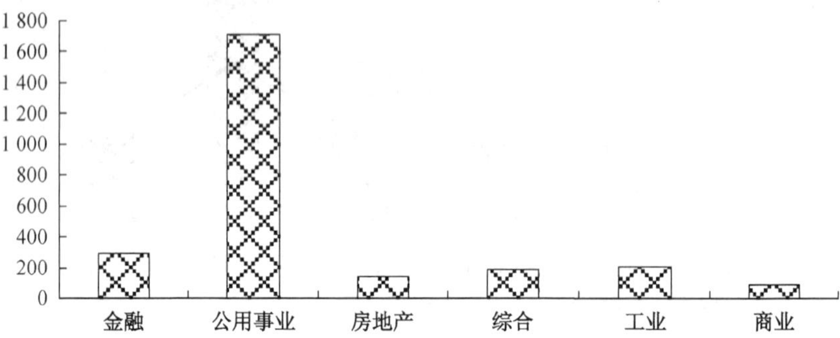

图 7.7　按行业分类被罚上市公司平均罚没支出总量　单位:万元

资料来源:国泰安证券公司数据库。

对上市公司被处罚企业的行业属性的分析表明,在中国,最容易被行政罚没的两类企业是公用事业类企业和工业类企业。公用事业类企业和工业类企业罚没支出总量相差不大,但工业类企业被处罚的比例要大于公用事业类企业,从而使公用事业类企业单个企业罚没负担要远远高于工业类企业的情况。

三、上市公司行政罚没负担的股权结构研究

上市公司的股权结构往往代表了上市公司的身份。在中国,一直以来就将企业分成两大类:国有企业和民营企业。上市公司也不例外,存在同样的区分。为研究企业的身份不同对其罚没负担的影响,对不同性质的上市公司进行分类研究显得特别有意义。

(一) 国有上市公司罚没支出总量较大

从总量上看,国有上市公司罚没支出总量超过民营上市公司罚没支出总量。但进一步细分发现,并非所有的行业中的国有上市公司的罚没支出总量都超过民营上市公司罚没支出总量。在金融和公用事业上市公司中,国有上市公司的罚没支出总量超过了民营上市公司罚没支出总量,而在房地产、综合、工业、商业等行业中民营上市公司的罚没支出总量超过了国有上市公司罚没支出总量。

罚没支出的分布与近几十年来中国企业发展的规律有很大的关系。经过几十年的“民进国退”及“抓大放小”之后，中国的国有企业绝大部分都集中在金融、能源等垄断性行业，而且国有企业一般都是中、大型企业，国有企业在工业、商业等领域的数量越来越少。因此，在上市公司罚没支出总量上的差异也正好反映了这一趋势。

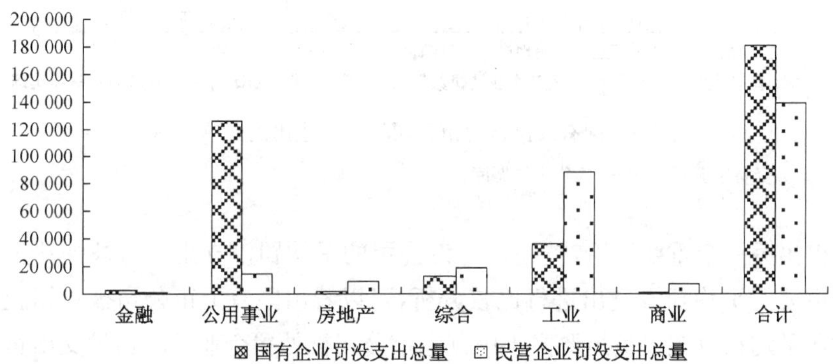

图 7.8 国有与民营上市公司被处罚行业分布 单位：元

资料来源：国泰安证券公司数据库。

(二) 民营上市公司被处罚比例稍高

虽然国有上市公司的罚没支出总量较大，但从被处罚企业的比例中可以发现，民营上市公司被处罚的数量却是最多的。几乎在所有的行业中都可以发现，民营上市公司被处罚的数量都超过了国有上市公司。特别是工业类上市公司，被处罚的数量最大。这和中国近年来不断增长的民营上市公司数量有直接的关联。

但从各行业被处罚企业的比重来看，各行业稍有差别。在金融、公用事业、房地产、综合类企业中，国有上市公司被处罚的比例要超过民营上市公司，而在工业和商业类企业中，民营上市公司被处罚比例要超过国有上市公司。这样的分布规律也正好反映了中国国有企业与民营企业投资的重点行业。中国民营企业重点分布在工业、商业类企业，而其他行业则主要以国有企业为主，特别是金融行业。具体如图 7.9 所示。

(三) 国有上市公司被处罚企业平均支出较重

对上市公司罚没支出总量及被处罚企业数量进行分析，可以自然

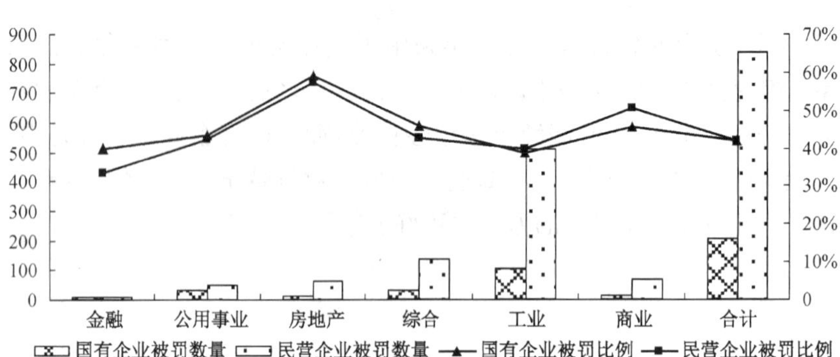

图 7.9　国有及民营上市公司被罚企业比例　单位:家

资料来源:国泰安证券公司数据库。

得出另一个重要结论:被处罚上市公司的平均罚没支出。对被处罚上市公司平均罚没支出进行比较分析,可以看出国有上市公司被处罚企业平均罚没支出负担要高于民营上市公司被处罚企业平均罚没支出负担。但行业之间少有差别,在金融、公用事业、综合及工业类上市公司中,国有上市公司平均罚没支出要超过民营上市公司,而在商业类企业中民营上市公司平均罚没支出要高于国有上市公司平均罚没支出,在房地产类企业中持平。差别最大的则是公用事业类企业。

上市公司被处罚企业平均罚没支出负担上的差别,能够反映出不同上市公司因身份上的差别而导致的差异。在所有的行业中,民营上市公司被罚企业平均罚没支出负担都要低于国有上市公司。民营企业对国家的各项法律与禁令存有敬畏之心,对避免违规和违法十分在意。

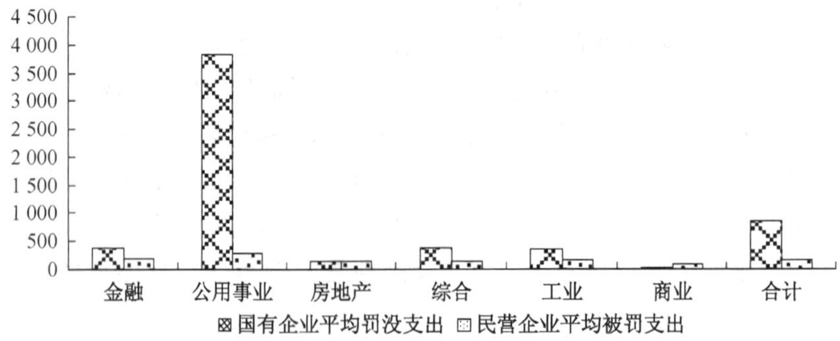

图 7.10　国有及民营上市被罚企业平均罚没支出负担　单位:万元

资料来源:国泰安证券公司数据库。

民营上市公司追求的是利润，在“违法”和“寻租”之间必然会作出“理性”选择，这也进一步降低了民营上市公司被处罚企业的平均罚没支出负担。相反，国有上市公司在这方面的考虑相对较少。

四、上市公司罚没支出负担的规模大小研究

不同的上市公司对地方经济的贡献大小并不一样，通常较大的上市公司能够给当地带来的贡献也较大，包括税收及地区 GDP 增长率等。为反映上市公司对地方经济贡献的大小及不同贡献程度对地方政府执法的影响，本节从上市公司纳税额的大小及营业收入的多少进行研究。

(一) 上市公司缴纳税额较多的企业罚没负担较轻

上市公司纳税额的大小直接决定了其对地方经济的贡献大小，其所纳税额越多说明其对地方经济的贡献就越大。相对于企业所得税，流转税更能反映企业对地方经济的贡献大小。中国是一个以流转税为主要税收收入来源的国家，所得税在政府财政收入中的比例并不算太高。另外，企业所得税存在补亏等因素，有可能为负数。为排除这些影响因素，采用流转税考量企业的贡献比较有利。

利用各上市公司利润表中反映的企业营业税金及附加和罚没支出负担制作“洛伦茨”曲线，如图 7.11 所示，横轴表示上市公司营业税金及附加累积百分比，纵轴表示上市公司罚没支出累积百分比。数据显示，中国上市公司所纳税额的大小不同直接影响了公司的罚没支出负担。纳税额较大的上市公司承担的罚没支出负担较轻。

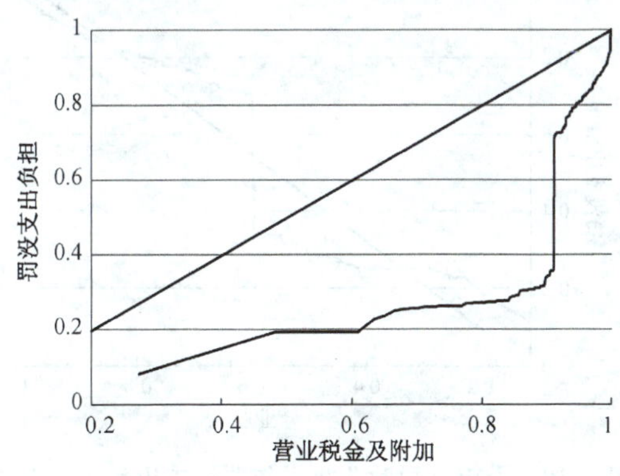

图 7.11 上市公司营业税金及附加与罚没支出负担关系图

数据证明，中国地方政府执法过程中存在着明显的执法不公平问题，而且这种不公平是基于各上市公司能够给地方政府带来多少税收收入为依据的。凡是能够给政府带来更多税收收入的企业，政府相关执法部门往往会“网开一面”，甚至“睁一只眼、闭一只眼”。政府依赖它们带来更多的财政收入，不能轻易对它们执法太狠。

（二）上市公司营业收入对企业罚没负担影响不一致

一般来说，公司营业收入的多少能够有效反映企业规模的大小。通常企业规模越大，雇佣的员工也就越多，对解决地方就业人口压力及GDP增长有较大的贡献。对于这样的企业地方政府一般都视为地区重点企业，并作为地方政府重点保护的对象。

运用“洛伦茨”曲线原理研究发现，上市公司营业收入的大小对上市公司罚没支出负担有较大的影响，但并没有上市公司纳税额多寡的影响严重，同时上市公司营业收入的大小对上市公司罚没支出负担的影响并不一致。统计显示，上市公司营业收入较高的企业罚没支出负担较高，其罚没支出负担比重在45度线以上。但随着上市公司营业收入的下降，其罚没支出负担比重有所下降。但降到一定程度之后，部分企业的罚没支出负担又开始上升。当营业收入再次下降之后，企业的罚没支出比重又开始下降。“洛伦茨”曲线围绕45度线呈现上下波动的情况。可以看出，罚没负担较重的两类上市公司分别是营业收入最高的企业及营业收入处于中等规模的企业，而处于中下等规模及较小规模的企业的罚没支出负担较低。具体如图7.12所示。

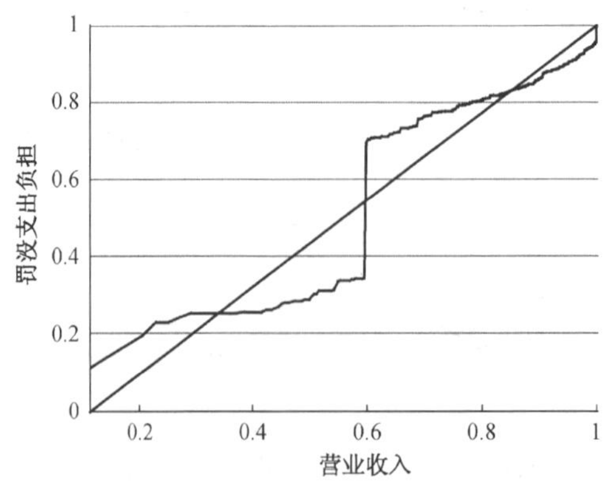

图7.12　上市公司营业收入与罚没支出负担关系图

从上市公司对地方经济贡献的角度来看，上市公司的营业收入规模及营业税金及附加多寡对上市公司的罚没支出负担有显著的影响。但两者相比较，上市公司所纳营业税金及附加多寡对上市公司罚没支出负担影响最大。这从一个侧面说明了中国各地方政府在执法过程中进行的选择性执法，而且这种选择性执法是建立在各上市公司能够给地方政府带来的经济利益上的。

第三节 中国行政罚没侵蚀法制基础

过度行政罚没不但增加了国民负担，扭曲了社会应有的公平，同时还严重侵蚀了社会主义市场经济的法制基础，给原本就脆弱的市场经济带来损害。在有些人看来，中国改革开放 30 多年来社会上出现的各种问题都是市场经济导致的，其实市场经济只不过是一个资源配置的工具，而不是任何社会问题的根源。市场经济是法制经济，需要以法制作为基础，如果没有法制作为基础，在市场经济发展的过程中出现的各种问题只能归咎于法制基础不足，而不能归咎于市场经济本身。

一、扭曲市场竞争方向和手段

在正常的市场经济环境下，企业的优胜劣汰是靠企业生产产品的市场占有率来决定的，而不是其他方面。不管是自然人还是法人，在参与市场竞争时，决定其成败的主要方面应该是其生产的产品质量的好与坏。而市场机制是一种事后反应，是一种事后监督，只有当市场完全消化所有的商品和劳务之后才能得出比较和鉴别。并且这种比较和鉴别是以部分人的损失和牺牲为代价的，为了避免市场的试错并避免不必要的损失和牺牲，必然需要政府这只看得见的手来执行事前监管，这也是公民组成国家并成立政府的根本目的。仅仅以市场的事后监督来惩罚违规者，会给社会造成极大的损失，同样，如果仅仅以政府的事前监督来惩戒违规者，也会给社会造成不必要的损失。政府的事前监督与市场的事后监督同样重要，两者相辅相成。如果没有政府对市场的事前监管，市场的事后监管也将失效，甚至助长违规、违法者的犯罪动机。当政府的事前监管得不到市场的认可时，政府的事前监管容易变成公共权力的滥用。

在以罚代管甚至罚而不管的监管模式下，政府的事前监管作用正在下降。以罚代管实际上放弃了政府的事前监管的功能，而是以市场的事后监管来代替政府的事前监管。但是市场的监管也是有成本的，特别是事后监管的成本更高。由于市场信息的传播被局限在一个有限的范围之内，那么，市场对违规、违法者的监管也就被局限在一个有限的范围之内。存在一部分违规者得不到应有的惩罚的现象，或者由于市场的滞后性，市场的惩罚总是迟到，市场中，市场惩戒的作用和威力大大地降低了。

当市场参与者了解了市场惩罚的事后性及时滞性之后，就可能有意去违规，甚至违法。市场竞争主体的竞争重点不再是其产品和服务质量的好坏，而是谁会抓住违法和违规的权利。在以罚代管或者罚而不管的政府监管模式下，市场参与主体违法、违规的权利是可以购买的，谁获得了这种违法、违规的权利谁就能在市场盈利。近年来出现的“罚款月票”等状况正是这种现象和思维的反映。所以，这种执法方式已经严重扭曲了市场竞争的方向和手段，市场竞争已经从产品或服务的质量竞争沦为对违法、违规权利的购买竞争。

二、威胁社会经济的长治久安

当市场参与者的竞争方向和手段发生逆转之后，市场竞争的核心不再是以产品和服务的质量来赢得市场，产品的质量也就无从保障了。近年来不断暴露出来的食品安全及环境污染问题与此不无关系。政府片面追求 GDP 增长的同时放松了对环境及食品安全的管制，以及以罚代管、罚而不管的执法方式，导致各类企业违法、违规的现象不断出现。

（一）扩大了企业生产可能性边界

在正常的执法行为下，某些市场行为是应当被严格禁止的。当以罚代管或罚而不管成为行政执法的主要形式之后，衡量某些行为可行与不可行的界限就变成了是否有利可图。通常遵守法律也是有成本的，如企业对其排放污染物的处置、食品安全的保证等方面。当企业能够逃避法律的规制，或者以较低的成本就能够逃避法律的规制，企业则通常会采取这些“寻租”行为，从而降低企业的成本并扩大企业收入和利润。当企业能够通过某种手段来规避执法机关对其的管制，或者当企业能够通过某种较低的价格来购买某种违法或违规的权利时，企业事实上就无形之中扩大了其生产可能性边界。尽管企业这种生产可能性边界的扩大并非是以企业技术等生产能力的进步为前提的，而是通过政府管制的放松来获得的，但在事实上却是扩大了企业生产可能性边界。具体如图 7.13 所示。

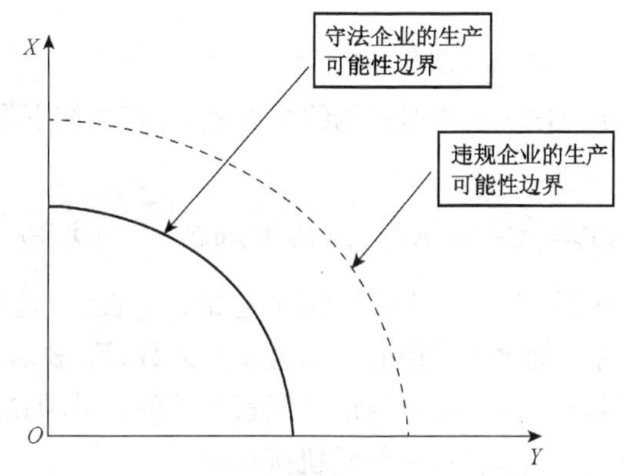

图 7.13　不同执法方式下企业生产可能性边界的变化

企业以这样的方式扩大生产可能性边界，却是以社会成本为代价的。以这种方式扩大的生产可能性边界超过正常守法情况下的生产可能性边界部分都是以巨大的社会成本为代价的，个别企业的收益是建立在社会承担成本的基础之上的。

(二) 政府罚没收入与 GDP 同步增长

当企业通过“购买”等手段扩大其生产可能性边界之后，一方面企业生产能力扩大了，地区 GDP 也会有所增长；另一方面政府的罚没收入在不停地增长，而且会随着 GDP 的增长而相应地增长。市场中流通的不健康、不安全的商品和服务也在不断地增多，危及了公民生产、生活的安全。为进一步验证中国各地方政府罚没收入总量与地区经济增长之间的关系，本节采用计量分析的方法对其进行进一步的研究与分析。经济增长的基本模型告诉我们，一国或地区的经济增长取决于本国或该地区的资本、劳动力、技术进步及制度等相关因素。

本书借助柯布-道格拉斯生产函数的基本形式，略加调整，将罚没收入从技术进步及制度等相关因素中独立出来作为本书的研究重点。

为此，建立如下形式的生产函数方程：

$$Y_i = AK_i^{\alpha}L_i^{\beta}F_i^{\gamma} \tag{7-1}$$

式中：Y 表示产出；K 表示资本；L 表示劳动力；A 表示技术等其他因素；F 表示罚没收入。

两边同时取对数，将(7-1)式的乘积形式转化成线性函数形式，得：

$$\ln Y_i = \ln A + \alpha \ln K_i + \beta \ln L_i + \gamma \ln F_i \tag{7-2}$$

本书拟采用如式(7-2)形式的线性方程，并建立如下形式的面板数据模型：

$$\ln Y_{it} = C + \alpha \ln K_{it} + \beta \ln L_{it} + \gamma \ln F_{it} + \mu_i + \lambda_t + \varepsilon_{it} \tag{7-3}$$

式中：Y_{it} 表示 i 地区 t 时期的GDP总量；K_{it} 表示 i 地区 t 时期的资本投入；L_{it} 表示 i 地区 t 时期的劳动力就业人数；F_{it} 表示 i 地区 t 时期执法部门的罚没收入；μ_i 表示与地区因素相关的扰动项；λ_t 表示与时间因素相关的扰动项；ε_{it} 表示其他随机扰动项。

根据柯布-道格拉斯生产函数的特点，模型中的系数 α、β、γ 正好就是变量 K、L、F 对产出 Y 的弹性系数。推算过程如下：

$$E_{Y_iK_i} = \frac{dY_i}{dK_i} \cdot \frac{K_i}{Y_i} = A\alpha K_i^{\alpha-1}L_i^{\beta}F_i^{\gamma} \cdot \frac{K_i}{Y_i} = A\alpha K_i^{\alpha-1}L_i^{\beta}F_i^{\gamma} \cdot \frac{K_i}{AK_i^{\alpha}L_i^{\beta}F_i^{\gamma}} = \alpha \tag{7-4}$$

$$E_{Y_iL_i} = \frac{dY_i}{dL_i} \cdot \frac{L_i}{Y_i} = A\beta K_i^{\alpha}L_i^{\beta-1}F_i^{\gamma} \cdot \frac{L_i}{Y_i} = A\beta K_i^{\alpha}L_i^{\beta-1}F_i^{\gamma} \cdot \frac{L_i}{AK_i^{\alpha}L_i^{\beta}F_i^{\gamma}} = \beta \tag{7-5}$$

$$E_{Y_iF_i} = \frac{dY_i}{dF_i} \cdot \frac{F_i}{Y_i} = A\gamma K_i^{\alpha}L_i^{\beta}F_i^{\gamma-1} \cdot \frac{F_i}{Y_i} = A\gamma K_i^{\alpha}L_i^{\beta}F_i^{\gamma-1} \cdot \frac{F_i}{AK_i^{\alpha}L_i^{\beta}F_i^{\gamma}} = \gamma \tag{7-6}$$

因此，模型式(7-3)中的系数更加直观地反映了资本(K)、劳动力(L)以及罚款收入(F)对经济增长的影响。

将中国31个省、市、自治区1998—2012年GDP总量、当年总投资规模、就业人数及罚没收入总量的面板数据代入式(7-3)进行回归分析。回归分析分别采用混合回归模型、固定效应模型和随机效应模型进行，经比较发现固定效应模型的面板数据分析更适合本书的研究，故本书决定采用具有固定效应性质的面板数据回归分析模型。回归分析结果显示，大部分 T 检验数据都通过检验，证明回归模型的设定、变量的选择基本合理，且变量之间存在较好的相关关系。具体如表 7.4 所示。

表 7.4

计量分析结果(固定效应)

变量	系数	标准差	T 值
$\ln K$	0.521 6***	0.015 2	34.22
$\ln L$	1.004 3***	0.069 0	14.55
$\ln F$	0.121 9***	0.023 9	5.11
C	−3.311 0***	0.479 9	−6.9
N	465		
$Group$	31		
R-sq	0.977 6		
F	5 356.02		

注：＊＊＊表示在 1%临界值状态下通过检验；＊＊表示在 5%临界值状态下通过检验；＊表示在 10%临界值状态下通过检验。

将上述回归分析结果代入回归模型式(7-3)，得出如下回归方程：

$$\ln Y_i = -3.311\,015 + 0.521\,6\ln K_i + 1.004\,3\ln L_i + 0.121\,9\ln F_i \quad (7\text{-}7)$$

再将上述方程转换成柯布-道格拉斯生产函数形式，则柯布-道格拉斯可表示为：

$$Y_i = AK_i^{0.521\,6}L_i^{1.004\,3}F_i^{0.121\,9} \quad (7\text{-}8)$$

模型结论显示，中国执法机关采取以罚代管、罚而不管的执法方式在一定程度上有利于地区 GDP 的增长。从式(7-8)可以看出，中国行政罚没收入增长率与 GDP 总量增长率之间存在正向弹性关系，即行政罚没收入增长率每增长 1%，GDP 总量增长率就会增长 0.12%。当然模型结论并不是鼓励执法机关多罚款，更不足以成为执法机关乱罚款、滥罚款的证据，亦不能简单地认为罚没收入的增长会刺激中国经济总量的增长，也不能得出执法机关罚没收入增长得越快中国经济总量就会增长得越快的错误结论。行政罚没只不过是惩治违法行为的一种方式而已，相对于其他的惩罚形式，罚没可以节省更多的社会成本，比如监狱管理成本、服刑人员的人力资本等，避免了因违法而给社会资源带来更大的浪费。从节约社会成本的角度来讲，罚没有利于提高社会的总体福利，从而有利于经济总量的增长。

但是，这并不是说地方政府鼓励行政执法机关执法创收对中国社会经济发展没有产生影响。从经济学的角度来看，各行政执法机关执法创收、以罚代管甚至罚而不管的执法方式有效地降低了社会总成本，但却从另一个方面增加了社会成本。各种违法乱纪现象屡禁不止，假冒伪劣商品在市场上明目张胆地销售。媒体不断曝光的食品安全问题不断地冲击着社会公众的道德底线，违法成为一件可以购买的商品，大部分企业家在违法乱纪之后，首先想到的就是用钱摆平。GDP 的快速增长，伴随着公众对违法乱纪的忍耐、对社会劣质产品的消费、对美好环境的牺牲。在行政执法部门执法创收的原则指导下，企业的生产可能性边界被放大了，原本属于法律禁止的行为却在执法创收的原则下得以放行。企业生产出来的 GDP 可能是"有毒"的 GDP，是建立在社会牺牲整体利益的情况下换来的"带血"的 GDP。

近年来，由于地方政府对 GDP 增长和财政收入增收的片面追求，国民对社会及政府的信任度在下降，每年有大量富人移居国外，享受国外环境和法制，到国外购买放心商品等。这些都构成了中国行政执法部门执法创收的外部成本或隐性成本，虽在短期内无法感受，但长此以往必将对中国经济发展形成重大影响。我们必须明确行政罚没是为了社会的公平与正义，而不是为了地方政府及行政执法机关取得财政收入与执法经费。

三、执法部门公共权力私有化

过度行政罚没不仅扭曲了市场参与者竞争的方向和手段，同时也生产和制造出大量的不符合社会、国家标准的劣质产品和服务，以短期 GDP 的增长换取了经济长期发展的潜力，危及经济长期、健康、稳健的发展态势。但最为严重的是各行政机关的过度执法行为还扭曲了行政执法机关的执法目标，行政执法机关将公共权力部门利益化了，行政罚没成为各行政执法机关获取额外收入或冲破财政预算约束的重要工具。在一个法治社会,法律至上,法律是机关、团体和个人行为的唯一准则。执法机关的唯一目的就是保证法律得到了有效实施,没有人能够因为触犯法律而获利。但当前的行政执法方式却在一定程度上将创收作为执法活动的最终目标,法律在某种程度上沦为一种工具。于是,在执法过程中,"执法只为钱不为法",执法标准不一、执法随意性大、人情执法现象较为普遍,有的甚至执法犯法、乱查乱抓、收贿受贿、贪污腐败。执法机关作为社会正义的守护者,是老百姓权利的保障,任何不公正执法都会产生深远的不利影响。

现实中,行政执法机关在执法过程中谋取不正当利益,实际上是依仗执法权这一"公权"把执法"经济化"或"产业化"了。其一般有两种表现形式:其一,权力寻租,即通过执法权的寻租来谋取非法利益,对于市场主体来说,只要他们获得的非法利润高于"寻租成本",他们就会选择接受执法权的"寻租",这就使一些伪劣商品可以通过支付"寻租成本"获得执法权的豁免而进入市场产生高额利润,甚而使市场上出现"劣币驱逐良币"现象,即使是优质商品,也可以通过支付"寻租成本"获得执法权的豁免而少缴或不缴各种费用,来赚取更高额的利润。其二,权力滥用,执法部门和人员可以利用手中执法权乱查乱罚,谋取不正当利益;也可以利用手中执法权排斥异己,为自己的"保护商"垄断市场服务;更有甚者,某些执法部门和人员利用手中的执法权直接向市场主体收取"保护费"。

利益的诱惑使行政执法机关虽行使着法律和人民赋予的执法权,顾的却只是小团体和个人的利益,甚至不惜践踏法律和公权,这不仅严重损坏了法律的严肃性和公正性,而且大大削弱了公众对法律的信任度和建立法治社会的信心。

第四节 本 章 小 结

本章主要分析了过度行政罚没执法对社会及经济发展造成的严重的或潜在的影响,通过本章分析,可得出以下三个主要的结论。

首先,过度行政罚没增加了国民负担。不管是罚没支出的总量,还是人均行政罚没支出的数量都在增长,而且是连年增长。这种增长说明了中国行政罚没的无效性，罚没并没有能够有效地约束中国各地区的违法乱纪行为。相反，在某种程度上却是助长了这种违法乱纪行为的发生。当罚没不能有效阻止违法乱纪行为的发生或继续发生，反而成为违法乱纪行为的催化剂时，罚没收入就悄然转变为一项隐形的税收。对法人、公民处以罚没类同于对其进行征税，变相地增加了公民的负担。当然，就中国不同地区而言，行政罚没形成的负担在中国各地区之间形成明显的差异。有一半以上的行政罚没负担集中在东部地区，中部地区次之，西部地区最少。但从全国各地区罚没收入占地区财政收入的比例来看，中部地区最高，西部地区次之，而东部地区最少。这反映了中国东部地区虽然罚没负担的绝对量最大，但相对量却是最小的。

其次，中国行政罚没扭曲了社会公平。社会公平问题依赖于横向的比较，为研究社会横向公平，本书选择以中国上市公司作为研究对象。这主要是因为上市公司的数据比较齐全，并且收集相对方便。对上市公司的重点分析则全面反映了罚没领域存在严重问题：①被罚上市公司越来越多。被处罚上市公司比例一直维持在上市公司总比例的50%以上，并随着上市公司数量越来越多，被处罚上市公司的总量也越来越多。被处罚上市公司的平均支出负担有进一步上升的趋势。②被处罚上市公司主要集中公用事业及工业企业。这也与平时的感知比较相符。③上市公司的身份差别对上市公司的被处罚程度影响较大。根据不同上市公司所处行业分布不同，民营上市公司主要集中在工业类，而国有上市公司主要集中在金融及公用事业类。对民营上市公司的处罚数量要远远大于对国有上市公司处罚数量。但国有上市公司的平均罚没支出要普遍高于民营上市公司的平均罚没支出。④上市公司对地区经济发展贡献程度对上市公司的罚没支出负担有重大影响。从上市公司缴纳的税金来看，缴纳税金较多的企业承担的罚没支出负担较轻，而缴纳税金较少的企业承担的罚没支出负担较重。从上市公司的规模来比较，上市公司规模大小对上市承担的罚没支出负担影响不太明显。

最后，过度行政罚没破坏了市场经济的法制基础。市场经济的良好运行依赖于其坚强的法制基础。过度的行政处罚正严重地侵蚀着市场经济的法制基础。①扭曲竞争的方向和手段。政府的执法行为变成了以罚代管或者罚而不管，以罚没来衡量违法行为的轻重。在这样的情况下，政府的监管作用被削弱。同时由于市场监管机制的滞后性，市场的监管作用也正在丧失。市场的竞争者正逐步改变市场竞争重点，由产品和服务质量的竞争变成了对违法、违规权利的购买竞争。②破坏了中国经济的安全。在这样的执法方式下，违法行为成为一种可购买的行为，市场参与者主要考虑的就是利益的核算，而不用考虑其他因素。在利益的驱动下，出现突破道德和法律底线的生产经营活动。近年来，中国不断发生的食品安全与环境污染问题都是这种执法方式导致的结果之一。③执法部门的公共权力部门利益化。那些握有行政执法权的部门能够很容易地将手中的权力转化为部门或个人的利益，既然公共权力可以买卖，那么依赖公共权力来制造利润就成为执法部门最容易想到的做法了。

第八章　规范中国行政罚没的政策建议

行政罚没领域出现的问题并非是某个地区、某个执法人员的个别现象，而是整个行政执法领域的普遍现象，其主要原因是中国现行财政体制不顺。要解决目前中国行政罚没领域出现的问题，必须首先对现行财政体制进行改革。理顺各级政府间财政分配关系，切断地方政府依赖行政罚没创收的客观必要和主观需求。同时，加强对行政罚没收入的制度管理，断绝执法人员通过行政罚没来获取不当的收入的途径，更要防止执法人员的薪金、福利与罚没收入直接挂钩，形成以罚没收入来激励执法人员执法创收的冲动。除此之外，还必须对中国的法律制度进行必要和适当的修改，提升行政罚没的立法层次、确立行政罚没设立的前提和标准。同时也必须对执法人员在执法过程中出现执法不当进行责任考核。司法机关不仅仅要对执法人员处罚的合法性进行审查，还要对执法人员处罚的合理性进行审查，体现司法对公民财产权的严格保护。总之，对中国当前行政罚没领域出现的问题，需要从多方面入手，进行系统的、有步骤的改革。

第一节　行政罚没相关财政体制改革建议

在现行财政体制下，某些地方政府总是将行政罚没当成“创收”的手段。特别是在地方财政收入不足的情况下，行政罚没不仅要补充执法部门的执法经费，还要为某些地方政府不断下降的财政收入提供补充。因此，要解决地方政府以罚没收入来补充财政收入不足问题，首先需要解决各级地方政府财政收入不足的问题。

一、确立地方政府的事权和职责范围

花钱为了办事，办事需要花钱。需要多少钱，则由办多大的事来决

定。解决中国地方政府财政困境，首要解决的问题是确立地方政府的事权和职责范围。只有这样，才能进一步讨论地方政府到底需要多大的财力或财权。

在市场经济条件下，一般认为政府的作用主要是监管，起到"守夜人"的作用。中共第十八届三中全会也指出，要让市场在配置资源中发挥"决定性"作用，凡是市场能够做好的交给市场完成，凡是市场不能够完成的则由政府来做。政府不能包办，也包办不了，更做不好。经济发展是政府的宏观目标，而不应由政府直接、亲自办企业、开工厂来发展经济，这是越俎代庖。追求利润并发展经济是市场中各个体的本能行为，政府应通过制定各种政策来鼓励和扶持各个体的发展，解决参与市场竞争中的各个体的后顾之忧，而不是取而代之。当政府能够提供公平、公正和合理公共政策时，社会经济自然会发展。也只有实现政府与各市场主体的合理分工，才能提高效率，促进经济良性发展、社会良性循环。

政府回归本能，提供公共产品和服务，尤其是执法类公共产品和服务，也是公民组建国家成立政府的理性需求，同时也是市场经济健康发展的必然要求。

二、确定与地方政府事权相匹配的财力

当各地方政府的事权和职责范围确立之后，就需要确定与地方政府事权相匹配的财力。地方政府财力与其事权不相匹配，普遍陷入财政困境。当地方政府财力不足时，就必然要想方设法获得额外的财政收入，这当然包括执法创收。近年来，各地方不断暴露出来的"土地财政"问题也大致同出于这个原因。

为了从根本上解决各地方政府依赖，甚至鼓励执法创收，必须给各地方政府匹配相应的财力或财权，特别是理顺中央政府和地方政府的财政收入与分配关系。当各地方政府的财力与事权相匹配之后，就从宏观上解决了各地方政府财政收支的突出矛盾。财权与事权的完全匹配才有可能使各地方政府在管理社会促进经济增长时首先想到的不是财政创收，更不是为了个人或部门的经费而执法。公共部门必须摆脱执法为"利"的思想，回归执法为"公"的本质。事权是财权分配的基础，财权是事权的前提。1994 年分税制改革以来，地方政府就一直在财权

与事权严重不匹配的情况下生存，扭曲的财权与事权匹配关系必然使各地方政府采取包括行政执法在内的创收行为。

三、规范地方政府主要收入来源渠道

在实现了地方政府财权或财力与事权相匹配之后，还必须进一步规范地方政府收入来源渠道。现代国家，税收成为其财政收入主要来源渠道，地方政府也不例外。为此，中国需要建立地方政府的主体税种，确立税收为地方政府的主要收入来源渠道。中国地方政府没有主体税种，“营改增”之前，营业税是中国地方政府的主要收入来源，但随着“营改增”的推进，地方政府的主体税种面临丧失的危险。中国地方政府没有主体税种是地方政府财权与事权不匹配的主要原因之一。破除此问题的关键在于建立地方政府的主体税种，从根本上消除地方政府总体缺钱的财政困境。

建立地方政府的主体税种，改变中国各地方财政收入结构，可以进一步摒弃地方政府以非税收入补充财政收入的做法，有效防止地方政府采用包括执法创收在内其他创收方式。建立地方政府主体税种，可以有三种思路：① 将所有税种收入都五五开，破除中央政府在货物与劳务税、所得税两个主要税种收入都占绝对优势的情形，让中央政府和地方政府平分所有税种。② 将当前两个主体税种中的其一划给地方政府，可以是货物与劳务税也可以是所得税。③ 建立以财产税为主体的地方主体税种等。总之，必须让地方政府的财力与事权相匹配。本书倾向于第②种方法，将货物与劳务税和所得税分别划给中央政府和地方政府。由于商品税相对较为稳定，且对商品的价格具有重要影响，在市场经济条件下，全国应该统一市场，防止由于商品税的不同而引起商品价格的差异，因此，增值税可以划归中央政府，形成中央政府的主体税种。而所得税与地方经济发展密切相关，且法人或自然人需要享受地方政府提供的公共产品和服务，因此，所得税包括个人所得税和企业所得税可以划归地方政府，形成各地方政府的主体税种。将所得税作为地方政府的主体税种一方面保证了各地方政府的财政收入，另一方面又使地方政府的财政收入与该地区经济发展水平直接相联系。当地方政府的主体税种确立之后，应立即削减地方其他方面的财政收入，不仅规范了各地方政府的财政收入，而且也堵住了地方政府采取其他手段创收的可能性。

第二节 行政罚没收入管理制度改革建议

在解决了中国地方政府财权与事权匹配问题之后，还要进一步防止行政执法部门因部门利益而进行执法创收的行为。否则，即使缓解了地方政府的财政压力之后，地方政府没有了执法创收的动力，但各行政执法部门还存在类似的想法，同样也不能有效解决中国行政执法部门的执法创收行为。

一、成立行政罚没收入专项基金

罚没收入与政府其他一般财政收入不同，罚没收入一般主要来源于对公民、法人各类违法行为的处罚，其目的是阻止某种行为的进一步发生或将要发生。行政罚没收入是政府执法过程中的“副产品”，应当与政府其他一般财政收入来源严格区分。对执法部门产生的罚没收入建立专门的国家基金或地方基金进行管理，严禁将罚没收入当成地方政府的一般财政收入，甚至当成各地方政府预算内一般财政收入。

公民的违法行为可以按是否造成社会或者其他个体的损失分为两大类，罚没收入也应该用于这两大方面。对于没有造成损失的罚没收入，可以用于建立社会教育基金，而对于造成实际损失的罚没收入，可以用于建立社会赔偿基金。教育基金可主要用于公民普法教育、预防犯罪，甚至慈善业；社会赔偿基金则应先对违法行为造成的损害进行赔偿，剩余部分则可用于对社会自然灾害、人为灾难造成的损失进行补偿。不可将罚没收入当作一般财政收入使用，更不能以罚没收入补充当地财政收入的不足，要切断执法单位的执法经费与罚没收入或明或暗的联系，防止执法单位产生执法为利的冲动。

二、取消行政罚没收入预算管理

行政罚没具有一定的偶然性，不适合纳入国家财政收入预算管理。而且，在一个设计良好的罚没制度下，政府罚没收入应该随着违法数量的减少而不断减少，甚至为零。将罚没收入纳入政府财政收入预算管理，显然违反了罚没收入的偶然性特点，也违反了罚没制度设定的初衷，这是一种人为主观设想，甚至是为了罚没收入的一种利益冲动。罚没收入一旦被纳入预算管理，最终会落实到每个执法人员的头上去。罚没收入便成为执法人员的任务和目标，执法人员的执法动力不再是为了维护正常社会秩序，而是成了完成罚没收入的任务。罚没收入预算不除，执法人员罚没任务就不减，罚没收入就不会下降。

在当前机制下，各级财政部门对行政执法的行政罚没收入实行预算管理，主要是出于财政创收的目的，即规定每年行政执法机关必须上缴一定的行政罚没收入。除了中国，没有一个国家对执法部门的行政罚没收入实行预算管理。

取消中国地方政府财政部门对行政执法单位的预算管理，并不是不对行政执法机关的罚没收入进行管理，只不过是取消对行政罚没收入执罚单位的预算管理。虽然取消行政执法单位的行政罚没收入预算任务，但地方财政部门必须依然加强对各行政执法单位行政罚没收入的决算管理，防止行政执法单位执法创收、私设小金库，并且必须每年公布当年的行政罚没收入决算数以及各行政执法单位的行政罚没收入来源数，同时各地区行政罚没收入的往年累计数也必须同时公布。政府依法公布行政罚没收入的使用方向和使用金额，让各行政执法单位的行政罚没收入在阳光下运行。

三、切断行政执法人员利益关联

罚没收入的如何使用是罚没收入管理制度的生命线，也是罚没收入管理制度的核心问题。在成立了罚没收入专项基金之后，行政罚没收入也还必须严格实行收支两条线。行政罚没收入全部上缴专门基金，而对专门基金的使用则必须另外立法规定。必须坚决切断行政执法机关的执法经费与行政罚没收入或明或暗的联系，杜绝将行政罚没收入与执法个人福利挂钩的做法。首先，执法机关的所有经费，包括人员的工资、奖金和福利都由国家财政统一划拨，财政划拨经费与执法机关的收费和罚没多少毫无关系，从制度上消除执法机关和人员创收的借口。其次，任何以单位名义搞的补贴、福利都属违法，且要给以严厉制裁。任何执法单位的基本建设和办公经费也只能来源于财政，自筹资金建房、买车等也以非法论处。此外，必要的执法管理收费和罚没执行统一标准，由财税部门统一收支管理，严格执行“收支两条线”制度，执法人员只有处罚权，罚没款项必须全部通过财政账户收取。一旦发现“坐收坐支”行为，对涉案、涉事人员一律严惩，并对单位主要负责人停职查办。最后，还要注意用科学的方法来平衡国家各区域、各部门的工资，防止行政机关之间形成互相攀比之风，通过违法行为来创收。加强上级主管部门、纪检、审计、人大、政协、社会组织、新闻媒体、人民群众等对执法部门和人员的监督，完善政务公开制度、举报投诉制度以及违法违纪追查惩戒制度等。让行政罚没收入用到它本应该适用的地方。

第三节 行政罚没相关法律制度改革建议

政府的各项权力来自于法律的授予。中国《行政处罚法》对行政罚没立法、执法及司法行为有所规定，但从效果来看，还存在许多需要改进和完善的地方。

一、规范中国行政罚没的立法改革建议

立法是根本、是源头。应当从源头上遏制行政罚没被滥用的可能，只有这样才能彻底保证行政罚没用得其所。

（一）提高行政罚没法律责任的法律层次

行政罚没法律责任的设立必须集中在法律层面上，除了法律本身或经过法律授权的行政法规可以设立一定数量和形式的罚没之外，其他任何形式的法规及规章都不可以设立任何形式的行政罚没法律责任。政府行政部门不能以政府行政规章的形式设立任何形式的行政罚没，将行政罚没法律责任的设立权限集中在法律层面上有利于控制行政罚没设立的随意性，更能够有效从源头上阻止某些地方政府或执法机关执法创收。现阶段，从相关法律来看，执法部门的执法创收行为主要依据的是部门规章，清理并废除某些行政罚没条款对消除执法创收是关键的一步。由于部门规章设立的容易性，部门规章最容易成为不受约束的制度，某些执法单位动则以部门规章为由对违法乱纪者进行行政罚没，且行政罚没财物并不上缴或即使上缴也形成单位私有财产。

将行政罚没的设立权限集中在法律层面上是从根源上切断执法经济的第一步,减少行政罚没法律责任设立的随意性,有效防止各执法部门执法创收。从目前的法律、法规甚至部门规章可以设立任何形式的行政罚没法律责任过渡到只有法律才能设立各种形式的行政罚没法律责任,行政法规可以在法律授权的范围内设立有限的行政罚没法律责任,而部门规章则无权设立任何形式的行政罚没,最终过渡到只有法律才能设立一定形式的行政罚没法律责任,而行政法规及政府规章都无权设立任何形式的行政罚没法律责任。从源头上制止一切随意设立行政罚没法律责任的可能性,确保行政罚没法律责任的严肃性。

(二) 严格限定行政罚没的适用范围

虽然从经济学的角度来讲,以罚没惩罚犯罪具有巨大的经济优势,可有效地降低因违法者犯罪而给社会带来的不必要的成本损失,但罚没并非万能的。除了要提高行政罚没法律责任设立的层次之外,还必须严格限定行政罚没法律责任的适用范围。行政罚没应当被严格限定在"没收违法所得""补偿社会负外部性(庇古税)"的范围以内,超过这一范围的罚没行为都应当采取最谨慎的态度审视之,防止罚没行为的滥用。

行政罚没应当只能由法律来设立,同时即使是在法律设立行政罚没法律责任时,也应当谨慎地考虑行政罚没的使用范围。超过这一范围随意设立行政罚没法律责任都是对公民财产权的一种侵害,是与民争利的"掠夺性"行为。

法律在设立法律责任时应当尽可能多地考虑惩罚方式的替代性,实行多样性惩戒机制,可考虑引用更为广泛的社会联动机制,通过多种方式对违法者的违法行为进行约束。努力摆脱惩罚就是罚款,罚款就是惩罚的恶性循环,适当淡化经济处罚。法律责任在设定时可以考虑针对不同的人设立不同的惩罚方式,使惩罚的效用最大化。对富人可实行监禁,对穷人可实行罚没,这样最能体现惩罚的效用。否则,对富人实行罚没,而对穷人实行监禁,则不会起到明显的效果。因为这样,富人相当于用钱购买了违法行为,而穷人相当于用时间换取了违法行为,对富人与穷人的效用损失都是最小的,惩罚没有达到预期的效果。

(三) 适当减少行政罚没的自由裁量权

中国行政执法领域的自由裁量权过大,法律、法规在设立行政罚没法律责任常常出现诸如罚款 200～2 000 元、1～5 万元等形式，如此巨大的行政罚没权限留给执法者判断难免会产生不一致。执法者经常由于客观或主观的原因出现同案不同罚，有的畸高而有的则畸低，给人留下了执法不公的印象。

法律、法规在设立相关行政罚没法律责任时，应充分考虑到相关法律、法规执法的可行性，避免使用模棱两可、含糊不清的词汇，防止由于对法律条文的理解不同而产生歧义，法律、法规等制度必须进一步细化，进一步压缩执法者在执法过程中的自由裁量权空间，努力缩小罚款设定的幅度。在能不采用幅度罚款设定模式时尽量不用幅度比例设定模式，增强法律、法规的公平性和可理解性，缩小行政罚没特别是罚款设立的弹性空间。

进一步细化行政罚没可能出现的具体执法环境，针对不同的具体情况制定详细的行政罚款幅度。这样可以减少执法者的自由裁量空间，有助于树立法律的严肃性，并有效建立起法律的权威；防止因执法人员的主观因素而导致的处罚力度的不一致，减少同案不同罚的情况，充分体现执法的公平性，提高社会对行政罚没的接受度。

二、规范中国行政罚没的执法改革建议

良好的法律需要良好的执行，才能发挥立法的本意。行政罚没的滥用除了立法的滥用之外，更有执法人员的主观因素。执法人员或执法机关常常在主观上将行政罚没当成执法创收的工具，或者将行政罚没当成处罚的唯一手段。与其他处罚手段相比，行政罚没的执法成本最低。

(一) 改变执法人员的执法观念

相当一部分执法人员中已经形成了执法就是罚没的理念，罚没等于执法、执法就是罚没。为摆脱执法就是罚没的观念，理顺执法与罚没的关系，必须改变执法人员的执法理念。要树立执法为公的执法思想，注重“以人为本”，建立服务和管理的执法理念，同时增强执法机关和执法人员的法制观念，树立为人民服务的意识，以为全社会提供公共安全、公共秩序等服务性的“公共物品”为目的，淡化经济处罚观念，多用劝说、警告等“人性化”的管理和服务手段，而不是只罚不管或以罚代管甚至“放水养鱼”。

执法人员行使的是一种公共权力，执法的目的是为社会提供良好的公共秩序，而不是为了处罚，甚至是获得经济利益。罚没只是方法，而不是目的，绝不能以方法代替目的。

（二）清除执法队伍中的临聘人员

目前，中国行政执法队伍鱼龙混杂，既有国家正式聘请的公务人员，也有执法单位自己聘用的临聘人员，甚至大量一线的执法人员基本都是临聘人员，正式的公务人员是不愿意去做这种充满风险的工作的。这些临聘人员的大量存在使执法队伍的整体素质有所下降，同时这些临聘人员的大量存在又使执法单位有了经费的压力，这些临聘人员的工资薪金必须由执法单位自筹。

执法人员队伍素质的好坏，直接关系到执法的成败，也直接关系到政府的公信力和法律的严肃性。加强执法人员的作风和纪律建设，要发扬依法执法、文明执法、诚实守信、为民爱民的工作作风，严禁吃、拿、卡、要和各种违法乱纪的执法行为。逐步取消一切编外执法人员，人手不足尽快扩编，以提高执法队伍的整体素质。加强业务培训，通过短期深造、专家讲座、现场执法模拟等提高理论水平，更新知识，及时掌握新的执法信息，提高执法水平。树立“以人为本”的服务型执法观念，强化为人民服务的公仆意识，加强职业道德教育，建设一支思想好、业务精、作风硬、纪律严的执法队伍。

（三）加强执法权力的公众监督

在行政执法过程中引入公众监督，行政执法部门应提高执罚透明度，让执法部门的权力在阳光下运行。将每一个被罚没案例的罚款事由、罚款标准、处罚数额、减免理由在执法单位的网上公示（当然个人隐私可以保密），形成罚没设定的典型公开案例库，让社会公众及被处罚对象对自己所受到的处罚进行公正、客观的评估。同时，这样也给执法机关的执法当事人形成一定的社会压力，形成良好的社会监督机制，从而能够努力做到同案同罚，有助于保护被处罚对象免受不公平的处罚歧视。

政务公开，在不涉及党和国家及执法秘密的情况下，依照有关规定，执法系统的政务活动一律向社会公开。政务公开内容包括：执法人员身份公开、执法职责公开、执法的相关政策和法律公开、执法条件公开、执法程序公开、执法结果公开、执法纪律公开、举报电话公开。

鼓励公民、新闻媒体和社会组织等对执法活动进行监督和举报，并建立投诉制度，公民、法人和其他组织对违反法律、政策和纪律的执法部门和人员的不当行为可以投诉，执法主管部门应当设立专门机构受理，并在规定期限内予以答复。

加强公众监督是消除执法经济的关键步骤，凡是能够公开的就一律公开，形成公开是惯例、不公开为例外的办案原则。

三、规范中国行政罚没的司法改革建议

司法是社会公平的最后一道保障，加强司法对行政罚没执法与立法的监督有利于纠正目前中国行政罚没领域存在的问题。当前，必须扩大司法领域对行政罚没执法与立法领域的监督广度和力度，特别是要加强司法对行政罚没执法领域的不当行为的深入而广泛的监督。

（一）加强对行政罚没立法的司法审查

除了增加行政执法部门的司法风险之外，还要发挥中国司法部门对中国立法机关的监督作用。法律是权力的来源，法律赋予了中国行政执法机关相应的行政罚没权力。现实中，中国不但法律、法规可以设立任意形式的行政罚没法律责任，而且行政执法机关也可以设立一定形式的行政罚没法律责任，无形中扩大了中国行政罚没法律责任的设立权限，给行政罚没法律责任设立权限扩大铺平了道路。

立法是源头，执法是结果。立法不只是立法机关个人的权利，立法同时也需要经过司法机关的审查，以防止立法本身带有瑕疵。将立法置于司法审查之下，有利于提高立法的质量，保护公民的正当权益。中国实行的是议行合一的政治体制，行政立法在一定程度上保障行政执法机关的利益，而忽视了社会公众的利益，因此需要发挥司法系统对立法体系的审查作用。司法体系对立法的审查不能仅仅局限在对立法程序的审查，同时也要对法律本身进行审查，严格区分“良法”与“劣法”。防止法律本身就带有瑕疵，减少法律本身的不完备与瑕疵而使行政执法机关有空可钻。议行合一容易使行政执法机关在国家的三权中处于优势地位，并且行政执法机关利用这种优势地位制定维护自己部门利益的法规使社会公众处于弱势地位。

（二）加强行政罚没执法的司法监督

在现行体制下，法院只对行政执法机关的合法性进行审查，而不对

行政执法机关执行行政罚没的合理性进行审查，导致中国行政执法机关在行政罚没时几乎不承担任何的司法风险。相关法律、法规及规章给行政执法人员留下了非常广阔的执罚空间，在一般情况下，执法人员是不会越过法律、法规及规章限定的范围进行执罚的，因此，司法机关对行政执罚人员的司法审查也仅是走走形式而已。因为就违法行为来讲，行政执法人员是不可能进行违法执罚的。相关被执罚对象在没有绝对把握的情况下，是断然不可能提起诉讼的，即使提起诉讼也往往以败诉而告终，浪费了更多的人力与财力。

但如果中国法院不但对行政执法机关或行政执法人员执罚的合法性进行审查，而且要对行政执法人员执罚的合理性进行审查，则问题就不一样了。执法人员在执罚时就不得不考虑其执罚的合理性，同时也将不得不考虑其执罚的动机。在其执罚的动机不纯及执罚不合理的情况下，法院则可以推翻其执罚的决定而重新判决，这样就增加了执法人员执罚的谨慎性，减少执罚的随意性及武断性。

司法机关不但需要对行政执法机关行政执罚的合法性进行审查，而且还要对行政执法机关执罚的合理性进行审查，同时还要对执法人员的执罚的动机进行审查，使执法人员在执罚时不得不作出更为谨慎的考虑。

（三）加强对被处罚公民权利的司法救济保护

司法更应该注重对公民权利的保护，行政罚没领域司法对公民权利的保护至少应包含两个方面的内容：其一，公民有享受正常司法程序的权利；其二，公民的合法财产不能被随意侵占。

即使公民确实已经违反了相关法律、法规，各级执法机关也应当采取正确的执法程序，履行法律、法规所规定的正确执法形式和方法，并保留违法当事人行政申诉或司法申诉的重要权利。在中国行政罚没执法现实中，有些执法机关不能充分尊重违法当事人的司法权利，有些行政执法机关的执法方式简单、粗暴，一开口就是罚款，仿佛执法就是为了罚款。并且在执罚之后并没有履行告知的义务，通常违法当事人也就默认地接受了罚款，没有追究行政执法机关处罚程序的合理性和公平性，对自身的权利认识不够充分，法律意识较为淡薄。

司法在对行政处罚立法、执法的监督过程中，还要充分注意保障公民的合法财产权利，什么样的违法乱纪行为可以实行行政罚没，什么样的违法乱纪行为则必须履行司法程序，司法部门必须对这些有清醒的认识，而且必须站在保护公民合法财产的角度来思考问题。权力需要监督和制约，缺乏监督和制约的权力必然会走向腐败，建立严密有效的权力监督和制约机制是遏制执法经济的必要举措。发挥司法机关对立法机关及行政执法机关的监督作用非常重要，司法机关是维护公民权利的最后一道屏障。

第四节 本章小结

引起行政罚没领域内的问题的原因是多方面的，要想彻底解决行政执法领域的问题则必须从多方面入手，包括财政体制、罚没收入管理制度及相关法律制度的改革。

首先，重新构建各级政府间的财政体制。1994 年财政分权改革之后，地方政府的财权被进一步集中于中央政府，而事权却被一再下放给地方政府，造成各地方政府财权与事权严重不匹配。这是各地方政府创收的根本原因。要消除地方政府执法创收的现象，必须使各地方政府财权与事权相匹配。财权与事权相匹配的前提是地方政府的事权必须先确立。因此，构建中国各级政府间的财政体制，首先需要确立地方政府的事权。在事权确立好之后，再进一步建立与地方政府相匹配的财权或财力。为规范地方政府的财政收入来源渠道，还必须建立地方政府的主体税种。

其次，重新建立行政罚没管理制度。行政罚没收入与地方政府一般财政收入来源不同，不能混为一谈。第一，必须建立中国行政罚没收入专门基金。专门基金的建立使执法部门的行政罚没收入与地方政府一般财政收入分开，实行专项账户管理。第二，取消对行政罚没收入的预算。预算就是计划、预算就是任务。当预算制定好了之后，最终必然落实到每一个执法人员，形成执法人员的工作任务。取消预算之后，执法人员的任务也就解除了。但取消预算，不是对罚没收入不管理。当预算取消之后，对罚没收入的决算则必须加强管理。第三，切断罚没收入与执法人员的任何利益挂钩。执法仅仅是执法人员的一项工作，罚没收入仅仅是执法过程中的“副产品”，不能本末倒置，更不能以罚没收入的多少作为考核执法人员绩效的工具。

最后，改革完善中国部分法律、法规制度。政府的各项权限来自于法律，若想控制住政府的权限必先修改法律的授权。第一，修改有关行政罚没的立法制度。① 提升行政罚没的立法层次，规定只有全国人民代表大会及其常务委员会通过的法律及各地方人民代表大会及其常务委员会通过的地方性法规才能设定一定形式和数量的罚款。② 严格限定行政罚没的适用范围。虽然经过人大讨论过的法律制度可以设立一定形式和数量的行政罚没，但行政罚没的设立还必须有前提条件，不能随意设立。③ 确立罚没数量的计算原则。确立罚款的计算原则，有利于缩小行政罚没自由裁量权和行政处罚设立的任意性。第二，修改现行有关行政罚没的执法规定。① 应当改变行政罚没执法人员的执法理念。消除执法就是罚款、罚款就是执法的认识误区，牢固树立执法为公的执法理念。② 清理行政执法队伍中临聘人员。清除执法队伍中的“临聘人员”，既可以提高队伍的整体素质，同时也可以跳出“罚款为了养人、养人就要罚款”的怪圈。执法部门也不能再下设执法类事业单位或其他组织，将所有行政执法类事业单位人事权全部冻结，逐步转化为公务员编制，或纳入国家财政预算系统。③ 加强对行政执法的公众监督。第三，修改当前有关行政罚没的司法措施。① 加强对行政罚没立法的司法审查。立法是源头，司法应当加强对行政罚没立法的审查，从源头上遏制行政罚没立法的“多、滥、重”。② 加强对行政罚没执法的司法监督。司法机关不能仅仅停留在审查执法机关执法的合法性上，同时还应该对执法机关执法的合理性进行审查。③ 加强对被行政罚没公民的司法救济保护。司法救济是保护公民的最后一道防线，被处罚公民应当享有合法的司法保护的权利，不能通过提高司法成本的办法来变相剥夺公民享受司法保护的权利。

总之，改变中国当前的行政罚没问题是一个系统的工程，需要多方面、多手段、长时间共同努力。

第九章 研究结论与展望

本书主要对中国行政罚没问题进行了研究，并从中国现行财政体制的角度对其进行全新的分析。经过持续地讨论、研究和修改，本书研究的主要内容终于要结束了。在本书结束之时，应认真地对研究的结论和不足之处进行深刻的总结与思考。

第一节 研究结论

本书是从一个新的视角去研究一个老的问题。经过前面 7 章的研究，本书得出以下几点结论，作为本研究的总结。

一、中国行政罚没的执法动机已经发生改变

行政罚没已经成为中国某些地方政府执法创收的工具，其执法目标已经悄然发生了改变，执法为“公”变成了执法为“利”。从对中国行政罚没问题的一般分析及重点调查研究中都可以看出，中国的行政罚没已经偏离了正常的轨道。在一定程度上罚款不再是为了阻止违法行为的发生或即将发生，而是变成了执法机关、执法人员甚至某些地方政府谋利的工具。罚款不再是为了阻止违法行为，而是为了“保护”违法行为继续发生。罚款为了谋利，而不是为了社会正义。可见，过度行政罚没没有维护社会稳定，而是加剧了社会不稳定。执法机关不当的执法行为及执法目标的改变，使社会对中国执法机关的信任度有所降低，并进而影响到人们对中国法律的认可度。总之，行政罚没问题已经到了比较严重的地步，到了社会奋力解决的地步了。

二、行政罚没问题根源在政府功能定位有偏

行政罚没问题看似是法律领域，尤其是执法领域的问题，但其实质

根源于中国财政领域，而最终问题则在于中国政府职能定位的不准确。从表象上看，是行政执法部门在执法创收，违背了执法的基本道义，将法律当成了工具。但这一切都是在地方政府的默许下进行的，甚至是在地方政府的鼓励下进行的。首先，1994 年的财政分权改革使中国地方政府陷入了入不敷出的财政困境，地方政府产生了追求财政收入的外部压力，采取了包括行政罚没在内的创收手段。近年来的土地财政，也是地方政府财政困境的另一个表现而已。其次，在为增长而竞争的压力下，地方政府的财政支出结构发生了偏向。地方政府热衷于对生产性基础设施进行重点投入，而对非生产领域则不断削减支出，形成了执法领域的资金投入不足。为了解决各行政执法机构资金不足的问题，各地方政府允许执法机关成立事业单位，并且允许雇佣“临时工”执法，造就了中国行政罚没收入的不断增长。可见，中国行政罚没问题的根源在于政府功能的错位。政府把发展经济放在第一位，财政支出的重点也在盲目地提高 GDP 增长率，而对原本应该承担的通过执法维护社会正常经济秩序的责任却弃之不管。最后，在这样的目标下，行政罚没收入管理制度也顺应了这种趋势，从而导致行政罚没收入不断增长、问题不断累积并进一步严重化。

三、解决中国行政罚没问题需要从政府入手

要从根本上解决中国行政罚没领域内的问题，不仅仅需要修改中国的部分法律制度，还要理顺中国各级地方政府间的财政分配制度，更需要纠正中国政府与市场之间的定位问题。

首先，需要解决中国政府功能定位的错位。必须将政府的主要功能从盲目地追求 GDP 的增长转变为发挥好政府的宏观监管职能。政府必须从市场经济中退位，做好裁判员的角色，让市场主体担起经济建设的重任。

其次，理顺各级政府间的财政分配体制，形成一级政府、一级事权、一级财权，让各级政府的权、责、事相匹配。杜绝有权无责或有责无权的现象，同时，也要对政府的财权支出责任进行有效审计。

最后，改革行政罚没收入管理制度。切断执法机关或执法人员的部门利益及个人利益与罚没收入或明或暗的联系，防止产生为“利益”而执法的激励效应。建立专门罚没收入管理基金，将罚没收入主要用

于法律宣传、预防犯罪、犯罪赔偿或社会慈善事业中。取消对罚没收入的财政预算管理，加强对罚没收入基金的决算管理。

四、改革现行行政罚没相关法律制度

彻底解决行政罚没的问题，除了需要解决各地方政府自身的问题，还必须改革行政罚没相关法律制度。

首先，行政罚没的立法制度需要改革。提升行政罚没设立的法律层次，形成“无法不能罚款”的原则，将罚款的设立权限局限在全国人民代表大会及各级地方人民代表大会上。同时，确立行政罚没适用的前提条件，确立行政罚款的计算方法，行政罚款数额的确立必须有相应的计算方法，特别是行政罚没数额设立的区间不宜过大。

其次，规范行政罚没的执法方式。纠正行政执法人员的执法理念，树立执法为“公”的主体思想。严格清理各类执法机关及具有执法功能的事业单位，并清除执法队伍中的“临时工”。

最后，加强行政罚没的司法审查。司法机关应加强对行政罚没立法制度的审查，审查行政罚没处罚手段立法的合法性、合理性。还要加强司法机关对行政罚没执法的审查，不但审查执法机关执法的合法性，还要审查执法机关执法的合理性。

第二节　研究展望

本书的研究只不过众多研究中国地方政府行政罚没问题文献中的其中之一，尽管从财政体制角度对该问题进行新的梳理和阐述，但还会存在很多不足。本研究最多只能算是开了头，未来还有很多可以继续拓展与衍生的空间。

一、罚没应当维持在什么样的公平标准

从最优执法经济学的角度考虑，罚款是最经济的手段，为社会节省了大量的司法成本。但显然，所有的违法都用罚款来惩罚是不现实的。每个国家对罚款的接受程度也是不一样的，所以就需要制度设计的个别对待。那么，就出现了一个重要的问题，罚没应当维持在什么样水平

上，什么样的罚没收入对中国来讲是合适的。立法、执法既涉及经济效率又涉及社会公平，更涉及社会道德。

二、匹配地方政府财权（财力）与事权

如何确定中国各级地方政府的事权本身就是一个十分困难的事情，世界各国政府承担的角色和任务都不一样，都需要与本国的国情相结合。中国在计划经济时期，政府包办了一切，形成大一统的局面，形成了万能政府。这显然违反了社会分工的法则，政府应该承担其应该承担的事情。随着中国市场经济的不断推进，政府与市场的分工越来越重要。政府不能既是裁判员，又是运动员。只要政府不摆脱运动员的角色，各地方政府就不得不像企业家那样尽可能地筹集资金进行生产性投资，政府创收也就不可避免。

另外，需要在确立地方政府事权的前提下，给地方政府与事权相匹配的财权或财力。中国各地方政府事权与财权的匹配问题由来已久，自从 1994 年分税制改革之后，这个问题就一直困扰着中央政府和地方政府，并且愈发严重。在财权与事权不匹配，即事权远远大于财权或财力的情况下，地方政府不得不想方设法进行创收。事权是财权的基础，财权是事权的前提。必须先确立地方政府事权范围，然后，才能解决地方政府的财权或财力与事权相匹配的问题。

三、确立中国各级地方政府的主体税种

中国地方政府一直没有主体税种，随着营业税改增值税的不断推进，中国地方政府的税收收入受到进一步的压缩，地方政府的主体税种恐将消失。中国地方政府没有主体税种也是造成中国地方各地方政府财权与事权不匹配的重要原因之一，并且中国各地方政府没有主体税种也使地方政府的财政收入与各地方经济发展联系程度不高。地方政府特有的现象是：一方面迫于中央政府压力而发展地方经济，努力促进地方 GDP 的增长；另一方面，却又不能从经济发展中获得利益，从而必须转向包括执法创收在内非税形式的创收。但地方政府主体税种的创立不是一件简单的事情，必须要综合考虑中央政府和地方政府的关系，在研究各地区的差异基础上进行。中国是一个大国，地区差异十分明显，而且地区关系复杂。虽然中国实行单一制，但在不同的地区事实上实行的是不同的政策与制度。

参考文献

一、中文文献

(一) 期刊

[1] 陈抗,Arye L. Hillman,顾清扬. 2002. 财政集权与地方政府行为变化——从援助之后到攫取之手[J]. 经济学,(10).
[2] 陈新. 2008. 行政罚款制度之优化设计——以比较法为视角[J]. 广西政法管理干部学院学报,23(5).
[3] 程雁雷. 1995. 现行行政罚款制度的缺陷及其完善[J]. 政法论坛,(5).
[4] 程雨燕. 2008. 环境罚款数额设定的立法研究[J]. 法商研究,(1).
[5] 傅勇,张晏. 2007. 中国式分权与财政支出结构偏向:为增长而竞争的代价[J]. 管理世界,(3).
[6] 郭松明. 2007. 谁催生了"执法经济"怪胎[J]. 人民论坛,(1).
[7] 韩志红,刘妍. 2009. 中美罚款制度若干问题比较研究[J]. 天津师范大学学报(社会科学版),(3).
[8] 黄勇,刘燕南. 2013. 垄断违法行为行政罚款计算标准研究[J]. 价格理论与实践,(8).
[9] 贾康,刘军民. 2003. 非税收入规范化管理研究[J]. 公共经济评论,(12).
[10] 李朝敏. 2010. 基于法经济学视角的行政罚款标准之确定[J]. 嘉兴学院学报,(5).
[11] 李海婷. 2010. 罚款数额的确定及调整机制[J]. 广西政法管理干部学院学报,(1).
[12] 李先龙. 2005. 论行政处罚立法上罚款设定的几个问题[J]. 贵州民族学院学报(哲学社会科学版),(5).
[13] 梁若冰. 2009. 财政分权下的晋升激励、部门利益与土地违法[J]. 经济学,(1).
[14] 刘尔铎. 2007. 从协官员现象看中国临时工制度[J]. 人民论坛,(11).
[15] 刘建平,李幸祥. 2010. 规范行政处罚加处罚款问题研究[J]. 法治论丛,(5).
[16] 罗文燕. 1997. 〈行政处罚法〉立法缺陷分析[J]. 法学,(6).

[17] 王海文.2009.论执法经济现象的危害、成因及解决对策[J].湘潭师范学院学报(社会科学版),(1).

[18] 王文剑,覃成林.2008.地方政府行为与财政分权增长效应的地区性差异[J].管理世界,(1).

[19] 王志刚,龚六堂.2009.财政分权和地方政府非税收入:基于省级财政数据[J].世界经济文汇,(5).

[20] 王周户,安子明.2007.罚没收入使用制度研究[J].行政法学研究,(4).

[21] 吴礼宁.2010.非税收入的宪法学分析[J].河南社会科学,(5).

[22] 吴群,李永乐.2010.财政分权、地方政府竞争与土地财政[J].财贸经济,(7).

[23] 徐向华,郭清梅.2006.行政处罚中罚款数额的设定方式——以上海市地方性法规为例[J].法学研究,(6).

[24] 许传玺.2003.行政罚款的确定标准:寻求一种新的思路[J].中国法学,(4).

[25] 杨惠基.1995.论规章的行政处罚设定权[J].行政法学研究,(2).

[26] 杨解君.1995.论行政处罚的设定[J].法学评论,(5).

[27] 阎锐.2005.行政处罚法款设定普遍化研究[J].行政法学研究,(2).

[28] 叶愈.2013.政府大量雇用临时工之弊值得警惕[J].财政监督,(7).

[29] 应松年,刘莘.1994.行政处罚立法探讨[J].中国法学,(5).

[30] 张军.2007.分权与增长:中国的故事[J].经济学,(1).

[31] 张仁泽.1999.雏议环境保护行政罚款基数问题[J].山东环境,(3).

[32] 赵忠良.2008.中国罚没收入征管的理论基础研究[J].求索,(8).

[33] 周飞舟.2006.分税制十年:制度及其影响[J].中国社会科学,(6).

[34] 周飞舟.2010.大兴土木:土地财政与地方政府行为[J].经济社会体制比较,(3).

[35] 周黎安.2007.中国地方官员的晋升锦标赛模式研究[J].经济研究,(7).

(二) 报纸

[1] 常士臣.2013.罚款与税收之比较[N].黑龙江经济报,06-26.

[2] 陈宪.2011.当收费、“小费”和罚款成为常态[N].文汇报,11-24.

[3] 陈友德,李婷,石蕾.2012.执法队伍里的“临时工”[N].云南法制报,10-22.

[4] 储皖中.2007.从“安宁包月罚款”看罚款的有效、有限与失效[N].法制日报,08-22.

[5] 邓红阳.2007.电子警察与限速牌不是罚款工具[N].法制日报,07-26.

[6] 邓红阳.2012.基层交管经费保障不力致乱罚款不绝[N].法制日报,11-28.

[7] 郭毅.2009.是“养鱼式执法”还是“解困”之举[N].法制日报,12-10.

[8] 胡洪江.2011.云南罗平 工商罚款有指标[N].人民日报,08-03.

[9] 黄敏,李嘉颖.2013.“问题”食品,罚款10倍太少[N].海口晚报,01-31.

[10] 惠晓霜. 2012. 罚款权成摇钱树 英地方政府争权[N]. 新华每日电讯,08-28.

[11] 李光明. 2010. 严禁合同工执法 严禁下罚款指标[N]. 法制日报. 03-30.

[12] 李慧敏. 2012. 沈阳"罚款传说"[N]. 中国经营报,08-13.

[13] 李坚. 2006. 遏制罚款返还 根治"以罚养人"[N]. 中国改革报,12-05.

[14] 李建平. 2007. 疯狂高尔夫:低额罚款难敌百亿天价收入[N]. 法制日报,01-19.

[15] 李立,王婷. 2008. 天津 行政罚没收入为何连年"跳水"[N]. 法制日报,01-22.

[16] 李立. 2009. 郑州取消 1 858 名行政执法人员资格[N]. 法制日报,10-29.

[17] 梁嘉琳,张莫. 2013. 罚没收入增速超公共财政收入 10 个百分点[N]. 经济参考报,03-14.

[18] 林红梅. 2005. "以罚代管"治超载,越治病越重[N]. 新华每日电讯,06-23.

[19] 林小昭. 2012. 广东多地电子眼私营 罚款成投资回报[N]. 第一财经日报,07-25.

[20] 刘文杰. 2007. 郴州公路如此限速,不为钱为啥? [N]. 新华每日电讯,05-17.

[21] 刘文静. 2013. 公路乱罚款何以治本[N]. 广州日报,01-04.

[22] 齐庆伟. 2006. 财政体制弊端滋生"合法抢劫者"[N]. 济南日报,06-15.

[23] 阮占江,赵文明,张琳琳. 2012. 湘潭交通运输部门被指钓鱼执法[N]. 法制日报,05-04.

[24] 阮占江,赵文明. 2010. 株洲"红头文件"催生"以罚代管"[N]. 法制日报,07-26.

[25] 单士兵. 2006. 从财政管理视角析"执法经济"[N]. 中国改革报,02-20.

[26] 沈峰. 2003. 执法经济 破坏市场经济[N]. 辽宁日报,08-20

[27] 沈洋,程士华,张丽娜. 2010. 超载罚款"包月",公权公开逐利[N]. 新华每日电讯,08-24.

[28] 舒圣祥. 2012. 罚款月票撕下执罚经济面纱[N]. 法制日报,08-09.

[29] 宋桂芳,杨海东,大丫山,钱夙伟. 2009. 上海钓鱼式执法的背后还隐含着什么[N]. 中国商报,10-27.

[30] 堂吉伟德. 2013. 污染企业成"衣食父母"背后的执法经济[N]. 企业家日报,04-22.

[31] 田方. 2011. "罚款提成"是公权违法[N]. 深圳商报,11-28.

[32] 王继然,傅金超. 2007. 罚款前必须先教育再限期整改[N]. 法制日报,08-13.

[33] 王圣志. 2012. 编外"临时工"膨胀,带来弊端一堆[N]. 新华每日电讯,08-10.

[34] 文远竹. 2007. 罚款 1 000 元至 5 万元弹性大秉公执法难[N]. 广州日报,11-28.

[35] 吴焰. 2009. 钓鱼式执法,危害猛于虎[N]. 人民日报,10-19.

[36] 武洁.2013.“罚没收入凑税收”不是一个好主意[N].中国妇女报,01-18.

[37] 肖华.2012.电子眼罚款不能成为投资的回报[N].法制日报,07-26.

[38] 颜珂.2012.“城管助理”罚款提成引争议[N].人民日报,08-27.

[39] 于呐洋.2009.公安部:坚决杜绝给交警下达罚款指标[N].法制日报,04-12.

[40] 余东明,王家梁,祁云奎.2011.法院称:只需警告的不应动辄罚款[N].法制日报,05-05.

[41] 余靖静,陆文军,裘立华.2009.以罚代管:纵容了飙车族,害了无辜行人[N].新华每日电讯,07-10.

[42] 张军瑜.2011.罚款收入比重太高透露什么问题[N].深圳商报,11-24.

[43] 张瑞东.2011.2万亿收费罚款里隐含着多少“痛苦指数”?[N].中国税务报,11-28.

[44] 赵寅生,刘虎,王宁.2013.罚款少了700万 财政增收4亿元[N].河北日报,07-01.

[45] 周天勇.2006.“收支两条线”把一些部门变成“抢劫者”[N].中国经济时报,06-01.

[46] 周天勇.2007.目前中央与地方财税关系的严峻困境[N].中国经济时报,07-24.

[47] 周晓东.2006.限速:为罚款还是为安全?[N].江淮时报,07-14.

[48] 左宗伟.2002.警惕执法经济[N].安徽日报,01-16.

(三) 著作

[1] 弗格森.2012.货币崛起[M].中信出版社.

[2] 弗格森.2012.金钱关系[M].中信出版社.

[3] 高培勇,杨志勇.2010.世界主要国家财税体制:比较与借鉴[M].中国财政经济出版社.

[4] 李萍.2010.财政体制简明图解[M].中国财政经济出版社.

[5] 刘克崮,贾康.2008.中国财税改革三十年:亲历与回顾[M].经济科学出版社.

[6] 杨志勇,杨之刚.2008.中国财政制度改革30年[M].格致出版社.

二、英文文献

(一) 期刊

[1] BAICKER K, JACOBSON M. 2007. Finders keepers: Forfeiture laws, policing incentives, and local budgets[J]. Journal of Public Economics(91): 2113-2136.

[2] BAUMER E. 2008. Evaluating the balance sheet of asset forfeiture laws: Toward evidence-based policy assessments[J]. Criminology and Public Policy (7): 245-256.

[3] BECKER G S. 1968. Crime and punishment: An economic approach[J]. Journal of Political Economy(76): 169-217.

[4] BENSON B, RASMUSSEN D, SOLLARS D. 1995. Police bureaucracies, their incentives, and the war on drugs[J]. Public Choice(83): 21-45.

[5] BESANKO D, D F Spulber. 1989. Delegated law enforcement and noncooperative behavior[J]. Journal of Law, Economics, and Organization (5): 25-52.

[6] BLANCHARD O, A. Shleifer. 2000. Federalism with and without Political Centralization: China versus Russia[R]. NBER Working Papers with number 7616.

[7] BLUMENSON ERIC, EVA NILSEN. 1998. Policing for Profit: The Drug War' s Hidden Economic Agenda[J]. The University of Chicago Law Review (65): 35-114.

[8] CAI HONGBIN, DANIEL TREISMAN. 2006. Did Government Decentralization Cause China's Economic Miracle[J]. World Politics, 58: 505-535.

[9] CASSELLA S. 2007. Overview of asset forfeiture law in the United States [J]. United States Attorneys' Bulletin(55): 8-21.

[10] CHU C Y C, N Jiang. 1993. Are fines more efficient than imprisonment? [J]. Journal of Public Economics (51). 301-413.

[11] DUFFY M. 2001. Note: A drug war funded with drug money: The federal civil forfeiture statute and federalism[J]. Suffolk University Law Review (34): 511-540.

[12] EHRLICH I. 1981. On thc usefulness of controlling individuals: An economic analysis of rehabilitation, incapacitation, and deterrence [J]. American Economic Review (71): 307-322.

[13] FRIEDMAN D. 1984. Efficient institutions for the private enforcement of law[J]. Journal of Legal Studies (13): 379-397.

[14] FRIEDMAN D. 1999. Why not hang them all: The virtues of inefficient punishments[J]. Journal of Political Economy (107): S259-S269.

[15] GAROUPA N. 1997. A note on private enforcement and type-I error[J]. International Review of Law and Economics (17): 423-429.

[16] GAROUPA N. 2001. Optimal magnitude and probability of fines [J].

European Economic Review (45): 1765-1771.

[17] GAROUPA N, D KLERMAN. 2002. Optimal law enforcement with a rent-seeking government[J]. American Law and Economics Review (4): 116-140.

[18] GAROUPA N, D KLERMAN. 2004. Corruption and the optimal use of nonmonetary sanctions, International Review of Law and Economics (24): 219-225.

[19] GNEEZY U, RUSTICHINI A. 2000. A fine is a price, Journal of Legal Studies, XXIX.

[20] HADAWAY B. 2000. Executive privateers: A discussion on why the Civil Asset Forfeiture Reform Act will not significantly reform the practice of forfeiture[J]. University of Miami Law Review (55): 81-121.

[21] HANEY CRAIG, PHILLIP ZIMBARDO. 1998. The Past and Future of U. S. Prison Policy: Twentyfive Years After the Stanford Prison Experiment [J]. American Psychologist (53): 709-727.

[22] HUANG Y. 1996. Central-Local Relations in China during the Reform Era: The Economic and Institutional Dimensions[J]. World Development, 24: 655-672.

[23] JEFFERSON E, HOLCOMB TOMISLAV V, KOVANDZIC MARIAN R, WILLIAMS. 2011. Civil asset forfeiture, equitable sharing, and policing for profit in the United States[J]. Journal of Criminal Justice (39): 273-285.

[24] LEPSCH Peter D. Wanted: Civil Forfeiture Reform[J]. The Drug Policy Letter. Summer 1997: 12.

[25] LEVITT S D. 1997. Incentive compatibility constraints as an explanation for the use of prison sentences instead of fines[J]. International Review of Law and Economics (17): 179-192.

[26] LEVITT S D. 1998a. Why do increased arrest rates appear to reduce crime: deterrence, incapacitation, or measurement error? [J]. Economic Inquiry (36): 353-372.

[27] LEVITT S D. 1998b. Juvenile crime and punishment[J]. Journal of Political Economy (106): 1156-1185.

[28] LOCK ERIC D, JEFFREY M Timberlake, Kenneth A. Rasinki. 2002. Battle Fatigue: Is Public Support Waning for 'War'-centered Drug Control Policiess? [J]. Crime and Delinquency (48): 380-398.

[29] MALKIN MICHELLE. 1999. Seizure Disorder: Seattle's 'Drug Nuisance Abatement' Program is a Menace to Law-Abiding Property Owners[J].

Reason. March: 56.

[30] MAST BRENT D, BRUCE L. BENSON, DAVID W RASMUSSEN. 2000. Entrepreneurial Police and Drug Enforcement Policy [J]. Public Choice (104): 285-308.

[31] MILLER MITCHELL J, LANCE H SELVA. 1994. Drug Enforcement's Double-Edged Sword: An Assessment of Asset Forfeiture Programs [J]. Justice Quarterly (11): 313-335.

[32] POLINSKY A M. 1980. Private versus public enforcement of fines [J]. Journal of Legal Studies (9): 105-127.

[33] POLINSKY A M, S SHAVELL. 1979. The optimal tradeoff between the probability and magnitude of fines [J]. American Economic Review (69): 880-891.

[34] POLINSKY A M, S SHAVELL. 1984. The optimal use of fines and imprisonment[J]. Journal of Public Economics (24): 89-99.

[35] POLINSKY A M, S SHAVELL. 2000. The economic theory of public enforcement of law[J]. Journal of Economic Literature (38): 45-76.

[36] QIAN Y, G ROLAND. 1998. Federalism and the Soft Budget Constraint [J]. American Economic Review, 88: 1143-1162.

[37] RIDER N. 2007. Returning forfeited assets to victims [J]. United States Attorneys Bulletin, (55): 30-55.

[38] SCHNEIDER ANDREW, MARY PAT FLAHERTY. 1991. Drug Law Leaves Trail of Innocents[J]. Chicago Tribune. Aug 11, 000. C, 1.

[39] SKOLNICK J. 2008. Policing should not be for profit[J]. Criminology and Public Policy(7): 257-262.

[40] SORENS J. MUEDINI F, Ruger W. 2008. State and local public policies in 2006: A new database[J]. State Politics and Policy Quarterly (8): 309-326.

[41] STAHL MARC B. 1992. Asset Forfeiture, Burdens of Proof and the War on Drugs[J]. The Journal of Criminal Law and Criminology (83): 274-337.

[42] STIGLER G J. 1970. The optimum enforcement of laws [J]. Journal of Political Economy (78): 526-536.

[43] VON KAENEL F. 1994. Recent development: Missouri ups the ante in the drug forfeiture 'race to the res' [J]. Washington University Law Quarterly (72): 1469-1486.

[44] WALDFOGEL J. 1995. Are fines and prison terms used efficiently? Evidence on federal fraud offenders[J]. Journal of Law and Economics (38):

107-139.

[45] WILLIAMS M. 2002b. Civil asset forfeiture: Where does the money go? [J]. Criminal Justice Review (27): 321-329.

[46] WORRALL J. 2001. Addicted to the drug war: The role of civil asset forfeiture as a budgetary necessity in contemporary law enforcement[J]. Journal of Criminal Justice (29): 171-187.

[47] WORRALL J. 2004. The Civil Asset Forfeiture Reform Act of 2000: A Sheep in Wolf's Clothing? [J]. Policing: An International Journal of Police Strategies and Management (27): 220-240.

[48] WORRALL J, Kovandzic T. 2008, Is policing for profit[J]. Answers from asset forfeiture. Criminology and Public Policy (7): 219-244.

[49] WORRALL JOHN L. 2001. Addicted to the Drug War: The Role of Civil Asset Forfeiture as a Budgetary Necessity in Contemporary Law Enforcement [J]. Journal of Criminal Justice (29): 171-187.

[50] XU C, Y QIAN. 1993. Why China's Economic Reforms Differ: The M-Form Hierarchy and Entry/Expansion of the Non-State Sector[J]. Economics of Transition, 1: 135-170.

[51] XU C. 2011. The Fundamental Institutions of China's Reforms and Development[J]. The Journal of Economic Literature, 49: 1076-1151.

[52] ZHANG X. 2006. Fiscal Decentralization and Political Centralization in China: Implications for Growth and Inequality[J]. Journal of Comparative Economics, 34: 713-26.

(二) 网络资料

[1] BURNETT J. 2008a. Seized drug assets pad police budgets. National Public Radio: Dirty money: Asset seizures and forfeitures Retrieved[EB/OL]. April 14, 2009 from www. npr. org/templates/story/story. php? storyId=91490480.

[2] BURNETT J. 2008b. Cash seizures by police prompt court fights. National Public Radio: Dirty money: Asset seizures and forfeitures Retrieved[EB/OL]. April 14, 2009 from www. npr. org/templates/story/story. php? storyId=91555835.

[3] BURNETT J. 2008c. Deputy has Midas touch in asset seizures. National Public Radio: Dirty money: Asset seizures and forfeitures Retrieved[EB/OL]. April 14, 2009 from www. npr. org/templates/story/story. php? storyId=91582619.

[4] BURNETT J. 2008d. Sheriff under scrutiny over drug money spending.

National Public Radio: Dirty money: Asset seizures and forfeitures Retrieved [EB/OL]. April 14, 2009 from www. npr. org/templates/story/story. php? storyId=91638378.

[5] DUNN K. Reining in forfeiture: Common sense reform in the war on drugs. Retrieved August 12, 2009 from www. pbs. org/wgbh/pages/frontline/shows/drugs/special/forfeiture. html.

[6] KELLER T, WRIGHT J. 2004. Policing and prosecuting for profit: Arizona's civil asset forfeiture laws violate basic due process protections: Policy Report No. 198[EB/OL]. Available from Goldwater Institute at. http://goldwaterinstitute. org/article/1294.

[7] SHANKS J, MORISON K. 2008. Sheriffs can use federal asset forfeiture funds to support National Law Enforcement Museum [EB/OL]. Sheriff (pp. 72-73). http://www. sheriffs. org/file. asp? F=8D99B6C9D1CE46B8B9ED0185D5D47579. pdf&N=SH08_6_Shanks_Morison. pdf&C=spotlights/documents.

[8] UNITED STATES DEPARTMENT of JUSTICE. 2008a. Manual: Asset forfeiture policy manual [EB/OL]. Washington, DC: United States Department of Justice. http://www. usdoj. gov/criminal/foia/docs/PolicyManual08. pdf.

[9] UNITED STATES DEPARTMENT of JUSTICE. 2008b. Asset Forfeiture Fund and Seized Asset Deposit Fund Annual Financial Statement: Fiscal Year 2007[EB/OL]. Washington, DC: United States Department of Justice. http://www. usdoj. gov/jmd/afp/01programaudit/index. htm.

[10] UNITED STATES DEPARTMENT of JUSTICE. 2009. Guide to equitable sharing for state and local law enforcement agencies[EB/OL]. Washington, DC: United States Department of Justice. http://www. usdoj. gov/criminal/afmls/publications/guidetoeq09. pdf.

(三) 报告、著作

[1] EDGEWORTH D. 2008. Asset forfeiture: Practice and procedure in state and federal courts[R]. Chicago: American Bar Association.

[2] EXECUTIVE OFFICE for ASSET FORFEITURE. 1991. Need to Expedite Asset Forfeiture Deposits[R]. DOJ Asset Forfeiture Manual. Washington, DC: United States Department of Justice, July 8.

[3] LEVY L. 1996. License to steal: The forfeiture of property[M]. Durham, NC: Carolina Academic Press.

[4] MAGUIRE KATHLEEN, ANN L PASTORE. 2004. Sourcebook of Criminal Justice Statistics 2003[R]. Bureau of Statistics. Washington, DC: U. S. Government Printing Office.

[5] VECCHI G, SIGLER R. 2001. Assets forfeiture: A study of policy and its practice. Durham[R]. NC: Carolina Academic Press.

[6] VECCHI GREGORY M, ROBERT T SIGLER. 2001. Asset Forfeiture. Durham[M]. NC: Carolina Academic Press.

[7] WILLIAMS H. 2002a. Asset forfeiture: A law enforcement perspective. Springfield[M]. IL:Charles C. Thomas Publishers.

[8] GORDON R H, J D WILSON. 1999. Tax structure and government behavior: Implications for tax policy [R]. NBER working paper number W7244.

附件 A　交通违规执法调查问卷

1. 您(单位)主要的交通(运输)工具(　　)。

选　　项	回复情况	比例
小汽车	96	90%
大货车	2	2%
大中型客车	3	3%
其他	6	6%
受访人数	**107**	

2. 您(单位)的车辆主要运行地区(　　)。

选　　项	回复情况	比例
东部沿海地区	88	82%
中部地区	17	16%
西部、边疆地区	2	2%
受访人数	**107**	

3. 车辆所属单位(个人)性质(　　)。

选　　项	回复情况	比例
私家车	73	68%
党政机关、事业单位	3	3%
上市公司	8	7%
中小企业、个体私营者	10	9%
其他	13	12%
受访人数	**107**	

4. 您(单位)的车辆在交通违规中最常受到的处罚形式是(　　)。

选　　项	回复情况	比例
警告,并及时纠正违规、违法行为	18	17%
罚款(没)并纠正错误	57	53%
扣车、罚款赎回或直接罚款(没),但无后续其他纠正措施	18	17%
其他	14	13%
受访人数	**107**	

5. 您(单位)的车辆被处罚的主要原因是(　　)。

选　　项	回复情况	比例
乱停车	55	51%
闯红灯等不按交通规则行使	26	24%
超载	0	0%
车辆被认定为不合格	0	0%
以上都是	2	2%
其他	24	22%
受访人数	**107**	

6. 您认为造成您(单位)车辆违规的主要原因是(　　)。

选　　项	回复情况	比例
交通规则制定不合理,造成车辆容易违规	40	37%
执法陷阱、无意识违法	19	18%
处罚成本太低,违法“合算”,有意而无赖的选择	2	2%
侥幸心理,运气差,被警察抓住	18	17%
其他	28	26%
受访人数	**107**	

7. 车辆一年的交通罚款(没)支出大约是(　　)(平均一辆车)。

选　　项	回复情况	比例
大于(等于)500 元但少于 1 000 元	49	46%
大于(等于)1 000 元但少于 2 000 元	24	22%
大于(等于)2 000 元但少于 3 000 元	2	2%
大于(等于)3 000 元但少于 5 000 元	3	3%
大于(等于)5 000 元	0	0%
几乎没有	29	27%
受访人数	**107**	

8. 您认为现行交通违规罚款(没)措施对交通违规行为的降低有没有作用(　　)。

选　　项	回复情况	比例
有,作用很大	20	19%
有,但不明显	36	34%
对穷人有作用,而对富人没有作用	43	40%
没有	8	7%
受访人数	**107**	

9. 您认为对于交通违规最有效的处罚形式是(　　)。

选　　项	回复情况	比例
罚款	17	16%
罚款并暂扣交通工具一定时间	11	10%
罚款并暂扣驾照一定时间	35	33%
暂扣驾照一定时间	19	18%
吊销驾照	9	8%
其他	16	15%
受访人数	**107**	

10. 您认为对您在交通违规处罚中是否受到了公平对待(　　)。

选　　项	回复情况	比例
是,法律面前人人平等	28	26%
否,看车辆所属单位或个人身份区别对待	52	49%
说不清	27	25%
受访人数	**107**	

11. 当你面对交通违规罚款(没)时,您"第一时间"想到的是(　　)。

选　　项	回复情况	比例
托人说情少罚款或不罚款	20	19%
和执法人员讨价还价	15	14%
认可处罚并愿罚款	59	55%
其他	13	12%
受访人数	**107**	

12. 当您交通违规并接受处罚后,您的"第一感觉"是(　　)。

选　　项	回复情况	比例
下次不能再犯,交通违规对人、对己都不好	63	59%
今天运气不好,下次就不会被抓住了	21	20%
交通违规就是罚款,花钱了事、下次继续、违法"合算"	7	7%
其他	16	15%
受访人数	**107**	

13. 您认为执法人员的主要目的是(　　)。

选　　项	回复情况	比例
维护交通秩序	48	45%
完成上级下达的执法任务	22	21%
为创收而罚款(没)	34	32%
其他	3	3%
受访人数	**107**	

14. 您认为执法人员的罚款(没)收入与其个人收入是否挂钩(　　)。

选　　项	回复情况	比例
挂钩	88	82%
不挂钩	19	18%
受访人数	**107**	

15. 您是否同意执法人员或执法机关从罚没收入中分成(　　)。

选　　项	回复情况	比例
同意	16	15%
不同意	74	69%
有条件同意	10	9%
说不清	7	7%
受访人数	**107**	

16. 对行政执法工作人员的业务素质,您感觉(　　)。

选　　项	回复情况	比例
非常满意,对法律制度掌握很好,并能够合理运用,且保证了法律的严肃性	6	6%
比较满意,对法律制度有一定理解,但执法随意,降低了法律的严肃性	64	60%
不太满意,对法律几乎不理解,只知道罚款	22	21%
不满意,对法律制度不了解,执法随意,把法律当儿戏	15	14%
受访人数	**107**	

17. 您认为当前交通违法现象屡禁不止的主要原因是(　　)。

选　　项	回复情况	比例
法律制度设定不合理,模糊不清,经常留下陷阱	28	26%
执法部门有法不依、执法不严,伤害了法律的严肃性,使得社会普遍不尊重法律	47	44%
执法部门为了利益而"养鱼执法"	19	18%
其他	13	12%
受访人数	**107**	

18. 您对行政执法工作人员的执法态度方面，您感觉（　　）。

选　　项	回复情况	比例
非常满意，让人愿意接受，教育为主、处罚为辅	4	4%
比较满意，比较能够让人接受，先讲道理后处罚	43	40%
不太满意，道理讲不清，只知道处罚	41	38%
不满意，态度生硬，只处罚不讲道理	19	18%
受访人数	**107**	

19. 您对国家法律的总体印象是（　　）。

选　　项	回复情况	比例
法律面前人人平等，法律为民着想，是所有人行动的纲领，并得到严格实施	18	17%
法律只对部分人严格实施，起到硬性约束作用	42	39%
法律很空洞，执法人员想用的时候就有，不想用的时候就没有	40	37%
制定法律就是让人违法，并且法律经常留下陷阱，诱人违法	5	5%
其他	2	2%
受访人数	**107**	

20. 您对国家行政执法机关的总体印象（　　）。

选　　项	回复情况	比例
非常信任，执法机关执法为民	5	5%
比较信任，大部分时间能够为民考虑	38	36%
不太信任，罚款创收放在工作第一位	45	42%
不信任，完全不顾百姓感受，与民争利	19	18%
受访人数	**107**	

附件B　食品安全执法调查问卷

1. 贵单位性质是(　　)。

选　　项	小计	比例
A. 国有企业	55	25.46%
B. 非国有上市公司	23	10.65%
C. 中小型企业	118	54.63%
D. 个体工商户	18	8.33%
E. 其他	2	0.93%
本题有效填写人次	**216**	

2. 贵单位主要生产、经营地区(　　)。

选　　项	小计	比例
A. 东部沿海地区	107	49.54%
B. 中部地区	76	35.19%
C. 西部、边疆地区	33	15.28%
本题有效填写人次	**216**	

3. 执法机关对贵单位的主要执法方式(　　)。

选　　项	小计	比例
A. 定期、有规律检查	75	34.72%
B. 不定期、无规律检查，且无事先通知	38	17.59%
C. 虽是不定期，但每次检查会受到正式或不正式消息	63	29.17%
D. 定期与不定期相结合，且无事先通知	38	17.59%
E. 其他	2	0.93%
本题有效填写人次	**216**	

4. 执法机关一般最短多长时间来贵单位检查一次(　　)。

选　　项	小计	比例
A. 一个月	51	23.61%
B. 一个季度	127	58.8%
C. 半年	31	14.35%
D. 一年	4	1.85%
E. 几乎不来	3	1.39%
本题有效填写人次	**216**	

5. 执法机关对贵单位的主要检查方式和重点(　　)。

选　　项	小计	比例
A. 查看相关证照是否齐全,认真检查生产、流通、存储设备卫生、安全性,并自主随机抽样带回检测食品	117	54.17%
B. 主要查看相关证照是否齐全,并简单查看相关流程及设备卫生情况,简单抽样带回检测食品	65	30.09%
C. 主要查看相关证照是否齐全,并简单查看相关流程及设备卫生情况,并由企业自行提供样本带回检测	28	12.96%
D. 简单查看,并无重点,并由企业自行提供样本带回检测或者几乎不带回任何样本检测	6	2.78%
E. 电话等其他方式通知企业自行将相关样本送到指定地方检测	0	0
F. 其他	0	0
本题有效填写人次	**216**	

6. 贵单位在被检查过程中,最常受到的处罚形式(　　)。

选　　项	小计	比例
A. 警告,并及时纠正违规、违法行为	116	53.7%
B. 罚款(没),但罚款后并无其他后续管理措施	34	15.74%
C. 罚款(没)并被及时纠正错误	58	26.85%
D. 其他	8	3.7%
本题有效填写人次	**216**	

7. 贵单位一年的罚款(没)支出大约是(　　)。

选　　项	小计	比例
A. 大于(等于)5 000元但少于10 000元	87	40.28%
B. 大于(等于)10 000元但少于30 000元	60	27.78%
C. 大于(等于)30 000元但少于50 000元	24	11.11%
D. 大于(等于)50 000元	4	1.85%
E. 几乎没有	41	18.98%
本题有效填写人次	**216**	

8. 您认为造成贵单位食品安全违法、违规的主要原因是(　　)。

选　　项	小计	比例
A. 食品安全标准过于严格,在中国根本达不到	28	12.96%
B. 平时几乎没人管,为降低企业成本而自主降低标准,市场上几乎所有企业都这么做	118	54.63%
C. 执法只不过是罚款,且数额可以承受,违法"合算",有意而无赖的选择	47	21.76%
D. 其他	23	10.65%
本题有效填写人次	**216**	

9. 当贵单位在面对执法部门执法时,您"第一时间"想到的是(　　)。

选　　项	小计	比例
A. 找关系托人说情,争取不处罚或降低处罚标准	93	43.06%
B. 认可处罚,罚款了事,但要和执法人员讨价还价,降低处罚标准	103	47.69%
C. 坚决抵制,拒不接受	2	0.93%
D. 其他	18	8.33%
本题有效填写人次	**216**	

10. 当您接受执法机关的处罚后，您的“第一感觉”是(　　)。

选　　项	小计	比例
A. 食品就应该保持安全，下次不能再犯	126	58.33%
B. 今天运气不好，以前都不查的	23	10.65%
C. 执法机关就是想收点罚款，交了罚款后一定时间内就没事了	64	29.63%
D. 其他	3	1.39%
本题有效填写人次	**216**	

11. 您认为现行食品安全违规罚款(没)措施对提高食品安全的作用(　　)。

选　　项	小计	比例
A. 有，作用很大	30	13.89%
B. 有，但不明显	156	72.22%
C. 几乎没有作用	28	12.96%
D. 不清楚	2	0.93%
本题有效填写人次	**216**	

12. 您认为对于提高食品安全最有效的处罚形式是(　　)。

选　　项	小计	比例
A. 较重的罚款	9	4.17%
B. 对违规企业责令停产直至改正	79	36.57%
C. 较重的罚款后再对违规企业责令停产直至改正	86	39.81%
D. 吊销其营业执照	41	18.98%
E. 其他	1	0.46%
本题有效填写人次	**216**	

13. 您认为在对贵单位的违规处罚中，您是否受到了公平对待(　　)。

选　　项	小计	比例
A. 是,法律面前人人平等	54	25%
B. 大部分时间受到了公平对待	100	46.3%
C. 否,看单位或个人身份和背景区别对待	54	25%
D. 说不清	8	3.7%
本题有效填写人次	**216**	

14. 您认为现行执法人员执法的主要目的是(　　)。

选　　项	小计	比例
A. 维护食品安全,履行职责使命	83	38.43%
B. 完成上级下达的执法任务	70	32.41%
C. 为创收而罚款(没)	11	5.09%
D. 既为完成任务也为创收	50	23.15%
E. 不清楚	2	0.93%
本题有效填写人次	**216**	

15. 您是否同意执法人员或执法机关从罚没收入中分成(　　)。

选　　项	小计	比例
A. 同意	27	12.5%
B. 不同意	89	41.2%
C. 有条件同意	78	36.11%
D. 说不清	22	10.19%
本题有效填写人次	**216**	

16. 您认为罚款(没)项主要应该用于(　　)。

选　　项	小计	比例
A. 作为地方政府一般财政收入,无须特别管理	13	6.02%
B. 可用于执法机关执法经费,保证执法经费来源,进一步加强执法力度	103	47.69%

（续表）

选　　项	小计	比例
C. 应当用于国家预防犯罪、国家慈善、教育事业、禁毒等法制宣传与教育活动	87	40.28%
D. 随便用在哪里，反正与我无关了	12	5.56%
E. 其他	1	0.46%
本题有效填写人次	**216**	

17. 您认为造成中国当前食品安全问题屡禁不止的主要原因是（　　）。

选　　项	小计	比例
A. 无法律制度明确规定，或标准设定不合理，模糊不清，不知道什么是安全的	29	13.43%
B. 地方政府为了地区经济增长及就业等问题对企业违法行为"睁一只眼、闭一只眼"	84	38.89%
C. 执法部门基于部门利益而"养鱼执法"，甚至纵容违法，伤害了法律的严肃性，使得社会普遍不尊重法律	62	28.7%
D. 以上都是	38	17.59%
E. 其他	3	1.39%
本题有效填写人次	**216**	

18. 您对行政执法工作人员的业务素质方面，您感觉（　　）。

选　　项	小计	比例
A. 非常满意，对法律制度掌握很好，并能够合理运用，且保证了法律的严肃性	20	9.26%
B. 比较满意，对法律制度有一定理解，但执法随意，降低了法律的严肃性	131	60.65%
C. 不太满意，对法律几乎不理解，只注重罚款	47	21.76%
D. 不满意，对法律制度不了解，执法随意，把法律当工具	18	8.33%
本题有效填写人次	**216**	

19. 您对行政执法工作人员的执法态度方面，您感觉（　　）。

选　　项	小计	比例
A. 非常满意，让人愿意接受，教育为主、处罚为辅	15	6.94%
B. 比较满意，比较能够让人接受，先讲道理后处罚	131	60.65%
C. 不太满意，道理讲不清，只知道处罚	55	25.46%
D. 不满意，态度生硬，只处罚不讲道理	15	6.94%
本题有效填写人次	**216**	

20. 您对国家行政执法机关的总体印象（　　）。

选　　项	小计	比例
A. 非常信任，执法机关执法为民，能够积极履行本职工作，维护正常社会秩序	22	10.19%
B. 比较信任，执法机关大部分时间能够执法为民、为民着想	118	54.63%
C. 不太信任，常常将完成执法任务、罚款创收放在工作第一位	73	33.8%
D. 其他	3	1.39%
本题有效填写人次	**216**	

附件C　行政罚没典型案例总结

一、罚而不管

【案例一】 2011年年底，河南省新野县老街和新甸铺镇的市场上，当地工商所的执法人员挨家挨户向商户们收取“罚款”，理由是销售“不合格商品”和“无照经营”，罚款金额从一两百元、三五百元到上千元不等。工商执法人员在执法过程中既没有做检查笔录，也没有填写处罚通知书，前前后后只做了一件事，就是收钱。商户们在缴了罚款之后仍可以继续经营，执法机关甚至为劣质产品进入市场打开了方便之门。此种执罚方式并不是2011年才开始，2010年就已经执行过同样的处罚方式。

案例来源：中央电视台《焦点访谈》2011年12月31日。

【案例二】 2011年，江西省永丰县工商局公平交易局的执法人员向当地的化肥生产和销售企业以“市场服务费”“市场咨询费”等名义收取罚款。当地一些化肥经销商证实，“缴完罚款后，生产商和经销商就得到保护，劣质化肥成了‘免检产品’，执法部门很少抽检，上头来人抽检还会提前打招呼。”不少化肥经销商向监管部门缴纳“市场服务费”后，即获得了“合法经销劣质化肥”的保护伞，转而要求化肥厂生产复合肥的氮磷钾实际含量必须少于包装袋标注的标准，降低出厂价，然后以合格产品向农民出售，牟取暴利。

案例来源：《中国青年报》2006年5月25日。

【案例三】 哈尔滨市道里区行政执法局行政执法人员长期收取小商小贩的“罚款”，缴纳费用的摊主可以免受“踹摊”之苦。如有大规模的执法活动，执法人员还会事先通知交费的小摊小贩提前躲避。执法人员每月向小商贩定期收取300元钱，有关系的则可收200元。凡有新来的小贩不知道“规矩”的，执法人员一般第一次会告知，如果还不交费，执法人员在下次检查时就会把摊床踹翻、没收。在每月收了钱之后，平时保证没人管你，而且遇到有大的执法活动，执法人员就给打电话提前通知别出摊。

案例来源：《黑龙江晨报》2009年08月20日。

【案例四】 陕西省连接清涧县和渭南市的省道渭清路，是很多从黄龙往韩城拉煤的大货车的必经之路，据司机介绍，韩城平日用煤量大，所以这条路就成为运煤的一条大通道，从黄龙到韩城130公里的路程上，黄龙县、澄城县、合阳县、韩城市的交警和运管部门设立的处罚点就多达五六处。据常走这条路的司机反映，每次只要进入黄龙，就会被随时等候在那里的交警和运政人员拦下罚款，而且，没有任何理由。而且，黄龙交警队还设点双向罚款，各个交警中队分工明确。黄龙县交警队城区中队，负责拦截由南向北的车辆，瓦子街中队负责拦截由北向南的车辆，而且不光是白天罚款，晚上也不休息。

案例来源：中央电视台《经济半小时》2011年05月14日。

【案例五】 河南省运输重镇西峡县拥有将近5 000辆大货车，大货车每天会把大量的煤炭从内蒙古、陕西运到河南、湖北、湖南、江西等省份。司机们统计了他们6个月被罚款的单据，最少的一天得被罚100元，多的时候两三百元，一个月可能下来，罚款估计5 000元左右，甚至是七八千元。在路上被交警和路政逮住罚款是家常便饭。根据线路的不同以及运输距离的不同，每辆车的罚款额从每月三千元到七千元不等。河南一个维权司机却告诉我们，现在公路三乱仍然非常严重，全国每年的公路罚款可能高达4 000亿元。中国市场学会理事肖忠礼介绍，这个数字应该说不是一个夸张的数字，他接触的这方面驾驶员还是比较多。国家行政学院教授竹立家也认为这个数字的可信度还是蛮高的。

案例来源：中央电视台《经济半小时》2011年05月14日。

【案例六】 2011年4月22日，记者在鄂尔多斯坐上一辆开往河南西峡的大货车。中午12点多钟，大货车刚通过内蒙古、陕西交界的高速公路收费口就出了故障，停在紧靠收费口附近的休息区。下午1点左右，路政人员赶到，违规扣下了只有交警才有权力扣留的行驶证，然后开始计时罚款。一位路政执法人员说，一个小时要罚300元。司机问，如果车要是修好几个小时的话，罚款岂不是要1 000多元了？路政人员肯定地说："那我管不着，就是这么个意思。"司机问："那你这本来就是设立的停车带，为什么还要罚？"路政说："那我不管，这是我们公路公司的规定。"

案例来源：中央电视台《经济半小时》2011年05月14日。

【案例七】 朱凤鹏是云南玉溪一个运输企业的负责人，2011年他提着这个沉甸甸的箱子告诉记者，这是公司去年一年的罚单，罚单价值300万元，平均每个车是3万。占到了公司一年利润的一半。他苦恼地说："跑长途的司机又被罚了，昨天又被罚了，今天又被罚了。经常接到这种电话，有时候，经常接到这样的电话，有时候正吃饭接到电话，气的是饭都吃不下。很无奈，很气。"朱凤鹏干运输已经近20年了，最近几年感觉越来越不好干，一个重要的原因就是罚款越来越多，而且很多时候罚款罚得没有道理。

案例来源：中央电视台《经济半小时》2011年05月14日。

当某些执法部门或地区由于种种原因出现财政上的困难，执罚创收成为这些部门或地区的首选。执法基本上不是为了维护社会公众利益，而是赤裸裸地为了财政收入。这样的执法姑且称之为收费式执罚，执法机关完全是为了获得经济利益而来，甚至不择手段、吹毛求疵地寻找被处罚当事人的"违法乱纪"行为。法律已经完全沦为创收的工具，执法部门执法的频率完全是根据部门或地方政府财政收入的需要而进行，有些执法部门在执罚甚至连理由都懒得提供，可以开出没有理由的空白罚款单，有的甚至连发票也没有。

【案例八】 很多司机告诉记者，河南公路罚款非常乱，邓县是属于乱罚款特别严重的地区，这里的交警毫无理由的向司机手里塞罚单，虽然司机一次次挡回，但最终还是拗不过交警，交警甚至连罚款的理由都懒得说。不停地在207国道上拦下一辆辆大货车，甚至还双向拦车进行罚款，交警开出的罚单，如同天书一样，谁都看不明白。事实上，交警的天书罚单并非个案，并非仅仅是河南才有。一位货车司机展示，陕西交警开出的罚单，同样没有罚款理由；辽宁开出的罚单，也没有罚款理由；甘肃开出的罚单，背面处罚依据还是空白。

案例来源：中央电视台《经济半小时》2011年05月14日。

【案例九】 辽宁省沈阳市刮起了一股店铺关门风，有店铺的则对外挂上“正在装修”的牌子，半开半关“偷偷”营业。关门的商铺分布于各个行业，餐饮、理发、KTV、汽车维修……有的整条街近百家商铺都停业。这是源于很多店家都相信了最近要“严格打假”的一条传言。汪女士在沈阳一家综合性商品市场卖服装，该市场有近3 000家商户。她介绍：“最严重的是一周前，楼上近千户10分钟之内全关了。听说抓人、罚款，拿钱人才能放出来。五证俱全要七证，七证齐了要九证，反正总是要找你麻烦，现在我都不敢开门。来顾客了，看明白不是来查的，才敢卖个一件两件的。”在沈阳市铁西区重工街和保工街，关门的商铺一家连着一家，有的店门虚掩，有的半挂卷帘。一家粥铺的老板周女士透露：“本来是不怕检查，但这次检查就是为了罚款，一罚就是几万元，而且还抓人扣货。比如，你有个员工健康证去年没年检，人就被当场带走，交钱赎人。听说要收几十个亿才够，检查到一只苍蝇就罚两千，总之就是找你麻烦。现在周边商铺不管什么行业都不敢开，听说是要为‘全运会’做准备，钱不够用了，就罚我们的。卖水果的检查出水果有化肥就罚，卖衣服的查出衣服质量有问题也罚。”沈阳市主要商圈，包括五爱市场（东北地区最大的小商品批发市场之一）、大西电子市场（东北区域综合性电子产品批发市场）、三好街（东北区域电子产品批零市场）、九路家具市场和东湖综合市场。调查发现，沈阳市中心的五爱市场纺织品市场和小商品市场，没有发现大面积商铺停业状况，客流也都正常。但是紧邻五爱市场的沈州路两侧，大量的橱柜、门业专卖店都紧闭大门。大西电子市场则较为萧条。该市场的一楼基本正常，二楼有一半档口停业，三楼基本没有开门的商铺。在营业的商户也纷纷议论着停业潮，表示很担心遭遇突击检查和罚款。在沈阳西部的九路家具市场，近百家瓷砖专卖店只有5家规模较大的开业，其余都大门紧闭。在九路市场附近繁华的商业区兴华南街上，只有部分餐饮店开业，大部分仍然关门，美容美发等店铺也都关着。在于洪区东湖综合市场，除了菜市场营业外，其他近千户商家基本都停业。

案例来源：《中国青年报》2012年08月08日。

二、罚款预交

【案例十一】 2009年，江西省乐平市交警部门对车主实行"罚款包季、包年制"，车主只要缴1 900元可保一个季度违章不被罚款，缴8 000元可保一年违章不被罚款。行政罚没的预交使得执法机关手中的权力可以变现，预交款成了违法的价格。交警部门手里的执法权原本不能用金钱来衡量，交警部门与车主原本是监管与被监管的关系，车主遵章守法是本分，任何人都没有违法的权利。车主交了罚款预交款之后就可以顺理成章的违章了，车主不违法反而觉得效用没有最大化，罚款便成了购买违法的价格，每辆车每个季度1 900元，每年8 000元。交警成为贩卖法律的商人，执法可以买卖。交警部门与车主的关系变成"保护"与"被保护"的关系。不缴"保护费"麻烦不断，缴了"保护费"可保平安。乐平市交警大队副大队长徐理生接受采访时称，此举是为了减少当场罚款的频率。交警的解释耐人寻味，执法部门不仅要创收，而且现在执法部门变成"惰性执法"，一次性收取以后若干时间的行政罚没收入，使得执法部门的利益最大化。唯一符合逻辑的解释是，罚款包季、包年制，不在于减少违章，不在于维护交通秩序，也不在于保护公民的生命和财产安全，他们的目的是执法创收，为了部门的利益，甚至为了执法者个人的利益，他们不惜以变相鼓励司机违章、破坏交通秩序、危害群众生命财产安全为代价。

案例来源：《京华时报》2009年8月18日。

【案例十二】 2009年，湖南省株洲市公路局超限超载检测蛇湖站出台规定，货车超载10吨以下一律罚款500元，10吨以上一律罚款1 000元。并且设立两种"套餐"形式的罚款，分为500元档和1 000元档两种。一位货车司机透露，"这样的罚款已有好些年了，蛇湖检测站要求按500元或者1 000元一个月的标准，只要有一次超载，就执行套餐包月标准”。

但司机如果购买了套餐，则按照潜规则，缴了一次罚金后，凭这个收据联，在一个月内超载就没事了，这是货车司机和检测站达成的一种默契。即只要货车司机缴了一定数额的“包月”罚款，即使车辆超限超载，一样畅通无阻。

在运煤司机眼里，比“包月套餐”更牛的是一种特别通行证，一位货车司机拿出几张由株洲市调煤保电工作领导小组办公室发的“株洲市电煤运输通行证”说，“很多运煤车司机手上都有这个证件，有了这个，在株洲市境内运煤，不管你超载多少，任何关卡都不会查你。这种证件一般一张的有效期为一次，少数的有效期为一年。”

案例来源：《京华时报》2009 年 8 月 18 日。

【案例十三】 2011 年 5 月，河南省淮滨县为了治理超载超限，规定三轴车车货总量不能超过 45 吨，两轴车不能超过 35 吨，分别将国家超限标准放宽 15 吨。据当地一些司机介绍，只要每月初上缴罚款领取“月票”，一个月内便可在此规定标准内超载行驶。河南淮滨私自放宽国家超限标准，甚至为超载车辆办理“超载月票”来看，当地相关职能部门显然迷失在了执法经济的歧途中，而“治超”职权，也异变成了谋利工具。

案件来源：《新京报》2012 年 8 月 8 日。

【案例十四】 黑龙江省道路运输管理局和哈尔滨市道路运输管理处派员前往通河县调查获悉：私家小排量车罚款 5 000 元即可“合法”营运一年的情况属实，但通河县将此解释成“扶贫解困”之举，且拉动国家内需。据通河县运管站统计：今年初以来通河有 254 辆私家小排量车通过罚款 5 000 元获得了“合法”营运一年的权利，其中 24 辆车因家庭条件困难罚款 3 000 元。通河县认为此举既解决了下岗职工的生计，扶贫解困，还支持了国家拉动内需鼓励购买小排量汽车的政策。据知情人说，在通河县，养黑车的人是分三六九等的，运管部门对黑车的罚款也分“三五七”三个档次。“三”是指 3 000 元的罚款金额，这样的罚款是针对镇内跑的非法营运车辆；“五”是指 5 000 元的罚款金额，这样的罚款是针对全县区域内非法营运车辆；“七”是指 7 000 元的罚款金额,被罚这个数额的都是“不开事儿”的人。黑龙江省通河县交通局副局长、运管站站长王洪君介绍,按照《黑龙江省道路运输管理条例》(以下简称《条例》)第五十七条规定,对擅自从事道路运输的汽车经营者,每辆一次可处以五千元至一万元罚款。运管部门只不过搞了变通:变“见一次罚一次”为“罚款给临时营运证”,并约以一年之期。

案例来源:《法制日报》2009年12月10日。

三、选择性执罚

【案例十五】 小尤是河北邯郸一位跑运输的个体司机,他的运输路线是从邯郸到天津,一共四五百公里的路程,但1年下来,他的两台车光罚款要有七八万元。仅仅在邯郸地区的公路上,就会有多个部门会对他的大货车进行罚款,首先就是交警部门。交警部门的检查异常仔细,一些指标如刹车灯、转向灯、牌照灯等出现问题肯定难逃罚款,而如果泥土灰尘遮住了这些信号灯也往往会引来交警的处罚。只要自己稍有疏忽,一路上交警部门的罚单就会不断。交通部门的罚款往往都是数千元,最高的甚至罚款二三万元。小尤告诉记者,交通运政部门一开始开出的罚单往往很高,但要想少罚还是有一些窍门的。“比如开始要罚8 000元,有很多社会人员会问你要不要帮忙,你给他1 000元钱,他帮你找关系,最后只罚2 000元,加上给车托的钱是3 000元钱,我还省了5 000元钱。”在河北邯郸,除了交通运政部门之外,交通路政部门也会对货车超限进行严格的处罚,而罚款同样惊人。就在几天前,小尤自己就经历了这样一次处罚。在邯郸市成安县的邯大公路,小尤的货车被交通路政部门以超载为由查获,通常情况下,这样的违规会被处以上千元到上万不等的处罚,但是小尤的货车是为当地大型企业运输货物,而这样的车在当地通行一种潜规则。执法人员表示,“给恒大、卓立的不能扣车不能扣证”,像小尤这样的为当地支柱企业运输货物的大货车在这条路上是不会以超载为由被罚款的,但是交通路政部门却不愿意白跑一趟。最终,小尤以20元钱现金免去了大额的罚款。

案例来源:中国网络电视台2011年05月18日。

【案例十六】 2011年5月,为了解公路罚款请款,记者暗访了从内蒙古到河南的大货车。大货车刚通过内蒙古陕西交界的高速公路收费口时便出了故障，于是车便停在紧靠收费口附近的休息区进行修理。下午1点左右，路政人员赶到，违规扣下了只有交警才有权扣留的行驶证，然后便开始了罚款计时，路政人员告诉司机，一小时罚款300元，如果修耽误了几个小时的话，罚款就将高达1 000多元。下午4点半，大货车还没有修好，路政人员再次赶来，要求罚款900元。不过说缴600元，不用开票。记者看到，司机给执法人员拿出600元后，执法人员并没有开出任何票据，只是把驾驶证还给了司机。司机怎么也搞不明白停在正常的休息地带为什么会被罚款。他向相关部门电话咨询，得到的解释是鄂尔多斯这个公司刚成立，很多条款不明确，但是司机不理解的是，不明确怎么能罚款呢。

案件来源：《新京报》2011年5月12日。

【案例十七】 “开票就是8 000元，不开票就是4 000元。”说话的不是卖场的小商贩，而是派出所的执法民警。最近，陕西西安一名男子因嫖娼被民警抓了，当时民警给出两条路，要么缴8 000元的罚款，要么坐6个月到2年的牢，当事人当然选择了缴钱。可第二天缴钱时，民警却说只罚4 000元。罚款减半当然没人不愿意，可是当当事人要求出具处罚单据时，却得到了刚才的答复。要开单据，就是8 000元，不开就是4 000元。

案件来源：中国广播网11月9日。

四、陷阱式执罚

【案例十八】 农村违法生育二胎要被处罚，但却出现了基层计生部门为了获取罚没收入，有意放纵而后收取罚款的现象。在一户人家生育一胎之后，就会有人主动上门表示“关心”，说自己有门路照顾他们一下，再生第二胎没问题。诚恳的态度，为他人着想的热情，简直就是这户人家的大恩人。但是，在这家女主人怀孕之后，他们的“恩人”嘴脸就变了，借口形势有变自己无能为力，开始上门催缴罚款。于是，从怀孕到孩子出生乃至到孩子上学，这户人家都会被一次次地催缴罚款。

案例来源：《法制日报》2009年12月10日。

【案例十九】 2009年上海出租车行业发生的"孙中界"事件，引起很大反响。几年来，上海市闵行区、宝山区等市郊的城市交通行政执法大队，一直存在着这样一种执法方式。他们往往通过"埋伏"作战，"当场抓获"正在进行"非法营运"的私家车，并处以1万至2万元的行政罚款，整个上海市至少有上千个"钓钩"。更让人震惊的是，在闵行区，"钓钩"每"钓"到一位私家车司机，便可获得300元人民币，"钓头"则提取200元。宝山区给"钓钩"开出的价格也是200元，南汇区250元，奉贤区则是600元。一个成熟的"钓钩"，月收入少则两三千元，多则五六千元。而"钓头"每个月能净赚1万至2万元，1年可达十几万元。同时，另一份文件引起了公众的注意。在《闵行区交通行政执法大队2007—2008年度创建文明单位工作总结》中提到，在两年时间里，该大队"查处非法营运车辆5 000多辆""罚没款达到5 000多万元""超额完成市总队和区建管局下达的预定指标任务"。

案例来源:《中国青年报》2009年10月16日。

【案例二十】 2008年7月18日下午，在合肥市保健院门外，一位打不到车的女士向刚开摩托送完妻子的李荣寿求助。这位女士称有急事，希望李荣寿能用摩托载自己一程。在该女士一再请求下，李荣寿答应了。却被合肥市交通运输管理处的执法人员拦下，认定李荣寿是"摩的司机"，要求暂扣他的车辆。

案例来源:《中国青年报》2009年04月10日。

【案例二十一】 湖南郴州境内的郴(州)资(兴)桂(阳)高等级公路为例，这条设计时速80公里的高等级公路，一些路段限速从每小时60公里、50公里、40公里甚至30公里、20公里不等，导致过往司机无所适从。而这条路上的几个交警执法大队，不定期、不定点地上路检测，只要过往司机超过限速标志牌设定的标准，就要被罚款。据郴州市高等级公路管理处介绍，在郴州至资兴公路的138K+800M至163K+450M处，不到25公里的路段，设立了限速标志牌和雷达测速牌达40块之多，其中限速每小时80公里的标志牌9块、60公里的标志牌18块、50公里的标志牌1块、40公里的标志牌6块、20公里的标志牌2块。在这条高等级公路上，限速混乱的情况并非这一处。桂阳县至嘉禾县路段,不到40公里,设立了23块限速标志牌和2个雷达测速标志牌;郴州市至桂阳县路段,仅30公里,设立了16块限速标志牌和8块雷达测速标志牌,限速从每小时80公里至20公里不等。

案件来源:《中国青年报》2007年05月17日。

【案例二十二】 河南南阳市镇平县312国道路段有一个常年隐蔽测速拍照的警车,这辆警车在后窗的太阳膜上开了一个长方形的小口子,不断对过往车辆进行偷拍,而且当时执法的交警面对询问居然不出示任何证件。根据2008年河南省交警总队出台的六条规定,移动隐蔽测速是典型的公路三乱行为。镇平县交警部门违规罚款,已经被他抓到6次,但对方始终不改。

案例来源:中央电视台《经济半小时》2011年5月24日。

五、任务式指标

【案例二十三】 安徽灵璧县交警大队正式交警50多人、非警员高达近200人。非警员中一部分是合同制民警,更多的是从社会上招的临时工,什么手续也没有。按规定,非警员并没有执法权力、不能单独执法。但在我们这里,他们成了交警执法的主要人员,因为要靠这些人来创收。除事故中队,其他5个交警中队根据所辖地区"肥瘦"每月都有数额不等的罚款任务,完不成任务中队领导就要下岗。一般来说,只要队里下达任务大家都能完成,拼命逮车就是了,24小时上路,定点查、开车到处转着查。负责城区的一中队有3台警车,每台车以前每月三万元任务,从去年7月份降到两万,5个交通岗亭,一个岗亭每月5 000元任务。其他中队任务高的每月14万元、最低的也有五六万元。2011年,一位交警向记者投诉:"我们每个月都有任务,每名上路交警必须完成300条违法信息录入、1.5万元罚款的指标,每个中队连拘留人数也有明确指标。完不成任务就要写检查。"该县交警大队长辩称,"任务"只是大队给交警下的"考核标准",与国家规定并不矛盾。可以判定,除了每位交警每月必须上缴1.5万元罚款之外,所谓的300条违法信息录入、5个人拘留,其最终的目的也是为了罚款。如此,该交警大队一个月将有多少罚款"收入"。

案例来源:《深圳晚报》2006年02月16日。

【案例二十四】 云南省曲靖市下辖的一个山区小县罗平县，县工商局给各科室、分局和工商所下达了罚没指标。在完成目标任务后，年底可以双倍领回风险金；否则将被扣钱。2010 年，他所在部门的目标任务为罚款 5 万元，部门负责人还与县工商局签订了责任书。该执法人员表示，罚没指标落实到部门，由所有执法人员共同完成。罗平县工商局内部一名不愿透露姓名的执法人员向记者提供了几张收据，盖有"罗平县工商行政管理局财务专用章"，数额均在 2 000 元及以上，"摘要"一栏写明为"风险金"。

案例来源：《人民日报》2011 年 08 月 03 日。

【案例二十五】 2009 年 3 月 9 日，北京市公安局交通管理局开发区交通大队天华路队印发《北京市公安局交通管理局开发区交通大队天华路队关于印发绩效考核实施办法的通知》（以下简称《通知》）及其附件《天华路队绩效考核实施办法》（以下简称《办法》）。其中，《通知》为盖着天华路队公章的红头文件，《办法》则有 12 页，细致规定了如何对交警进行绩效考核。《办法》规定，每月对排名靠前的民警进行通报表扬，对排名靠后的进行告诫谈话，并将考核名次作为工作津贴、绩效奖金发放，全年评选先进、立功嘉奖及年终公务员等级考评的重要参考依据。在后面的细则里更是列明，当月未完成执法纠违常量的，要评为当月末位民警，季度奖金降为三等。

《通知》及《办法》部分内容摘录如下：

（一）工作绩效

1. 处罚交通违法每笔，加 0.1 分，少 1 起减 0.2 分；

2. 处罚每笔平均金额超过 100 元，每多 10 元，加 1 分；

3. 处罚闯红灯，涉嫌严重违法行为，每 1 笔，加 0.3 分；少 1 笔扣 0.5 分；

4. 查获醉酒 1 起，加 2 分；查获酒后 1 起，加 1 分；未完成酒后常量的，扣 2 分；

5. 查获非司机 1 起，加 1 分；

6. 查获摩的 1 辆，加 1 分，查获农用车 1 辆，加 0.5 分；查获加装动力装置热力三轮车 1 辆，加 0.3 分；

7. 扣机动车每辆加 0.2 分，扣货车每辆加 0.3 分；少 1 辆扣

0.5分；

8. 违法停车贴条每2笔，加0.1分；

（二）指令工作

9. 警区未完成醉酒、非司机、摩的、贴条常量的，扣警区10分；

10. 警区未及时划考勤或考勤不准确的，扣警区3分；

11. 警区日常工作记录不详细、不准确，不能反映警区全面工作的，扣警区3分；

12. 警区未传达上级部署、指示，或传达部署工作不到位、不全面，会议记录不细致的，扣警区5分；

13. 未按大队、路队要去，落实各项工作部署的，扣警区5分；

14. 因病、事假相加超过3天的，超过1天，扣1分；

15. 根据局、大队绩效考评的工作需要，民警处罚笔数日均（实际出勤天数）不能低于8笔，新警不能低于2笔，未完成任务的，一次性扣30分。

案例来源：http://ks.cn.yahoo.com/question/21896750.html。

六、激励式指标

【案例二十六】 2006年2月，吉林省公主岭市公安局规定：把罚款的10%作为奖金返还给个人，20%返还给执行罚款的基层单位；将罚款数额与绩效考评挂钩，实行末位淘汰。这种以高额奖励加末位淘汰的制度，在民警中引发了一场执法罚款比赛。2006年，公主岭市公安局罚款收入高达1 600多万元，仅交警罚款就有1 100多万元。财政部门将罚没收入全额返还，局里在其中拿出110多万元作为罚款奖金下发，50多名一线交警人均2万元，罚款最多者拿到了5万多元。

案例来源：《瞭望》新闻周刊2007年06月06日。

【案例二十七】 2008年5月，为了治理城市脏、乱、差，湖南省株洲市政府组建了“市容环卫监督员”队伍，从此，一股处罚之风盛行湖南株洲街头。自2008年5月10日至2008年8月5日近3个月时间里，株洲市天元区市容环卫监督员上岗人数18 299人次，罚款127 560元。一名环卫监督员透露说：“我们的基本工资每月只有500元，但能从收取的罚款中提成40%至50%。”

案例来源:《新闻周刊》2012年08月22日。

【案例二十八】 2012年6月29日,为规范市民日常行为,邵阳市人民政府发布了《邵阳市人民政府关于进一步规范市民日常行为的通知》(市政发[2012]8号)。其中设定了大量的行政罚款项目,如乱扔果皮、纸屑、烟头、槟榔渣、塑料袋等废弃物的,每次罚款10元;随地吐痰的,每次罚款10元;随地便溺的,每次罚款20元;行人不走斑马线、乱翻护栏的,每人(次)罚款10元;非机动车辆不按规定停放的,每台(次)罚款50元。该通知自2012年7月1日起实施,第1个月以教育告诫为主,2012年8月1日起严格实施处罚。为加强该通知的执行,邵阳市城管局颁布了《市容环境监督员执法手册》,并聘请了大量的市容执法监督人员,全市大约有1 000多人,这些“市容监督员”大多在40岁至60岁之间。《市容环境监督员执法手册》规定,市容监督员的罚金将上缴给区财政,及时结算后,其中80%将返还奖励给监督员本人。

案例来源:《中国青年报》2012年08月22日。

【案例二十九】 2011年1月,东莞市财政局在答复一位市人大代表的提案建议时无意之中泄露了机密。

关键词:交警罚款

建议内容:交警查扣车辆罚款返还镇财政

处理结果:目前不适宜提高交警查扣车辆罚款返还比例

代表建议:《关于交警查扣车辆罚款返还镇财政建议》

人大代表梁志朋:目前交警部门查扣车辆罚款返还比例较低,建议把交警部门查扣车辆罚款返还比例由现在的15%提高到50%。

财政局回应:

交警部门的罚款包括一般违章罚款和电子警察罚款两种,其中一般违章罚款的返还比例是15%,电子警察罚款则根据市政府的相关规定,在收回投资成本之前全额返还监控罚款收入,收回成本之后按70%的比例返还。

根据相关规定,交警罚款收入的返还款由市财政拨付给镇街财政分局,由镇街财政分局统筹安排用于补充镇街交警部门的办案经费。

2010年，市财政对镇街交警（莞城、松山湖除外）基本经费的供给标准为每年每人13.93万元，其中工资津贴每年每人8.94万元，社保费单位支付部分每年每人0.57万元，公用经费每年每人0.95万元，特殊岗位津贴每年每人3.3万元，福利费每年每人0.17万元。从上述情况可知，镇街交警的经费（含罚款返还）大部分是由市供给的，因此目前不适宜提高交警查扣车辆罚款返还比例。

案例来源:《广州日报》2011年01月13日。

【案例三十】 黑龙江省林甸县是全国有名的贫困县，但该县2010年公路罚款收入达到300余万，该县运管站站长在一次酒席中坦言“罚款用来发工资”。林甸县运管的稽查人员分成6个组三班倒进行定点值班，对过往车辆进行检查。2011年5月11日晚上十点，记者对这个运管站进行了探访并见到了正在值勤的稽查队长。该队长的手包里装着一本票据和不少现金，这些都是罚款。其解释说，这3 900元钱中，有1 600元是他们这个组上一次值班时的罚款所得。去掉1 600元，就是从下午四点到晚上十点六个小时他们共罚款2 300元，估计1个月他们能罚1万元。至凌晨五点，该站长手中的那本票据已经用到了最后一页，其告诉记者，11号夜里他们共对18台车辆进行了处罚，总共罚款5 200元，平均下来每台接近300元。对这18台车辆的处罚中，有近一半的处罚依据是《中华人民共和国道路运输管理条例》第六十九条的规定:“客运经营者、货运经营者不按照规定携带车辆营运证的，由县级以上道路运输管理机构责令改正，处警告或者20元以上200元以下的罚款”。也就是说，这一条的处罚是警告或罚款，即使罚款，也是在20元以上、200元以下，但从票据上看，所有的处罚全是最高限200元。并且，该站长透露该站行政罚没收入全额上级财政部门后，省财政部门将返还60%的行政罚没收入，40%的罚没收入留在了上级财政部门。

案例来源:中央电视台《经济半小时》2011年5月24日。

后　记

本书是在我的博士论文基础之上经过适当的修改而完成的。回想博士论文的写作过程，从选题到定题，到收集与整理资料，再到完成初稿、定稿，充满了艰辛与兴奋。看着书稿一页一页地增长，就像看着自己的“孩子”在成长一样，感觉既兴奋又欣慰。在博士论文完成的几年时间里一直有一种“冲动”——将论文整理出版，也算对博士论文写作过程的一个“交代”，但出版专著是需要“勇气”的。正当犹豫之际，恰逢学校有鼓励教师出版专著计划。由此，踏上了这趟“顺风车”。

本书虽说是在博士论文的基础之上修改而成，但回过头来对照原来的博士论文，发现原来的博士论文已经被修改得“面目全非”。博士论文的写作已经是好几年前的事情了，那时的写作水平与写作能力都不能与现在同日而语。且文中当时引用的数据与资料都已经过时了，需要加以修正和更新。在当时条件下的某些“拙见”现在也已经拿不上台面了，不得不对其进行大幅修改。其实，与其说是“修改”，倒不如说是“重写”。本书稿修改的完成得益于在加拿大纽芬兰纪念大学访学的时光。在那段时间里，正好“无所事事”，可以有整天的“空闲”时间来修订书稿。回顾那段时间，是一段非常自由的时光，可以做任何自己想做的事，而不必考虑外界的“干扰”。纽芬兰纪念大学地处北美大陆的最东端，濒临大西洋，风景优美。学校是加拿大大西洋地区最大的公立大学，也是加拿大大西洋地区最好的大学，在校学生人数有 10 000 多人。学校拥有商科、工科、文科、理科及医学等专业，是一所综合性大学，在加拿大大学中名列前茅。

本书以中国各级地方政府行政罚没为研究对象，以中国各级地方政府行政罚没收入连年增长为线索，探索中国各级地方政府行政罚没问题产生的诱因和动机，并对如何解决该问题提出了本书的建议。事实上，中国地方政府行政罚没问题由来已久，并且屡禁不止，是一个“顽症”。学者们对该问题的研究就一直没有停止过。有人认为中国行政罚没问题是一个法律问题,是中国各项法律制度不健全、不完善造成的。也有人认为中国的行政罚没问题是一个经济问题,是中国经济发展阶段不高,公民的素质较低,导致了违法乱纪的数量不断增长。还有的人认为中国地方政府行政罚没问题是因为地方政府税收收入不足,地方政府不得不依赖罚没收入来创收。如此种种研究结论应该都是十分有道理的,中国的法律制度确实不完善、不健全,中国的经济发展也还在路上,中国地方政府的主体税种也还没有确立,但这些研究都还不全面。本书选择从中国各级地方政府财政支出的视角对该问题进行研究,应该算是另辟蹊径。本书既是对已有文献的一个补充,又有自身的研究特点,丰富了中国地方政府行政罚没问题的研究思路和研究结论。政府支出越多,就越需要有源源不断的收入来源。税收收入的“三性”决定了税收收入对于中国地方政府来说是远远不够的,再加上中国地方政府的主体税种还没有确立,因此,必须要开辟税收之外的“非税收入”。正是在这样的背景下,中国各级地方政府的“罚没”收入才会不断地增长,而且屡禁不止。本书算是从政府间财政分配的视角对地方政府行政罚没问题开了题,但研究远远没有结束,还有更多的问题需要解决。希望此书能够成为“他山之石”。

本书虽然主要是在访学期间完成的,但还是有很多需要感谢的人。感谢加拿大纽芬兰纪念大学经济系的方教授给我提供了这次访学机会,也感谢在一起访学的师兄姐弟,我们能够在纽芬兰的那个大家庭中互学共进。感谢我的博士生导师,是他辛勤的指导使我顺利完成了博士论文,也为本书的出版奠定了一个良好的基础。还要感谢我的家庭成员,在加访学一年,家里的事情我无暇顾及,大事、小事都由他们自己承担。本书献给他们。

感谢帮助过我的同学、同仁、同事、领导及师兄弟姐妹们,你们的贡献也将不可磨灭。

著　者

2016 年 12 月